国家社会科学基金后期资助项目（20FJYB047）"On/off-line 物流数字化转型研究"最终成果

武汉纺织大学学术著作出版基金资助出版

线上线下物流数字化转型研究

——基于"互联网＋物流"价值链重构的视角

Research on Digital Transformation of Online and Offline Logistics
——From the Perspective of Value Chain Reconstruction of "Internet + Logistics"

周兴建 著

人民出版社

策划编辑:郑海燕

责任编辑:张　燕

装帧设计:姚　菲

责任校对:周晓东

图书在版编目(CIP)数据

线上线下物流数字化转型研究:基于"互联网+物流"价值链重构的视角/
周兴建　著. —北京:人民出版社,2023.10
ISBN 978－7－01－025943－7

Ⅰ.①线…　Ⅱ.①周…　Ⅲ.①数字化-应用-物流管理-研究
Ⅳ.①F252.1-39

中国国家版本馆 CIP 数据核字(2023)第 175152 号

线上线下物流数字化转型研究

XIANSHANG XIANXIA WULIU SHUZIHUA ZHUANXING YANJIU

——基于"互联网+物流"价值链重构的视角

周兴建　著

人 民 出 版 社 出版发行

(100706　北京市东城区隆福寺街 99 号)

北京九州迅驰传媒文化有限公司印刷　新华书店经销

2023 年 10 月第 1 版　2023 年 10 月北京第 1 次印刷
开本:710 毫米×1000 毫米 1/16　印张:17.5
字数:320 千字

ISBN 978－7－01－025943－7　定价:92.00 元

邮购地址　100706　北京市东城区隆福寺街 99 号
人民东方图书销售中心　电话 (010)65250042　65289539

国家社科基金后期资助项目
出版说明

后期资助项目是国家社科基金设立的一类重要项目，旨在鼓励广大社科研究者潜心治学，支持基础研究多出优秀成果。它是经过严格评审，从接近完成的科研成果中遴选立项的。为扩大后期资助项目的影响，更好地推动学术发展，促进成果转化，全国哲学社会科学工作办公室按照"统一设计、统一标识、统一版式、形成系列"的总体要求，组织出版国家社科基金后期资助项目成果。

全国哲学社会科学工作办公室

目　录

序　言

世界已进入互联网连接全球的时代，"互联网+物流"体系是中国连接各国、各地区的物流服务体系。中国物流市场规模逐渐扩大，供应链的成熟与否决定着社会生产制造的运营成本，是实现物流业降本增效的一个重要转折点。新时代下，"互联网+物流"企业必须深入端到端的供应链管理与数字化运营，形成新型组织模式，调整传统的商业模式，对物流链和供应链的各个价值环节进行优化，这样才能为客户/用户持续带来价值。

许多"颠覆者"正在挑战物流企业的生计。拥有雄厚资本、一些"莽撞少年"组成的初创公司，从"互联网+物流"同行、从技术服务商，从客户/用户，转变为精明的竞争对手，他们孵化了全新的商业模式，在物流圈中的竞争异常激烈。这些威胁的一个共同点是，大多数竞争者都是用数字化手段在业内"翻云覆雨"，他们通过提供更简化的端到端服务，在线上线下物流市场中"夺走了"份额。当然，"互联网+物流"企业以及传统线下物流企业本身也不断在数字化转型中"摸着石头过河"——无论如何是很难避免数字化转型竞争了。

但是，就像书中所提到的那样，对于企业而言，究竟什么是数字化转型？数字化转型有何内在规律？数字化转型该怎么实施？众多业界、学界人士对这些问题越来越关注，也在不断地从技术、运营、管理上进行探索——这是一个体系，本著作也是通过引入价值链理论来建立这样的体系——数字化物流价值链理论体系，对线上线下物流数字化转型进行全面阐述。这可以看作青年学者对物流行业内重大问题发起的挑战——无论如何，这是值得鼓励、令人期待和催人奋进的事情。

周建亚

武汉纺织大学客座教授

改革开放四十年·中国物流行业杰出贡献人物

中国物流与采购联合资深专家

2023 年 3 月

前　　言

　　"十四五"时期,中央作出了构建新发展格局的重大战略部署,提出要畅通国内大循环、促进国内国际双循环以推动经济高质量发展。高质量发展成为"十四五"乃至更长时期我国经济社会发展的主题,关系我国社会主义现代化建设全局。而以 5G 通信、大数据、云计算、区块链、人工智能等新产业、新模式、新业态为主要依托的数字经济,在全球化、信息化时代体现出强劲的发展态势,为经济高质量发展注入新动能。发展数字经济成为党和国家的重要共识,伴随《"十四五"数字经济发展规划》《"十四五"现代物流发展规划》等顶层规划的接连出炉,制造业、服务业开始迈入数字化转型发展新阶段,其中物流业作为国内战略基础性产业无疑是未来发展的"重头戏"。物流作为采购、生产、销售等经济活动的重要支撑,天然就是数字化转型推进的前哨。

　　数字化转型不是一个完全新颖的概念,物流领域里"互联网+物流"、智慧物流均属于物流数字化转型的不同阶段。但是,部分企业在将传统线下(Off-line)物流向线上(On-line)转型的实践探索中,出现了以"物流+互联网"(撮合型)替代"互联网+物流"(也称 On/off-line 物流和线上线下物流,"互联网+物流"与线上线下物流是一体两面)的现象,造成了社会对数字化转型本质的"认知困惑";部分企业在进行数字化转型时仍旧采用传统的物流 IT 项目制方式,各个部门"信息烟囱"与"信息孤岛"的困境仍然存在;还有部分企业为了"数字化"而"数字化",即为了追求数字化、智慧化运营而不断投入智能物流装备、应用智能物流技术,反而导致运营成本上升、难以为继。这些现象表明,企业进行线上线下物流数字化转型不仅仅是技术层面的问题,更是机制、路径与战略层面的问题。只有对企业线上线下物流数字化转型进行系统性的重新界定——对企业线上线下物流数字化转型的动因与动力、运营与流程、战略与策略进行重新定义——才能从根本上认识企业线上线下物流数字化转型的内涵机制,找到企业线上线下物流数字化转型的可行路径,形成企业线上线下物流数字化转型的管理战略。

　　企业数字化转型的本质是企业价值链的数字化转型升级,这一过程必然随着价值链的重构,即根据价值链分析对企业"互联网+物流"价值链环节进行再定义、再调整、再调换的一系列活动,其最终目的是实现企业数字化转型价值增值并形成企业的核心竞争力。因此,可以认为企业线上线下物流数字化转型是建立在"互联网+物流"的基石上,对"互联网+物流"价值链的解构、组构和再构,最终形成数字化物流价值链的过程。基于此,本书以价值链理论为依据,结合 IT 理论,运用应用经济学的相关方法,从"互联网+物流"价值链重构的角度,解构线上线下物流数字化转型发展机制,组构线上线下物流数字化转型路径,再构线上线下物流数字化转型战略,为数字化物流理论研究抛砖引玉,为企业进行物流数字化转型实践应用提供参考。

　　本书所研究构建的线上线下物流数字化转型理论体系,得到了黎继子、蔡丽华、冯燕、郑力、泮家丽等研究团队成员,熊文杰、王正国、杨晋等学者、艾振、朱宏伟等物流与交通运输领域的政府部门人士,以及张青、张聪等物流与供应链企业高层管理者的支持和相助;本书的出版得到了国家社会科学基金后期资助项目(20FJYB047)"On/off-line 物流数字化转型研究"的资助和武汉纺织大学学术著作出版基金的资助,得到了人民出版社郑海燕老师的大力帮助,在此一并表示感谢。同时,囿于笔者的能力,本书中难免存在片面的认识和理解,在论述与阐释过程中难免有失偏颇,敬请广大读者和专家同行批评指正,给予宝贵的建议。

周兴建

2023 年 3 月

绪　　论

在数字化浪潮下,我国着力构建数字经济发展新格局。2017年,"数字经济"一词首次出现在国务院政府工作报告中,报告提出"推动'互联网+'深入发展、促进数字经济加快成长";2020年4月,习近平总书记在浙江考察时再次强调,要善于化危为机,抓住产业数字化、数字产业化赋予的机遇,抓紧布局数字经济;2020年5月,国家发展改革委发布《数字化转型伙伴行动倡议》,指出世界经济数字化转型是大势所趋;2022年国务院政府工作报告提升数字经济战略高度,首次以"单独成段"的方式对数字经济作出表述。数字经济的发展正在深刻地改变着企业的竞争环境(陈收等,2021),并对企业的物流业务战略与运营本身产生了巨大的影响。

第一节　数字化转型背景及问题的提出

一、数字生产力

《国务院关于加快培育和发展战略性新兴产业的决定》将新一代信息技术分为六个方面,分别是下一代通信网络、物联网、三网融合、新型平板显示、高性能集成电路和以云计算为代表的高端软件。以5G(第五代)通信、人工智能(Artificial Intelligence,AI)和云计算等为代表的新一代信息技术,正在推动第四次工业革命,推进各行各业从马力时代、电力时代演进到算力时代,数据和算力成为这些新一代信息技术彼此交织和相互作用的推进剂,构成了数字生产力的重要组成部分(何玉长等,2021)①(见图0-1)。在各个应用场景产生的数据通过汇聚到具有算力的云平台进行分析处理,支持业务决策和预测,并通过各种行业应用服务于企业和用户、驱动商业进程。在数据和算力构成的价值循环流动过程中,形成了从生产价值到商业价值的创造(段尧清等,2022)②。

---

① 何玉长、王伟:《数字生产力的性质与应用》,《学术月刊》2021年第7期。
② 段尧清、吴瑾、王蕊:《数据要素基础制度的价值取向与框架》,《数字图书馆论坛》2022年第10期。

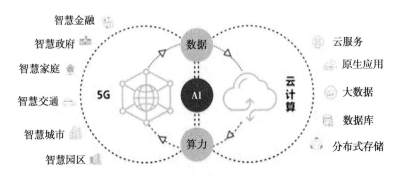

图 0-1　数据和算力构成数字生产力

类似于钢铁之于马力时代、发电量之于电力时代，数据之于算力时代，在发展的过程中对企业起到的作用至关重要，是企业商业智能（Business Intelligence，BI）的核心（孙鑫等，2021）①，同时，企业沉淀的数据资产也能够产生巨大价值（见图 0-2）。

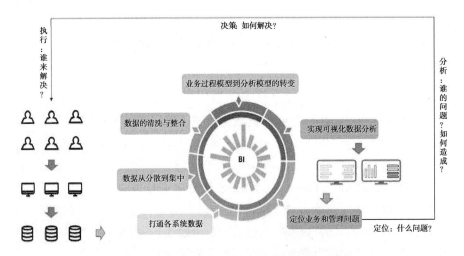

图 0-2　数据和企业商业智能的关系

在数据量增长、算法精进的背景下，算力成为数字经济时代的"新能源"（董梓童等，2022）②。而以算力和数据为代表的数字生产力改变了传统生产力的构成，重新构建了技术与需求之间的关系。正是在新技术和新需

---

① 孙鑫：《云端组装商业智能和数据科学以实现可复用的高级数据分析能力》，《中国信息化》，2021 年第 10 期。

② 董梓童、苏南：《新型电力系统建设离不开算力支撑》，《中国能源报》2022 年 11 月 7 日。

求的双重驱动下(见图 0-3),各行各业都在积极开展数字化转型,企业的信息化建设与发展也由信息化技术(Information Technology, IT)时代进入数字化技术(Data Technology, DT)时代(见图 0-4),企业业务流程从原来应用信息化技术下的"自动化",转变为应用数字化技术下的"智能化",通过算力对数据的核心价值进行挖掘,再驱动企业的运营管理模式和业务流程改进,赋能企业数字化转型。

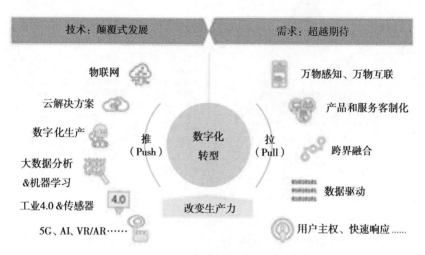

图 0-3　技术和需求构成数字化转型驱动力

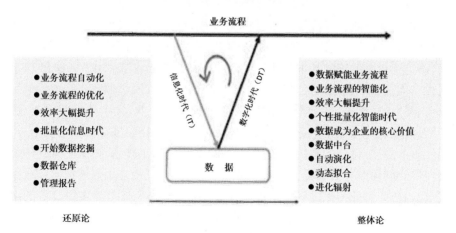

图 0-4　信息化技术时代向数字化技术时代转变

同时,新基建这一国家战略面向经济高质量发展的需要,提供数字化转型、智能升级、融合创新等服务的基础设施体系,为数字生产力的形成提供了保障。2020 年 4 月,国家发展改革委首次明确"新基建"的范围,其中就包括以数据中心、智能计算中心为代表的算力基础设施。新基建引发的数字经济投资方向,全面贯通物流、人流、数据流、产业流、资金流和价值流(见图0-5),促进了数字化转型价值实现,推动数字生产力水平的不断提升。

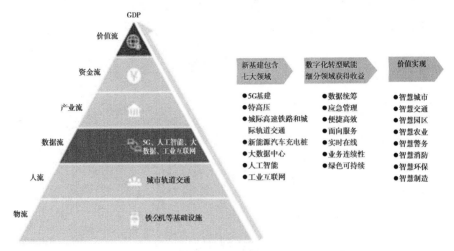

图 0-5   新基建对数字化转型价值实现的支撑

二、产业数字化

作为衡量数字经济发展水平的重要统计标准,国家统计局《数字经济及其核心产业统计分类(2021)》从"数字产业化"和"产业数字化"两个方面确定了数字经济的基本范围,"数字产业化""产业数字化"多次出现在《中华人民共和国国民经济和社会发展第十四个五年规划和2035年远景目标纲要》中。其中,数字产品制造业、数字产品服务业、数字技术应用业、数字要素驱动业为数字产业化部分,是指为产业数字化发展提供数字技术、产品、服务、基础设施和解决方案,以及完全依赖于数字技术、数据要素的各类经济活动;数字化效率提升也是产业数字化部分,是指应用数字技术和数据资源为传统产业带来的产出增加和效率提升,是数字技术与实体经济的融合。因此,产业数字化在新一代数字科技支撑和引领下,需要构建以数据和算力为关键要素、以价值释放为核心的制度,并以数据和算力赋能为主线,对产业链上下游的全要素数字化升级、转型和再造(石建勋等,2022)①。这

---

① 石建勋、朱婧池:《全球产业数字化转型发展特点、趋势和中国应对》,《经济纵横》2022年第11期。

一过程可以分为"ID-BD-DX"三个阶段,即信息数字化(Information Digitization,ID)、业务数字化(Business Digitization,BD)和数字化转型(Digital Transformation,DT/DX),如图0-6所示。

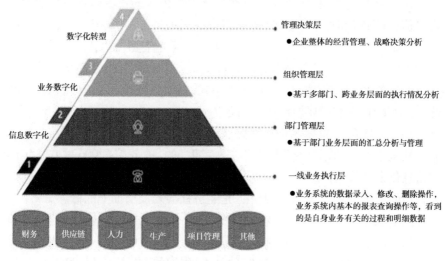

图0-6 产业数字化的过程

数字化转型并不是一个新概念,如,现代物流产业领域里"互联网+物流"、智慧物流等,均是物流数字化转型中的形态。如,"互联网+物流"(Internet+Logistics 或 On/off-line Logistics,即线上线下物流)就是充分利用互联网将社会资源、生产要素进行优化整合,以线上物流(On-line Logistics)和线下物流(Off-line Logistics)相结合而进行的物流产业数字化转型,可看作物流产业数字化转型的初级阶段产物。其中,"互联网+物流"与线上线下物流是一体两面:"互联网+物流"是对物流运营模式的综合描述,是对采用这一模式的企业价值链的外在表达;线上线下物流是物流运营模式的本质描述,是对采用这一模式的企业业务流程、逻辑等价值链内涵的识别。又如,智慧物流(Intelligent logistics system)是通过线上线下物流资源的优化配置,以及技术和管理的融合创新,而进行的物流产业全面数字化转型,可看作物流产业数字化转型的成熟阶段产物。

三、问题的提出

当前,现代物流产业总体上处于"互联网+物流"向智慧物流转型升级的过程中,这一过程伴随着线上线下物流向数字化转型的实践探索。企业对"数字化"(Digitization)与"信息化"(Informatization)之间的关系以及对

"+互联网"还是"互联网+"的理解仍比较模糊,一般认为,"+互联网"是传统行业借助互联网手段把线下业务拓展到线上,"互联网+"则涉及生产流程和商业模式的重塑。"互联网+"为信息化的高级阶段,而此前的初级阶段则为"+互联网"。但大多企业仍然延续采用传统的物流信息系统建设方式,"信息孤岛"和"信息烟囱"等信息化困境(刘玉照,2003)①依然存在。一些企业甚至为了"数字化"而"数字化"、为了"智慧"而"智慧",存在"过度无人化""过度智慧"问题(即一些企业为了追求数字化、智慧化运营而投入智能装备、应用智能技术、发展无人模式,导致运营成本上升、难以持续经营)。为此,首先有必要厘清以下问题。

（一）信息化和数字化的涵盖关系

从概念上看,"信息化"是大于"数字化"的,国务院《2006—2020 年国家信息化发展战略》中提出"信息化是充分利用信息技术,推动经济社会发展转型的历史进程",表明"信息化"是经济社会发展层面上的概念。

从信息化技术和数字化技术的角度来看,"信息化"和"数字化"均是信息化的不同阶段,但是数字化技术更能反映数字化的内涵。信息化技术的价值存在于减少信息不对称,数字化技术的价值存在打破"信息孤岛",即数字化是信息化的深入发展形态。

（二）信息化建设和数字化转型的关系

从企业实践上看,"信息化"和"数字化"是不同历史时期转型升级的方法选择,企业提出开展"信息化"建设的时间要早于提出"数字化"转型。

1. 信息化建设

信息化建设围绕信息技术能力打造可持续竞争优势,通过数据、流程、技术、组织等要素方法引导企业转型升级(王永进等,2017)②。在企业落地实施层面,绝大多数企业实际上是从各个业务环节的信息系统建设开始的,原则是"某业务环节重要或急迫,就从该业务环节先做起",具体思路是"业务流程梳理—业务流程优化与重构—业务流程固化—信息系统呈现"。信息系统建设的贡献主要是将物理空间中的业务"复制"到虚拟空间中——通过信息系统对运营流程进行重构和固化,典型的如企业资源计划(Enterprise Resource Planning, ERP)、制造执行系统(Manufacturing Execution System, MES)等,这些信息系统实现了一定程度上的"降本增效"。

---

① 刘玉照、杜言:《基于信息集成的信息资源共享》,《情报杂志》2003 年第 7 期。
② 王永进、匡霞、邵文波:《信息化、企业柔性与产能利用率》,《世界经济》2017 年第 1 期。

2. 数字化转型

信息系统建设并未从根本上改变企业的业务逻辑和商业模式,因此,企业需要在信息化建设的基础上进一步建设数字化形态,向数字化转型。关于数字化转型,高德纳(Gartner,全球领先的信息技术研究和顾问公司)认为"Digitalization is the use of digital technologies to change a business model and provide new revenue and value-producing opportunities ; it is the process of moving to a digital business"(数字化采用数字科技改变商业模式,提供变革创新和价值创造的机遇,是数字经济向数字化商业发展的过程或方法),表明企业数字化转型是采用信息技术驱动企业业务、组织、商业模式变革及转型,提升企业竞争力的过程或方法。因此,数字化转型与信息化建设的关系可以进一步概括为:企业的信息化建设为数字化转型奠定了数据(虚拟空间的数据资源、算力资源)和管理(物理空间的硬件资源、人力资源)基础。

(三) 线上线下物流数字化转型

显然,线上线下物流数字化转型不仅要考虑企业"互联网+物流"运营流程优化,还需要考虑企业"互联网+物流"业务逻辑转变和商业模式升级。这是一种基于企业战略层面对企业现有"互联网+物流"价值链的重构,其过程包括"转换(Transformation)—融合(Combining)—共生(Symbiosis)"(T—C—S)三个阶段。

1. 转换

转换即信息数字化阶段,企业从传统的物流信息系统建设转变成新一代信息技术下的数字化建设,线下物流业务向线上物流业务转变,通过信息整合实现企业线上线下物流运营流程的调整,这需要解构企业现有"互联网+物流"价值链——涉及线上线下物流数字化转型机制问题。

2. 融合

融合即业务数字化阶段,企业的线下物流业务与线上物流业务融合,通过信息治理实现企业线上线下物流业务逻辑的调整,这需要组构企业现有"互联网+物流"价值链——涉及线上线下物流数字化转型路径问题。

3. 共生

共生即数字化转型阶段,企业在线下物流与线上物流一体化运营的基础上形成数字化物流战略,通过信息规划实现企业线上线下物流商业模式的升级,这需要再构企业现有"互联网+物流"价值链——涉及线上线下物流数字化转型战略问题。

因此,线上线下物流数字化转型需要解决以下问题:如何进行"线下物流向线上物流转换"即线上线下物流数字化转型机制的解析? 如何进行

"线下物流与线上物流融合"即线上线下物流数字化转型路径的形成？如何进行"线下物流与线上物流共生"即线上线下物流数字化转型战略的确定？

第二节　线上线下物流数字化相关研究

一、研　究　历　程

自"现代物流"这一概念提出后,以美国供应链管理专业协会(Council of Supply Chain Management Professionals,是全球物流与供应链管理理论研究领域中有较大影响力的专业协会之一)为代表的学界普遍认为现代物流理论的发展经历了"实物配送(Physical Distribution)""综合物流(Logistics)"和"供应链管理(Supply Chain Management)"三个阶段,国内外的相关研究也主要围绕这三个阶段展开。

（一）"实物配送"研究阶段

"实物配送"理论是第二次世界大战后"军事后勤学"应用于市场营销领域后而逐渐发展起来的,阿奇·萧(Arch Shaw,1915)[1]最早在《市场流通中的若干问题》(Some Problems in Market Distribution)一书中提出"Physical Distribution"(实物配送)一词,是指企业在销售过程中的物流活动,主要是围绕商品(实物)在运输、仓储、配送中的准时、高效送达,结合企业市场营销实践,应用运筹学理论展开研究。这一阶段以传统线下物流(Off-line 物流)为主要研究对象,研究成果以国外居多,也有学者称之为物流 1.0 时代。

（二）"综合物流"研究阶段

在企业经营活动中,人们发现采购、生产、销售等一系列环节均可应用"实物配送"方法,对运输、仓储、配送等活动集成化管理以提高运营效率,即集成化物流(即 Integrated Logistics,国内更习惯于称之为"综合物流")。从企业物流运作集成的角度,鲍尔索克斯(Bowersox,1989)[2]提出了物流链(Logistics Chain)的概念;国内学者徐寿波(2005)[3]提出"大物流论",认为物流是由物流六要素或物流"六力"组成的综合体,六要素即物流从业人

---

[1]　Arch Shaw, *Some Problems in Marketing Distribution*, Cambridge: Harvard University Press, 1975.

[2]　Bowersox D., Morash E., "The Integration of Marketing Flows in Channels of Distribution", *Marketing*, No.23, 1989.

[3]　徐寿波:《大物流论》,《中国流通经济》2005 年第 5 期。

员、物流劳动对象、物流劳动资料、物流劳动环境、物流劳动空间、物流劳动时间;"六力"是指人力、财力、物力、运力、自然力、时力,物流提供的最终产品是服务。这一阶段主要结合企业运营管理实践,应用企业管理理论展开研究,仍以传统线下物流(off-line 物流)为主要研究对象,也有学者称之为物流 2.0 时代。

(三)"供应链管理"研究阶段

随着市场竞争的日趋激烈,企业纷纷注重物流管理发挥的作用,将改进物流管理作为激发企业活力的重要手段,并且很快物流管理的内容就从企业内部延伸到企业外部,马丁·克里斯托弗(Martin Christopher,1992)①指出:"21 世纪的竞争不再是企业和企业之间的竞争,而是供应链和供应链之间的竞争",基于企业竞争战略的"供应链管理"理念应运而生,物流理论研究很快进入"供应链管理"时代,如斯蒂文(Stevens,1995)②指出,供应链主要涉及在所有战略、战术和运作层面从供应商到终端用户的计划、协同和控制原材料、零部件,并完成产品;鲍尔索克斯等(2002)③在其著作《供应链物流管理》(*Supply Chain Logistics Management*)中提出物流规模和物流活动范围在供应链企业中进一步扩大,向企业间的集约化和协同化发展。这一阶段主要结合企业的发展战略,应用系统理论展开研究,主体上仍以线下物流(Off-line 物流)为研究对象(尽管这一阶段企业的信息化建设得到了发展,出现了对电子商务物流即线上物流(On-line 物流)、电子供应链(eSCM)的研究,但这些研究只是作为一个分支),也有学者称之为物流 3.0 时代。进入供应链管理研究阶段后,物流理论的研究领域得到极大的拓展和延伸,同时供应链、物流链均作为价值链理论(Porter,1985)的延伸,在企业中得到实践应用。

随着新一代信息技术的发展,物流及供应链的研究迅速与信息化、数字化相结合,研究视角开始从传统线下物流向"互联网+物流"及线上线下物流(On-line to Offline 物流/供应链、O2O 物流/供应链)转变。

二、研 究 现 状

现代物流理论的研究不断迭代更新,当前进入对"互联网+物流"、智慧

---

① Martin C., *Logistics and Supply Chain Management*, Pitman Publishing, 1992.

② Stevens J., "Global Purchasing in the Supply Chain", *Purchasing and supply Management*, No.1, 1995.

③ Bowersox D., David J.C., Cooper M.B., *Supply Chain Logistics Management*, Me Gravu Hill Press, 2002.

物流的研究阶段,也有学者称之为物流4.0时代。这一阶段以线上物流为主要研究对象,关注于数字化物流、数字化供应链方面的理论研究,主要涉及数字化转型、物流信息化和物流数字化运营等领域。

（一）数字化转型及相关研究

主要集中在三个方向：数字化转型的价值内涵,数字化转型的实现机制,以及数字化转型的模式与影响因素。

1. 数字化转型的价值内涵

究竟什么是数字化转型？不同学者对企业"数字化转型"的价值内涵理解不同,如简米尼（Gemini,2011）①认为数字化转型是以技术为主导,利用数字技术从根本上提高企业的绩效,且数字技术的运用可以消除行业内层级之间的数据壁垒,促进运营效率；伯曼（Berman,2012）②则认为企业数字化转型是思维层面的转型,是通过重塑客户价值主张和利用数字技术改造运营模式,促使传统制造企业的价值创造和商业模式发生变化,促使企业在数字经济中不断提升自己的竞争力；李树文等（2022）③认为随着数字情境的不确定性骤增,企业与客户间价值关系也逐渐从产品/服务主导逻辑的价值交易转变为服务主导逻辑的价值共创。而罗杰斯（Rogers,2016）④把数字化转型提升到战略的角度去思考,认为企业数字化转型是一个升级战略思维的过程,虽然在这一过程中可能要升级企业信息化基础设施,但从根本上来说转型与企业发展战略相关。国内学者也逐渐关注战略层面的数字化转型研究,如,倪克金等（2021）⑤从企业发展战略的角度认为数字化转型能够促进企业成长,并且数字化转型对头部企业成长的促进作用更大；赵丽锦等（2022）⑥基于企业数字化转型的战略定位和技术来源,将其划分为技术主导、客户主导和生态主导三个阶段,企业数字化转型是由效率与效益逻辑向产品与服务逻辑、价值与战略逻辑依次转换。而从企业竞争战略的角

---

①　Gemini C., *Digital Transformation: A Road Map for Billion*, MIT Sloan Management Press,2011.

②　Berman S.J., "Digital Transformation: Opportunities to Create New Business Models", *Strategy & Leadership*, Vol.40,No.2,2012.

③　李树文、罗瑾琏、胡文安：《从价值交易走向价值共创：创新型企业的价值转型过程研究》,《管理世界》2022 年第 3 期。

④　Rogers D., *The Digital Transformation Playbook: Rethink Your Business for the Digital Age*, Columbia University Press,2016.

⑤　倪克金、刘修岩：《数字化转型与企业成长：理论逻辑与中国实践》,《经济管理》2021 年第 12 期。

⑥　赵丽锦、胡晓明：《企业数字化转型的基本逻辑、驱动因素与实现路径》,《企业经济》2022 年第 10 期。

度,结合价值链来研究数字化转型的研究也开始有所涉及,如,肖旭等(2019)①认为产业数字化转型的价值维度体现在驱动产业效率提升、推动产业跨界融合、重构产业组织的竞争模式以及赋能产业升级四个方面;陈金晓和陈剑(2022)②认为数字化转型加速了要素的集聚和连接,并通过价值链的重构推动商业模式变革。

2. 数字化转型的实现机制

数字化转型有何内在规律? 这就需要对数字化转型机制进行剖析,如,袁淳等(2021)③认为数字化转型降低企业外部交易成本并促进企业专业化分工,提高了企业全要素生产率;李琦等(2021)④认为数字化转型为企业提高自身资源和能力水平并借助外部主体力量放大其潜能提供了有效的转型升级思路,促进企业高质量发展的实现;刘洋等(2021)⑤认为数字化转型需要企业具备数字化创新能力,这一能力由数字连接能力、数据聚合能力、智能分析能力等一阶维度和数字敏捷能力和重组创新能力等二阶维度组成,其对企业的竞争优势具有重要的支撑作用。而从企业价值层面来分析数字化转型机制,也得到部分学者的关注,如,李树文等(2022)⑥认为创新型企业的数字化转型进程是从价值交易到价值共创的转型过程;邓波(2022)⑦认为数字化转型有助于实现企业的"降本增效",并且通过企业价值、创新投入和人力资本对企业投资起到正向促进作用;埃尔纽艾米等(Alnuaimi等,2022)⑧认为数字化转型是通过数字技术整合特定资源和能力并将其重新配置为企业核心竞争力。

3. 数字化转型的模式与影响因素

数字化转型该怎么实施? 在如何加快数字技术与传统企业融合,促进

① 肖旭、戚聿东:《产业数字化转型的价值维度与理论逻辑》,《改革》2019 年第 8 期。

② 陈金晓、陈剑:《从优化到重塑——大变局中的供应链高质量发展》,《系统工程理论与实践》2022 年第 3 期。

③ 袁淳、肖土盛、耿春晓、盛誉:《数字化转型与企业分工:专业化还是纵向一体化》,《中国工业经济》2021 年第 9 期。

④ 李琦、刘力钢、邵剑兵:《数字化转型、供应链集成与企业绩效——企业家精神的调节效应》,《经济管理》2021 年第 10 期。

⑤ 刘洋、应震洲、应瑛:《数字创新能力:内涵结构与理论框架》,《科学学研究》2021 年第 6 期。

⑥ 李树文、罗瑾琏、胡文安:《从价值交易走向价值共创:创新型企业的价值转型过程研究》,《管理世界》2022 年第 3 期。

⑦ 邓波:《数字化转型对企业投资的影响研究》,《价格理论与实践》2022 年第 11 期。

⑧ Alnuaimi B. K., et al., "Mastering Digital Transformation: The Nexus Between Leadership, Agility, and Digital Strategy", *Journal of Business Research*, Vol.14, No.5, 2022.

企业数字化转型成功实施方面,学者们围绕数字化转型的模式进行研究,如,梅亮等(2021)①提出了基于数字化情境的"连接式共生"模式,借助于数字化的共生环境实现主体、过程与功能的交互;王永贵等(2021)②从数字化资源投入和组织适应性两个关键维度将企业的数字化转型模式划分为变革依赖型、生态导向型、业务主导型和技术主导型四种;张哲等(2022)③认为企业数字化转型实践模式包括数字技术驱动型模式、战略领导带动型模式和数字能力培育型模式。企业进行数字化转型不可避免地受到诸多因素的影响,围绕数字化转型影响因素的研究也随之展开,如,吉峰和牟宇鹏(2016)④基于扎根理论提出环境变化、企业资源、动态能力和企业家精神等四个主要因素对企业的数字化转型产生影响;刘淑春等(2021)⑤从企业的投入产出影响因素角度研究企业数字化转型,认为数字化投入和效率之间存在非线性影响关系。

　　数字化转型及相关研究最早也最主要集中在制造业领域,对于现代物流业领域则较少涉及。从数字化产业和产业数字化的关系来看,制造和物流同属于供应链上的环节,对线上线下物流数字化转型的研究亟待加强。

　　(二)　物流信息化及相关研究

　　主要涉及两个方面:物流信息化价值与物流信息系统、信息平台建设,以及物流信息整合(IT整合)、信息治理(IT治理)与信息规划(IT规划)。

　　1. 物流信息化价值与物流信息系统、信息平台建设

　　信息处理是现代物流的重要价值环节之一,对于物流信息化价值以及物流信息系统、物流信息平台的研究较为成熟。一般认为,物流信息化价值产生的机理是,物流信息系统或信息平台通过线上和线下信息通道为物流供应链所涉及各类主体提供经济、便捷、全面、有效的物流信息,有效降低决策成本、提升决策效果。对于需求主体(客户企业、终端用户)而言,通过物流信息系统或信息平台充分获取物流市场供给侧的信息进行合作伙伴的选

① 梅亮、陈春花、刘超:《连接式共生:数字化情境下组织共生的范式涌现》,《科学学与科学技术管理》2021年第4期。

② 王永贵、汪淋淋:《传统企业数字化转型战略的类型识别与转型模式选择研究》,《管理评论》2021年第11期。

③ 张哲、阳镇、陈劲、李倩:《国有企业数字化转型的多重模式比较——来自50个国有企业案例的分析》,《科技进步与对策》2022年第11期。

④ 吉峰、牟宇鹏:《基于扎根理论的传统企业互联网化转型影响因素研究》,《湖南社会科学》2016年第6期。

⑤ 刘淑春、闫津臣、张思雪、林汉川:《企业管理数字化变革能提升投入产出效率吗》,《管理世界》2021年第5期。

择,确保物流需求能够高效、安全、准确地得以满足;对于供给主体(第三方物流企业、第四方物流企业)而言,通过物流信息系统或信息平台充分获取物流市场需求侧的信息,确保在风险得到有效管控的条件下获取利润回报。如何进一步提升物流信息化价值? 在现有物流信息系统或信息平台的基础上进行数字化改造是一些学者的研究方向,如,吴群(2017)①认为用数字技术改造传统物流信息系统或信息平台,需要使数字技术渗透到企业供应链的各个环节,从全供应链的角度提升供应链物流信息化价值;肖静华等(2021)②的研究表明,通过数字化改造物流信息系统或信息平台,企业可实现从粗放式信息管理到数字化管理的能力跨越,通过信息数字化建设和信息技术驱动物流信息系统或信息平台变革,是企业实现物流信息化价值提升的重要路径。

2. 物流信息整合、信息治理及信息规划

如何对物流信息系统或信息平台进行数字化改造升级? 涉及信息整合、信息治理及信息规划等方面,围绕这些方面的研究也相对较为成熟。按照信息整合的内涵,物流信息整合需要通过将目前现有的应用系统按照功能部署的合理性、系统耦合的紧密程度进行相关整合,从而促进跨系统、跨部门的信息技术协同,针对这一领域的研究,学者们较为关注物流信息平台的规划与设计,如郭立夫等(2007)③提出基于物流信息整合的我国汽车集团物流信息系统设计;杨建(2010)④从供应链的角度将港口与物流园区信息平台进行整合规划;黄山(2015)⑤基于信息整合对低碳物流商业模式下的物流信息平台进行创新研究;张伦(2016)⑥设计了面向电商物流企业的物流信息整合模式。经过整合后的信息系统或信息平台需要进一步进行信息治理,信息治理有助于建立一个灵活的、具有适应性的企业,其以企业战略目标为中心,通过合理配置信息资源创造企业价值。因此,物流信息治理的实质在于企业中物流信息资源的有效利用和管理,其目标在于企业运营

① 吴群:《传统企业互联网化发展的基本思路与路径》,《经济纵横》2017年第1期。
② 肖静华、吴小龙、谢康、吴瑶:《信息技术驱动中国制造转型升级——美的智能制造跨越式战略变革纵向案例研究》,《管理世界》2021年第3期。
③ 郭立夫、陈刚、王阅:《基于物流信息整合的我国汽车集团物流信息平台设计》,《情报科学》2007年第5期。
④ 杨建:《基于供应链的港口与物流园区信息整合研究》,南京财经大学2010年博士学位论文。
⑤ 黄山、范洁文、邝伟鹏:《基于信息整合的低碳物流商业模式创新研究》,《科技管理研究》2015年第5期。
⑥ 张伦、王孟孟:《电商物流企业信息整合模式研究》,《中国市场》2016年第19期。

管理活动的高效实施,学者们在这一研究方向上进行了探索,如,管必路等(2022)①探讨了在大量的信息资源和海量数据中,企业的信息治理可通过在人工智能技术及算法的使用上进行规制与合作,以保障企业的高效运营。对企业而言,物流信息系统或信息平台的作用不仅是规范管理和提升效率,而且是强化和提升企业核心竞争力的有力手段。因此,从企业信息化战略层面进行信息规划是十分必要的,物流信息规划可以帮助企业改变以往无序的、没有战略意识的信息化建设模式,通过集合信息技术的智慧、经验,融合企业经营战略来提升企业整体协作能力和整体竞争能力。围绕这一研究领域,有学者进行了综述,如,孙雨生等(2021)②从基础分析、实践应用两个方面阐述了国内信息规划研究进展,基础分析多从信息规划效益、信息规划原则及方法论、信息规划内容及步骤三方面分别研究通用类信息规划、基于面向服务的体系结构(Service-Oriented Architecture,SOA)的信息规划,其中面向服务的体系结构既是一种技术,也是一种思维方式,它是一项基础架构变革,表达如何通过技术和协同工作来实现业务变化;实践应用研究多遵循信息规划框架,集中于工业及服务业。这些成果为信息规划视角下的物流数字化转型研究提供了基础。

物流信息化的研究虽然形成了一定的成果,但是,从信息整合、信息治理及信息规划的角度对企业的物流数字化转型进行研究还相对不足。在科技生产力由马力、电力向算力的转换中,信息化技术也相应地向数字化技术转型,然而对数字化技术转型的相关研究也较少。在现有的物流信息系统或信息平台上进行基于数字化技术的数字化改进和提升,围绕这一领域进行线上线下物流数字化转型的研究是有必要的。

（三）物流数字化运营及相关研究

主要涉及两个方面:物流数字化运营价值及物流数字化运营模式。

1. 物流数字化运营价值方面

无论是物流链还是供应链,都是价值链在企业经营活动中的具体体现,因此,企业的物流数字化转型必然要求物流活动的数字化价值得到提升。学者们意识到应该从价值层面对物流数字化能力进行研究,如,王强等(2020)③

---

① 管必路、顾理平:《价值冲突与治理出路:虚假信息治理中的人工智能技术研究》,《新闻大学》2022年第3期。

② 孙雨生、李承濠:《国内IT规划研究进展:基础分析与实践应用》,《计算机与数字工程》2021年第4期。

③ 王强、王超、刘玉奇:《数字化能力和价值创造能力视角下零售数字化转型机制——新零售的多案例研究》,《研究与发展管理》2020年第6期。

认为数字化能力和价值创造能力是企业数字化转型的核心,既要重点提高数字化基础设施构建与应用、数字化治理和数字化陷阱跨越等能力为核心的数字化能力,也要重点拓展基于数字消费者、数字生产要素和数字生态的价值创造及价值获取能力;魏冉等(2022)①认为物流服务生态系统价值共创受制度协调,提出物流企业数字化能力在不同结构层次上动态交互演进,服务生态系统多层次价值共创对物流企业构建数字化能力具有积极的促进作用;蔡进(2022)②认为数字化是物流与供应链转型升级必然趋势,而物流与供应链数字化的本质是价值重构。

2. 物流数字化运营形态方面

主要有"互联网+物流"、智慧物流和数字化物流三个研究领域。关于"互联网+物流"的研究,主要从"互联网+物流"的思维、形态、模式等方面展开(杨善林等,2016;陈光锋,2014;刘建刚等,2016)③④⑤,随着互联网对产业形态的变革产生深远影响,进而出现了关于移动互联网与产业经济活动之间关系的研究,互联网思维、交易成本理论等各种经营理念均涉及进来(李海舰,2014;柳洲,2015;程立茹,2013)⑥⑦⑧。也有学者从价值链理论层面分析"互联网+"的内涵和"互联网+物流"的本质,提出"互联网+物流"的价值链重构观点(周兴建,2012)⑨,但对这一观点的深入阐释还未进行。智慧物流研究领域主要集中在智慧产业及发展政策、智慧物流技术与运营、智慧物流平台(系统)等方面,如,何黎明(2019)⑩提出智慧产业推动信息化与工业化深度融合,是建设智慧城市的重要内容;陈金晓和陈剑(2022)⑪认

①　魏冉、刘春红、张悦:《物流服务生态系统价值共创与数字化能力研究——基于菜鸟网络的案例研究》,《中国软科学》2022 年第 3 期。

②　蔡进:《推进数字经济与产业融合创新,引领物流与供应链高质量发展》,《物流研究》2022 年第 1 期。

③　杨善林、周开乐等:《互联网的资源观》,《管理科学学报》2016 年第 1 期。

④　陈光锋:《互联网思维:商业颠覆与重构》,机械工业出版社 2014 年版,第 93 页。

⑤　刘建刚、马德清、陈昌杰、余婷婷:《基于扎根理论的"互联网+"商业模式创新路径研究》,《软科学》2016 年第 7 期。

⑥　李海舰:《互联网思维与传统企业再造》,《中国工业经济》2014 年第 10 期。

⑦　柳洲:《"互联网+"与产业集群互联网化升级研究》,《科学学与科学技术管理》2015 年第 8 期。

⑧　程立茹:《互联网经济下企业价值网络创新研究》,《中国工业经济》2013 年第 9 期。

⑨　周兴建:《基于价值工程的物流价值链优化研究》,武汉理工大学 2012 年博士学位论文。

⑩　何黎明:《为"十四五"智慧物流发展谋篇布局》,《现代物流报》2019 年 5 月 8 日。

⑪　陈金晓、陈剑:《从优化到重塑——大变局中的供应链高质量发展》,《系统工程理论与实践》2022 年第 3 期。

为智慧物流为绿色循环物流体系建设提供了支撑;李立望(2022)①提出智慧物流是营造良性物流生态体系的价值实现;沃斯坎克等(Woschank 等,2022)②提出制造企业使用智慧物流系统的框架;等等。数字化物流研究领域则主要集中在应用探索上,理论方面的研究相对较少,有少数学者开始尝试系统地阐释数字化物流理论,如,王术峰(2021)③提出"数字物流论",认为数字物流的发展经历了"五方物流论""物流效率论""数字物流论"的演变,其中,"五方物流论"研究为客户提供多条供应链管理整合服务,进行系统集成、流程优化、资源协同;"物流效率论"研究价值链分工视角下的物流资源协同及供应链运作创新模式;"数字物流论"关注了物流数字转型内涵及发展,但对于如何进行物流数字化转型,还需要进一步深入探讨和研究。

对物流数字化运营模式的研究也较多集中于应用上,往往是企业通过摸索成功后以案例的形式进行总结,或者是偏向于学术化、理论化的研究,虽然对企业的数字化转型具有一定的借鉴意义和参考价值,但难以形成具体的指导作用。从可认知、可实施的角度对线上线下物流数字化转型研究具有重要意义。

三、研究述评

(一) 现有研究的不足

在与线上线下物流数字化转型的相关理论研究与探讨中,虽然现有关于数字化转型、物流信息化、物流数字化运营的研究取得了一定的成果,但也存在以下不足。

对于企业的数字化转型方面,主要集中于概念界定、思想阐述和典型案例佐证方面,对数字化转型的模式和路径研究还相对不足,没有归纳出企业数字化转型的典型模式和整合性的理论框架。与物流数字化转型相关的物流信息化方面,虽然对策略、模式有较为深入的探讨,但着重从技术的角度进行,而对线上线下物流转型机制、路径、方法等研究较为缺乏。

对于"互联网+物流"、智慧物流等物流运营形态方面,主要关注其功

---

① 李立望、黄德海:《基于价值共创的智慧物流平台生态体系构建研究》,《生态经济》2022 年第 7 期。

② Woschank M., et al., "The Integration of Smart Systems in the Context of Industrial Logistics in Manufacturing Enterprises", *Procedia Computer Science*, No.1, 2022.

③ 王术峰、何鹏飞、吴春尚:《数字物流理论、技术方法与应用——数字物流学术研讨会观点综述》,《中国流通经济》2021 年第 6 期。

能、意义及发展趋势等应用领域,多为从产业政策层面或产业技术层面等展开的应用研究,着重于描述互联网环境下企业在某种技术上的应用,这些应用性的研究大多只适合某一特定企业;其中,对于智慧物流方面,还有较多文献主要研究线上线下物流业的发展变革等思维、理念等,而对其本质认识的系统性研究相对较少。

对于企业在进行物流信息化、物流信息系统建设的应用中,现有文献主要关注数字化改造、信息化投入、智慧化发展等手段,从技术层面来解决企业的"信息孤岛"问题(信息孤岛是指相互之间在功能上不关联互助、信息不共享互换以及信息与业务流程和应用相互脱节的计算机应用系统。信息孤岛包括数据孤岛、系统孤岛、业务孤岛、管控孤岛等),但是对企业"过度信息化、数字化、智慧化"等问题(典型的如无人超市的关闭、智能仓储资源的闲置等)的针对性研究,即对线上线下物流从价值层面进行数字化转型战略的研究还较为少见。

(二) 值得深入的研究方向

在与线上线下物流数字化转型的相关实践应用中,有企业开始意识到价值转型对企业数字化转型的重要作用,但企业在价值转型实践过程中还是会陷入"不转等死、转型找死"的尴尬困境(肖静华等,2021)[1],也就是说,企业对价值转型情境进行认知时面临如何将认知上升为组织行动的困境(张璐等,2020)[2]。为破解上述实践和认知上的困境,寻求企业在数字化转型战略和运营上的理论支撑是十分有必要的。从企业运营流程优化、业务逻辑转变和商业模式升级的角度看,线上线下物流数字化转型是一个系统工程,既要考虑基于数据和算力建立数字化的物流运营系统,又要考虑基于竞争力建立数字化的物流价值系统,以及考虑竞争优势建立数字化的物流战略系统——因此,有必要从价值链(Value Chain)理论的视角,系统地研究企业的线上线下物流数字化转型。

价值链理论对企业战略和运营具有重要的指导作用。价值链包括实体价值链(Physical Value Chain, PVC)和虚拟价值链(Virtual Value Chain, VVC)两种(Jeffrey 和 John,1995)[3]。实体价值链即波特(Porter,1985)[4]提

①　肖静华、吴小龙、谢康、吴瑶:《信息技术驱动中国制造转型升级——美的智能制造跨越式战略变革纵向案例研究》,《管理世界》2021 年第 3 期。

②　张璐、侯雪茹等:《跨越关系无效的壁垒:企业网络位置动态构建机制研究》,《科研管理》2020 年第 6 期。

③　Jeffrey F.R., John J.S., "Exploiting the Virtual Value Chain", *Business Review*, No.4,1995.

④　Porter M.E., *Competitive Advantage*, New York: The Free Press,1985.

出的价值链,主要关注企业在其横向价值链或纵向价值链中去除不增值的作业环节。信息经济的发展催生了如网络组织、虚拟企业、价值网络等不同于以往的企业活动,这些活动都是全新的价值增值过程,价值增值并不能完全体现在作业环节中(Graboski 等,1998)①,但是信息技术能够虚拟一条以客户/用户需求为根本动力、以信息的收集和捕捉为先导的虚拟价值链,从而快速制定企业战略并通过信息技术进行分配、协商、反馈、调控等管理活动,当资金流和物流沿着这条信息链流动,虚拟价值链就可以产生真实的价值增值。

在实体价值链和虚拟价值链理论的基础上,玛丽(Mary J.Cronin,2000)②提出了数字价值系统(Digital Value System)模型,从静态的、内部集中的"链"转向可以充分利用数字领域能力、灵活性和机会的动态的、外部的"网",即从内部的价值链到基于互联网的价值网系统,以使企业能更好地应对数字经济发展环境。为此,在数字价值系统这一思路下,本书将价值链理论引入数字化转型中,从企业层面研究线上线下物流数字化转型机制、路径和战略等一系列问题。

第三节　线上线下物流数字化转型研究框架

根据数字化和信息化的内在关系,本书以企业线上线下物流数字化转型中的信息整合(Information Technology Integration,ITI)、信息治理(Information Technology Governance,ITG)和信息规划(Information Technology Planning,ITP)为理论背景,研究框架由企业运营流程(微观)、业务逻辑(中观)和商业模式(宏观)三个层面构成,其中,微观层面的研究以物流链(Logistics Chain,LC)、供应链(Supply Chain,SC)与价值链(Value Chain,VC)为理论框架;中观层面的研究以实体价值链(Physical Value Chain)与虚拟价值链理论(Virtual Value Chain)为理论框架;宏观层面的研究以价值链的解构(Value-chain Deconstruction,VD)、组构(Value-chain Formation,VF)和再构理论(Value-chain Remodeling,VR)为理论框架。

一、信息整合—信息治理—信息规划(ITI—ITG—ITP)理论背景

从产业数字化的"信息数字化—业务数字化—数字化转型"(ID—

---

① Graboski M.,Roberts K.H.,Guard R.,"Risk Mitigation in Virtual Organizations",*Journal of Computer-Mediated Communication Special issue on Virtual Organizations*,No.3,1998.

② Mary J.C.,*Unchained Value:The New Logic of Digital Business*,Harvard Business Press,2000.

BD—DX)三个阶段演进过程来看,线上线下物流数字化转型通过信息整合、信息治理和信息规划,最终创造数字化价值(DT价值)。这一关系如图0-7所示。

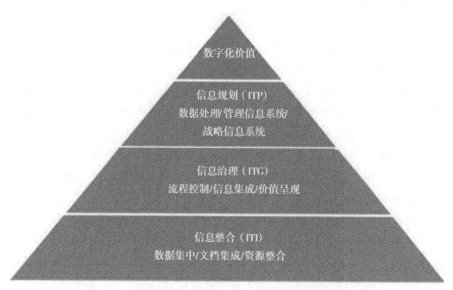

图0-7 信息整合、信息治理和信息规划与数据价值的关系

（一）信息整合(ITI)

信息整合是对企业信息资源的序列化、共享化、协调化,进而实现企业信息资源配置最优化、拓宽信息资源应用领域和最大化挖掘信息价值的管理过程。信息整合的原因来源较多,从系统的视角,需要解决不同系统之间不兼容的矛盾,解决系统之间的交换(Exchange)、互操作(Interoperability)和共享(Sharing);从数据和信息角度,由于数据和信息具有不同的结构、不同的格式、不同的语义,并分布于不同的系统,需要解决数据信息一致性和信息语义问题;从信息流动角度,需要实现信息流(服务流)准确、高速流动和相互之间的协调;从信息维护管理角度,需要解决信息海量性、动态性、分布性等与信息管理的集中性和便捷性的矛盾。

数字化转型下的信息整合分为三个层级:数据集中,各种原始数据的积累与集中是企业开展业务的底层基础,只有当这些数据积累到一定数量时才会产生分析价值,而这些数据大多数是由各种应用系统所生成的结构化数据;文档集成,除结构化的数据之外,非结构化的信息则更加广泛地存在于企业内外部各个角落,需要及时掌握外部政策环境与竞争对手信息,并有效利用企业内部已有信息和知识,建立和保持企业自身的优势地位;资源整合,强调对信息的整体管理,这不仅包括对信息架构的整体构建、业务流程的改造,还包括在此基础上的信息管理与利用,强调通过增强企业处理动态和静态条件下信息需求的能力来提高管理的效益,追求信息资源管理的高效、实效、经济性。

（二）信息治理（ITG）

信息治理即领导、指导、控制、提供保障的行为或过程,通过这些行为或过程,信息被当作贯穿于整个企业的资源得以有效管理。信息治理扮演的是一种管理角色,同时又对作为企业资源的信息负有管理责任。信息治理其实就是为了能将信息作为一种企业资源来加以管理而实施的领导（指导）和控制（确保组织不偏离方向）等管理职能。

数字化转型环境下信息系统构架、硬件及软件平台的配置、数据共享服务等方面的技术标准化和过程标准化需要更有效的信息治理,从而规范企业信息化建设模式。企业为建立信息化环境下有效的管理模式,通过调整权责方式引入业务流程重组,以保证信息系统具有较好的适应性和运行效率。信息系统与管理控制的融合,在 COBIT 原则（即 Control Objectives for Information and related Technology,是目前国际上通用的、公认的、权威的安全与信息技术管理和控制的标准）中强调了端到端的治理,其中,对企业采用诸如目标成本管理、战略性全面预算、全生命周期质量管理等管理理念和方法时,信息系统能否在流程控制、信息集成、价值呈现等方面与这些方法相衔接并发挥作用,是衡量信息治理是否有效的重要内容。

（三）信息规划（ITP）

信息规划即信息战略规划（Information System Strategic Planning,ISSP）,是将企业目标、支持这些目标所必需的信息,以及提供这些信息的计算机系统的实施相互联系起来的信息系统战略,是面向企业中信息系统作用愿景的一个系统开发计划。

数字化转型下的信息规划分为三个发展阶段:数据处理（DP）、管理信息系统（MIS）和战略信息系统（SIS）。数据处理阶段的信息战略规划理论强调信息处理方法,有企业系统规划法（Business System Planning,BSP）、战略信息转移法（Strategy Set Transformation,SST）、关键成功因素法（Key Successful Factors,KSF）、企业信息特征法（Business Information Characterization Study,BICS）、信息分析与集成技术（Business Information Analysis and Integrated Technology,BIAIT）等;管理信息系统阶段的信息战略规划方法论主要有应用系统组合法（Application Portfolio Approach,APA）、信息工程法（Information Engineering,IE）、假设前提法（Assumption Surfacing,AS）、战略

栅格法(Strategic Grid,SG)、信息质量分析法(Information Quality Analysis,IQA)等,着重规划的实施与应用;战略信息系统阶段的信息战略规划理论着重强调与企业战略的集成,以及如何为企业创造战略竞争优势,主要包括客户资源生命周期法(Customer Resource Life Circle,CRLC)、扩展的应用系统组合模型(Extended Application Portfolio Model,EAPM)、价值链分析法(Value Chain Analysis,VCA)、战略系统规划法(Strategic System Planning,SSP)等,如,价值链分析法(VCA)就是以企业的价值链为核心,综合考虑企业内外部环境进行信息规划,以期利用信息技术获取战略竞争优势。

二、物流链—供应链—价值链(LC—SC—VC)理论架构

从现代物流理论的研究历程来看,企业线上线下物流数字化转型可从物流链理论到供应链理论,再归于价值链理论。

(一) 物流链、供应链与价值链的概念

物流链的概念内涵从企业物流运作集成(一体化物流运作)的角度进行界定(Bowersox,1989)[1]:以制造商或零售商等为视角的传统的研究范式,将采购物流、生产物流、销售物流整合为一个系统,即以产品供应链为载体的物流链。随着物流服务业地位的日益凸显,出现了以物流服务供给或物流服务产业为视角的研究范式,即从物流服务的供给出发,将产品供应链管理的思想、理念、方法、技术运用于物流服务运作中,出现了物流(服务)链或物流(服务)供应链等相关概念,这种物流链的一般模式为:集成物流服务供应商的供应商→集成物流服务供应商→制造、零售企业。这是现代物流研究与以往的不同之处,也是现代物流业实践发展的趋势。

供应链注重企业之间的关系,通过前馈信息流和后馈的物流及信息流,将供应商、制造商、分销商、零售商直至最终用户连成一个整体的模式(Stevens,1995)。[2] 随着信息技术的迅猛发展以及外部环境不确定性的增加,供应链概念更加注重围绕核心企业的网链关系,即供应链是围绕核心企业,通过对信息流、物流、资金流的控制,从采购原材料开始,制成中间产品和最终产品,并传递到分销商、零售商和最终用户而连成一个整体的功能网链模式。供应链的概念不仅跨越了企业界限,而且成为一种企业运营管理的思维和模式。

---

[1]　Bowersox D., Morash E., "The Integration of Marketing Flows in Channels of Distribution", *Marketing*, No.23, 1989.

[2]　Stevens J., "Global Purchasing in the Supply Chain", *Purchasing and supply Management*, No.1, 1995.

　　价值链概念是从企业内部能力角度,作为一种帮助企业确定并寻求竞争优势的战略分析方法而提出的。一系列相互联系的创造价值的活动的集合就是价值链,价值链上的每一项活动都会对企业最终价值的实现产生影响。当然,这些活动的联系不仅存在于企业内部价值链,也存在于价值链系统(由供应商价值链、企业价值链、渠道价值链和买方价值链构成)的更广泛的范畴中(Porter,1985)。①

　　根据这三个概念内涵的发展以及实践应用情况,可以发现它们有着多个不同层面、不同角度的应用和表现形式,这构成了一个相互关联、相互影响的概念群域,如图 0-8 所示。

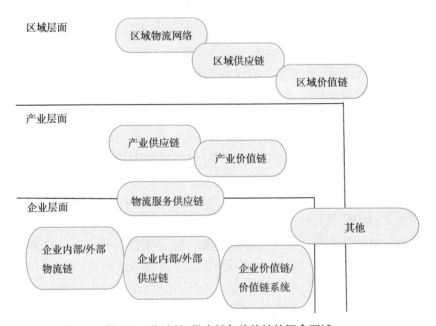

图 0-8　物流链、供应链与价值链的概念群域

　　(二) 物流链、供应链与价值链的关系

　　如果将供应、生产、消费等功能状态或组织作为“点”,物流则成为物的流通“线路”,供应(供需)表示“点”之间的关系,价值正是物的流通及“点”之间协同所追求的目标。因此,可以将物流链看作运作链(或功能链,主要存在于企业内);供应链是关系链(供需关系链接形成,建立在劳动分工与协作关系之上,主要存在于企业间);而价值链是产生价值的各环节的集

---

① Porter M.E.,*Competitive Advantage*,New York:The Free Press,1985.

合,可以理解为一种战略链。因此,价值链是反映的内容及追求的目标,物流链与供应链是表现的形式与运作的基础,即物流链、供应链的运作与管理本质上应以创造、提升、优化或整合企业各个环节的价值作为依据。

1.物流链与供应链的关系

供应链源于物流链,供应链的概念是物流概念的逻辑延伸,其内涵和外延又超越了物流链概念。物流链的对象通常就是物流的各个业务环节。供应链的对象是链上的组织和组织之间的"流",包括物流、信息流、资金流和商流,供应链涵盖了从原材料、零部件的采购与供应、生产与制造、运输与仓储到批发与零售,直至配送到最终客户/用户(本书中的客户是指终端客户企业,用户是指终端消费者,供应链物流企业一边连着客户企业,另一边连着最终用户)的整个过程,因此,供应链包含了物流链。如果从物流服务供给视角出发,物流服务供应链等相关概念实际上在很大程度上反映出物流链也是一种供应链的思想。

2.供应链与价值链的关系

供应链不仅是一条连接供应商的供应商,直至最终客户/用户的物流链、信息链、资金链,也是一条增值链。从这个角度看,一条供应链也是一条价值链。供应链管理也将深入价值链的相关环节,通常成为落实价值链管理的重要形式。价值链理论阐释了价值生成机制,是一个分析、建立和增强企业竞争力和企业间竞争优势的工具,供应链流程优化及重组,也是对价值链的优化和重组,是实现价值链管理的一种重要手段。

物流链、供应链、价值链都统一于企业经营管理实践之中,物流链可以从属于供应链,供应链与价值链则是内容与形式的关系。价值链理论是一种企业战略分析思路,供应链则为完成企业价值链管理与优化提供了方式与手段。此外,由于链上节点数量的增多,节点关系的日益复杂,链式概念向网络概念演变,如物流网络、供应链网络、价值网络等,但链式概念的分析思路仍然适用于网式概念。

三、实体价值链—虚拟价值链(PVC—VVC)理论架构

从价值链理论来看,线上线下物流数字化转型要经历实体价值链向虚拟价值链转换的过程。

(一) 实体价值链与虚拟价值链的概念

实体价值链概念中,企业创造价值的过程可以分解为一系列互不相同、但又相互关联连续完成的增值活动,这些活动构成了价值链。企业价值链基本活动包括内部后勤、生产经营、外部后勤、市场和销售、售后服务;辅助

活动包括采购、技术开发、人力资源开发和基础设施,如图0-9所示。

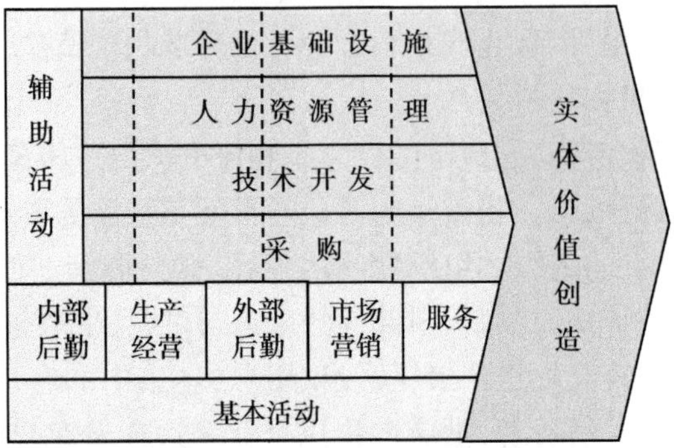

图0-9　实体价值链模型

虚拟价值链理论(Jeffrey 等,1995)[1]认为,进入信息时代的企业都在两个世界中进行竞争,一个是可以看到、触摸到的由物质资源组成的物质世界,称之为市场场所(Market Place);另一个则是由信息资源所组成的虚拟世界,称之为市场空间(Market Space)。在市场场所中,企业通过实体价值链即采购、生产销售等活动,为客户/用户创造有形产品或服务;而在市场空间中,企业通过虚拟价值链即信息的收集、组织、综合、选择和发布等开展价值创造活动,为客户/用户创造无形的产品或服务。将实物价值链以信息的形式反映在虚拟的信息世界所形成的信息价值链,就是企业的虚拟价值链。虚拟价值链基本信息增值活动包括联网供货管理、虚拟生产、联网库存管理、网络营销和在线服务等,附加价值活动包括信息平台、智力资源、第三方物流和网上采购等,如图0-10所示。

在虚拟价值链理论的基础上产生了价值网(Value Net)的概念(David 和 Joseph,2000)[2],价值网是一种新的业务模式,它将客户/用户日益提高的苛刻要求和灵活以及有效率、低成本的制造相连接,采用数字信息将合作的提供商连接在一起,以适应不断发生的变化。因此,价值网是企业间共同合作以促进价值增值,并迅速满足客户/用户需求的动态网络,是由客户/用户、供应商、合作企业和信息流等构成的多元化价值增值体系。价值网克服了实体价值链侧重物理空间、过于强调竞争与威胁等缺陷,强调寻求企业间的合作与信息的共享。价值网成员通过数字化契约实现虚拟合作,或进一

---

① Jeffrey F.R.,John J.S.,"Exploiting the Virtual Value Chain",*Business Review*,No.4,1995.

② David B.,Joseph M.,"From Supply Chain to Value Net",*Journal of Business Strategy*,Vol.21,No.4,2000.

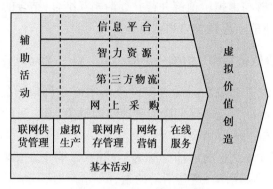

图 0-10　虚拟价值链模型

步结成互相依存的实体性网络组织,从而最大限度地挖掘、优化共享资源。从本质上讲,价值网是虚拟价值链的网络化结构,仍然是虚拟价值链的范畴。

（二）实体价值链与虚拟价值链的关系

在信息技术的催化下,市场竞争存在于两个世界,创造价值的程序在两个世界中并不相同。

实体价值链是描述一家企业供应面(如原材料采购、仓储保管、生产作业等)与需求面(如产品销售、货物发出、售后服务等)过程中一系列价值增值(Value-addition)活动的模型,透过分析一个实体价值链,企业能够重新设计内外部程序以进一步改进效率与效能。然而,实体价值链只把信息视为一种价值增加过程的支持性要素,而非价值本身的来源。但虚拟价值链则延伸了这个"价值"概念,且更进一步将信息本身视为能创造客户/用户价值的因素。虚拟价值链与实体价值链的比较如表 0-1 所示。

表 0-1　实体价值链与虚拟价值链的比较

比较内容	实体价值链	虚拟价值链
经济原理	边际效益递减	边际效益递增
管理内容	实体产品、线下服务	信息(数字)产品、线上(联网)服务
信息的作用	辅助因素	创造价值
客户/用户角度	产品/服务接受者	参与产品/服务的制造/提供者
关注焦点	产品/服务可察觉的核心价值	信息(数据)交流价值

数字经济的出现,使价值链的边界变得模糊,虚拟价值链理论不断得到

发展,实体价值链与虚拟价值链并行并逐渐相互结合,结合的方式和紧密程度决定了企业所能获得竞争力和竞争优势的强弱。

四、价值链解构—组构—再构(VD—VF—VR)理论架构

企业线上线下物流数字化转型升级的本质是价值链的重构(Value-chain Reconstruction),这一过程随着价值链的解构、组构和再构。

(一) 价值链解构(VD)

价值链解构将企业的活动分解为不同的、影响企业相对成本地位、产品/服务差异的具体活动,这些活动的组合创造出对客户/用户有价值的产品/服务,从而塑造出企业的竞争优势。这些活动本身的不同方式以及其不同的组合方式就是不同的企业战略的本质所在(Porter,1985)。[1] 价值链管理的核心就是价值增值,而价值增值的前提应该是掌握关键的价值活动。价值增值首先是客户/用户的价值增值,而要达到这一目的仅仅依靠一家企业所拥有的资源是远远不够的,因为客户/用户的需求不断变化,市场竞争日益激烈。原来那种推行"纵向一体化"战略,依靠对原材料供应、产品制造和销售全过程的控制而达到作业活动创造价值的目的的企业,已无法快速响应市场的瞬息变化。在这种情况下,以利用其他企业资源为目的的"横向一体化"战略成为众多企业成功的原因之一。"横向一体化"战略的贯彻首先是传统价值链的解构,把连在一个链条上的"供""产""销"的链环一个个地拆解下来,从中选择那些本企业居于竞争优势的环节加以保留,然后再把分离出来的链环交给最佳的合作伙伴,与其形成一种战略联盟。原始价值链经过这样的解构,原来拥有整个链条的企业可能只会保有其中某个或某几个链环,或者每一个链环都会成为一个单独的环节,遵循自身的经济规律。价值链解构是一个过程,其目的为企业期望下的价值链形成(Value-chain Composition)。

(二) 价值链组构(VF)

价值链组构是通过重新设计企业的基本经营活动和支持活动,以使企业的主要价值流程的增值内容最大化,从而获得经营绩效改善的跃进。价值链组构是在价值链解构的基础上,进行价值链分析、价值链优化和价值链重组的过程。

价值链分析(Value-chain Analysis)把整个价值链分解为与战略相关的作业、成本、收入和资产,并把它们分配到"有价值的作业"中,进而确定引

① Porter M.E.,*Competitive Advantage*,New York:The Free Press,1985.

起价值变动的各项作业,并根据这些作业分析形成作业成本及其差异的原因。价值链优化(Value-chain Optimization)分析整个价值链中各节点企业之间的关系,确定核心企业与客户/用户和供应商之间作业的相关性,对企业的资源配置、业务流程、组织结构、竞合策略等进行定性的或/和定量的优化。价值链重组(Value-chain Recombination)利用价值链分析和优化的结果,重新组合或改进价值链,以更好地控制成本动因,产生可持续的核心竞争力,使价值链中各节点企业在激烈的市场竞争中进一步获得竞争优势。

(三) 价值链再构(VR)

价值链再构是基于价值创造的观点,需要企业改变思维模式从而作出实质性价值创造的改变。价值链再构是价值链的主要成员对以不同方式进行的价值活动进行考虑,以及对相互联系的价值活动的重新组合(Porter,1998)①。价值链再构的关键是形成价值链战略(Value-chain Strategy),实质是对价值链某些重要环节进行重新定位的过程,从而实现独立价值环节的增值和确立在价值链中的地位,从产品/服务、过程、功能和链条等方面对价值链进行升级,创建一种崭新的区别于竞争对手的商业模式。企业采用其独有的方式进行价值链再构,使其不断升级,是企业获得并且保持竞争优势的重要手段。

五、总体研究思路与特性

(一) 总体研究思路

总体上,按照"机制—路径—战略"(Mechanism—Path—Strategy)的思路,将研究分为三个部分,即线上线下物流数字化转型机制——基于"互联网+物流"价值链解构下线下物流向线上物流转换,线上线下物流数字化转型路径——基于"互联网+物流"价值链组构下线下物流与线上物流融合,线上线下物流数字化转型战略——基于"互联网+物流"价值链再构下线下物流与线上物流共生。

理论上,将企业线上线下物流价值链分为企业内(物流链)和企业间(供应链)两种情形,按照"转换—融合—共生"(Transformation—Combining—Symbiosis)的思路,将线上线下物流数字化转型的理论研究分为三个部分,即实体价值链向虚拟价值链转换(PVC/VVC),实体价值链与虚拟价值链融合(PVC+VVC),实体价值链与虚拟价值链共生(PVC—VVC)。总体研究

---

① Porter M.E.,*The Competitive Advantage of Nations:With a New Introduction*,New York:The Free Press,1998.

框架如图 0-11 所示。

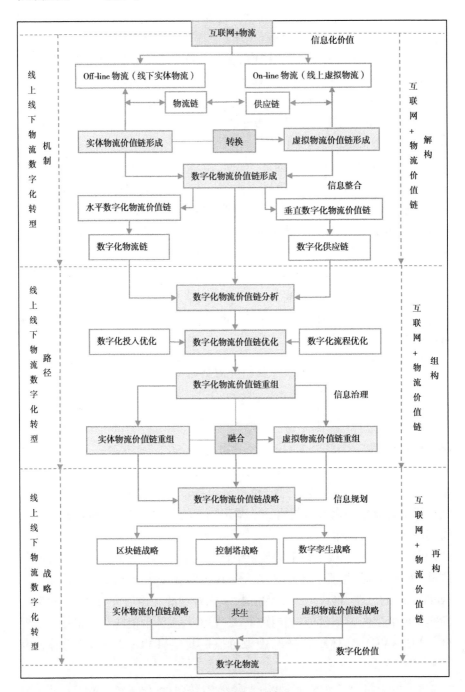

图 0-11 总体研究框架

研究框架中所包含理论要素之间的关系如图 0-12 所示。

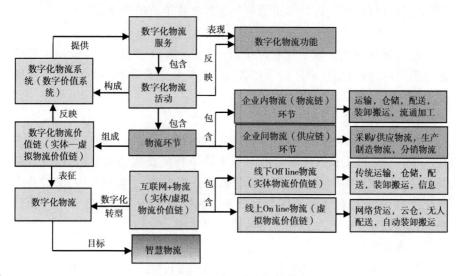

图 0-12　理论要素之间的关系

在图 0-12 中,"互联网+物流"即线上与线下物流由实体物流价值链与虚拟物流价值链混合支撑,"互联网+物流"是企业在应用实践中的叫法,线上线下物流是理论研究中的叫法;数字化物流(Digital Logistics)是一种高级形态的物流模式,其以"互联网+物流"为基石,以智慧物流为目标;物流数字化(Logistics Digitization)是指对现有线上线下物流进行数字化升级,最终目标是实现数字化物流模式;线下物流指实体物流,如传统运输、仓储、配送、装卸搬运、信息处理等,由实体物流价值链支撑;线上物流指虚拟物流,如网络货运、云仓、无人配送、自动装卸搬运、信息平台等,由虚拟物流价值链支撑;智慧物流(Intelligent Logistics)是物流数字化转型发展到高级阶段的产物;数字化物流活动(Digital Logistics Activity)由若干个"物流环节"(Logistics Parts)(即组成物流系统的功能要素)组成,数字化物流活动是"物流环节"的集合;物流环节分为企业内物流环节(物流链环节)和企业间物流环节(供应链环节),前者指为客户/用户提供相应的物流服务所进行的运输、仓储、配送等环节;后者指第四方物流企业在为客户/用户提供物流整体解决方案的过程中所需要组织和整合的环节,包括采购物流、生产物流、分销物流等环节;数字化物流服务(Digital Logistics Service)表现为"物流功能"(Logistics Functions)的实现,是数字化物流活动的集合;数字化物流系统(Digital Logistics System)由数字化物流活动构成,其内核是数字价值系统,同时也是数字化物流价值链的外在反映;数字化物流价值链

（Digital Logistics Value Chain）是"物流活动"中具有数字化价值的"物流环节"组成的网链，是实体物流价值链与虚拟物流价值链的融合。

（二）研究特性

理论研究中关于数字化物流价值链分析、优化、重组，涉及应用经济学的有关内容，特别是技术经济学和数量经济学与之有着密切关系，具有学科交叉、多目标、多层次等研究特性。

1. 学科交叉性

物流是介于社会科学和自然科学之间的交叉学科，或是管理科学和工程技术科学之间的交叉学科。在对线上线下物流要素的对象物研究中，以及对对象物产生时间维和空间维物理性变化的方法、手段研究中，又涉及信息化技术、数字化技术等领域。对数字化物流价值链进行定性和定量的分析，必须以数学特别是应用数学、运筹学为基础。

2. 多目标性

研究企业线上线下物流数字化转型的重要目的之一是降本增效——经济指标是衡量数字化物流系统的基本尺度。同时，数字化物流作为企业线上线下物流的发展趋势之一，必然要求注重生态环境和可持续发展，追求经济效益、社会效益、生态环境效益等目标的统一。

3. 多层次性

企业线上线下物流数字化转型涉及运营流程、业务逻辑和商业模式等多个相互关联的层面，需要考虑如何采用数字技术经济合理地提高作业流程效率、物流作业水平和企业内部管理水平，同时更要在技术层面研究物流价值增值逻辑和商业创新模式。

在数据和算力作为数字生产力和物流产业数字化发展基础的背景下，企业线上线下物流数字化转型不仅要考虑运营流程优化，还需要考虑业务逻辑转变和商业模式升级，这是一种基于企业战略层面对"互联网+物流"价值链的重构。本书以企业线上线下物流数字化转型中的信息整合、信息治理和信息规划为理论背景，研究框架由企业运营流程（微观）、业务逻辑（中观）和商业模式（宏观）三个层面构成，其中，微观层面的研究以物流链、供应链与价值链为理论框架；中观层面的研究以实体价值链与虚拟价值链理论为理论框架；宏观层面的研究以价值链的解构、组构和再构理论为理论框架。理论上，将企业线上线下物流价值链分为企业内（物流链）和企业间（供应链）两种情形，按照"转换—融合—共生"的思路，将线上线下物流数字化转型的理论研究分为三个部分,即实体价值链向虚拟价值链转换,实体价值链与虚拟价值链融合,实体价值链与虚拟价值链共生。总体上,本书分为三个部分,即线上线下物流数字化转型机制——基于"互联网+物流"价值链解构下线下物流向线上物流转换,线上线下物流数字化转型路径——基于"互联网+物流"价值链组构下线下物流与线上物流融合,线上线下物流数字化转型战略——基于"互联网+物流"价值链再构下线下物流与线上物流共生。本书涉及应用经济学的有关内容,特别是技术经济学和数量经济学与之有密切关系,具有学科交叉、多目标、多层次等研究特性。

第一章　线上线下物流数字化
转型动因解析

数字生产力和产业数字化发展背景下,线下物流开始向线上物流转换,为此,通过对企业"互联网+物流"价值链进行解构,分析企业线上线下物流数字化转型动因和价值,探讨企业线上线下物流数字化转型机制。

第一节　线上线下物流数字化发展动因

线上线下物流数字化转型发展既受到行业外部环境带来的发展压力,也受到解决当前物流业发展痛点的行业内部期望,同时,也是为物流业可持续发展寻找一条可行之道的需要。

一、行业外部发展压力

随着以信息和通信技术(Information and Communication Technology, ICT)为基础的数字技术(Digital Technology, DT),尤其是第五代通信、人工智能和云计算等为代表的新一代信息技术迅速发展以及全球化浪潮的不断推进,国际数据公司(International Data Corporation, IDC,全球著名的信息技术、消费科技市场咨询服务专业提供商)预测,全球数字经济在整个国内生产总值(GDP)中的占比将持续增加,2030 年超过 65% 的国内生产总值是由数字化所推动的。世界范围内数字经济发展格局的变化和人们对企业数字化转型的预期日益增大,构成了物流行业数字化转型发展外部压力的主要来源。

(一) 数字化技术不断发展

数字化业务模式的出现,开启了企业的数字化转型升级之门,基于数字化技术基础之上的数字化转型发展,可能给企业带来更强的竞争力。如,信息—物理系统(Cyber—Physical Systems, CPS)的提出,使实体物理世界和虚拟网络世界之间的融合具有可行性,能够实现更高效的生产与运营;大数据分析和移动互联网为客户/用户提供了发现并及时优化需求的可能,带来了新产品/服务、新的商业模式、针对特定目标客户/用户的更优的业务流程等

（迟考勋等，2022）。①

（二）全球化不断深入

数字化技术使消费者眼中的全球市场趋于透明化，对于消费者来说，他们可以在全世界范围内选择最符合自己要求的商品。对于企业来说，全球化意味着更多、更优秀的竞争对手和愈加激烈的竞争，企业必须在降低生产成本的同时提供更优质的服务。企业在进行生产与运营活动时越来越注重成本低、产品/服务质量高和具备快速响应能力。适应数字化发展，充分参与全球化的市场竞争已成为企业必须面对的外部压力。

（三）数字化思维的转变

数字化技术的发展迅速地改变了人们的生产、生活方式和社会面貌，人们对数字化技术的信任与日俱增，消费者和生产者逐渐接受和认可数字化带来的便利（周文，2022）。② 从日常生活中的云上办公办事、网上购物和大数据的智能推荐，随处都可以发现数字化技术的身影。从企业的角度看，人们对企业是否进行数字化转型越来越关注并抱有越来越高的期望，这也在无形之中给企业进行数字化转型带来较大的外部压力。

二、行业内部发展期望

（一）物流行业发展中的不足

物流业紧密衔接着生产与消费、原料与加工、进口与出口等诸多环节，可以说，如果没有物流业的数字化转型升级，制造业和消费业的转型升级必将沦为空谈（吴谢玲，2022）。③ "互联网+物流"模式就是物流业转型升级的一个发展阶段（李辉等，2020）④，根据中国物流与采购联合会 2022 年 2 月发布的统计数据显示，我国现代物流业在转型升级发展中成绩明显，以国际通行的评价指标物流成本占国内生产总值的比重为依据，我国这一数值已经降至 14.6%，相较于 1991 年的 24%，在 20 年间降低了近 10 个百分点，如图 1-1 所示。

从物流业发展规模来看，我国铁路、公路、水运的货运量以及快递量近年来均稳居全球第一，但国际竞争力则与发达国家物流水平具有一定差距，

① 迟考勋、邵月婷、苏福：《大数据价值来源、价值内容与价值创造机理——基于 2011—2021 年管理类和商业类 SSCI 期刊分析》，《科技进步与对策》2022 年第 22 期。

② 周文：《社会仿真与大数据挖掘融合的可能与可行》，《中国社会科学报》2022 年 11 月 16 日。

③ 吴谢玲：《数字经济时代物流业高质量发展问题研究》，《商业经济研究》2022 年第 2 期。

④ 李辉、梁丹丹：《企业数字化转型的机制、路径与对策》，《贵州社会科学》2020 年第 10 期。

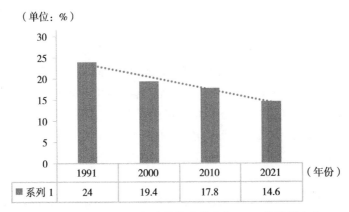

图 1-1   1991—2021 年我国物流成本占 GDP 的比重变化

资料来源:笔者整理。

如,我国物流成本占国内生产总值的比重值仍高出美国约 6 个百分点。现阶段,我国的"互联网+物流"发展仍然存在不足,如表 1-1 所示。

表 1-1   "互联网+物流"物流发展中存在的不足

价值环节	不足	具体问题
流程	过程不透明,运作效率低	线上线下物流环节多,参与运营角色多,多级仓储、干线支线、配送、货主、货代、承运方、客户/用户等,物流过程不透明可控,效率低,成本高
运营	客户/用户满意度低	速度慢、发错货、货物丢失、难以查询,线上线下物流运营成为影响客户/用户体验的短板
决策	商业决策缺乏数据支撑	无法满足快速决策支持,及时掌握运营情况需求;无法满足线上线下物流轨迹分析,生命周期的跟踪与分析、运输路径优化、仓储优化、运营分析等
安全	安全性难以保证	线上线下物流业务数据安全可靠性要求高,业务快速扩张,信息系统无法弹性扩容

资料来源:笔者整理。

（二）物流行业发展中的痛点

"互联网+物流"发展中存在的不足更多反映出的是当前的"痛点"问题——企业能够意识到和发现这些问题,但在现有机制、路径和战略下难以转变。

1. 显性痛点

企业在"降本增效"上有待提升。如,据中国物流与采购联合会的统计,截至 2022 年 2 月我国公路物流占到货运总量的 70%以上,车辆空驶率偏高,对环境、能耗、交通基础设施等的负面影响巨大。"互联网+物流"并未从根本上解决传统公路物流存在的突出问题:"小、散、乱、差"——"小",经营主体规模小、数量多,全国公路物流企业有 750 多万户,平均每户仅拥有货车 15 辆;"散",经营运作处于"散兵游勇"状态,产业的组织化水平很低,90%以上的运力掌握在个体运营司机手中,行业集中度仅为 1.2%左右;"乱",市场秩序、竞争行为不规范;"差",服务质量不高,经营效益较低。这些问题涉及企业的运营流程优化、运输业务逻辑改变和运营管理模式升级,而以"撮合型""交易型"为主的网络货运平台("物流+互联网"模式而非"互联网+物流"模式,后者更强调线上线下一体化运营)无法从根本上有效缓解这些问题。

2. 隐性痛点

企业在"信息孤岛"上亟待破局。"互联网+物流"虽然能够让企业内的物流资源得到很好的整合和优化配置,但是各家企业的物流信息资源和物流信息系统自成体系,受到流程对接、技术标准等多方面因素的影响,企业间的物流资源很难互联互通,制造业、零售业等也难以与物流业进行联动协作,物流信息化建设中出现的"信息孤岛"困境,导致社会面物流成本的居高不下(黄滨,2022)。[①] 尽管企业在不断推动大数据、云计算等数字化技术与物流运营管理深度融合,但现有的物流信息系统已经深深嵌入业务流程中,如果不从业务逻辑和运营模式上打破这一桎梏,则难以从根本上破解企业的"信息孤岛"困境。

因此,对于企业来说,线上线下物流数字化转型发展的动因就是上述行业内部痛点问题的有效解决,具体而言,企业对物流数字化转型发展的期望集中在以下方面。

(1)技术方面

通过数字化技术可以更加快捷和直接地了解到客户/用户新需求和新的关注点,更快地吸引到新的客户/用户。

(2)流程方面

物流信息系统可以通过富有创新性的商业模式和运营流程实现盈利增长,企业的业务流程能够得到更加有效和更灵活的控制,流程中的问题和障碍能够被发现,从而得到不断的迭代更新。

(3)协作方面

企业间能够联动协作,更加灵活和低成本地响应客户/用户需求的变化,个性化、精准化的数字化物流服务将成为一种趋势。

---

① 黄滨:《供应链物流数字化转型的陷阱》,《中国物流与采购》2022 年第 16 期。

三、行业可持续发展需要

"互联网+物流"通过线上物流进行精准的车货匹配、合理的线路规划，虽然一定程度上解决了空驶、迂回、重复运输等传统线下物流中的典型问题，有利于物流业的可持续发展（李宏，2019）[①]，但仍然存在较大的优化空间。基于数字化技术（DT）的线上线下物流数字化转型（DX）推动，不仅对物流自身是一种可持续的发展观，也是社会、经济、生态环境可持续发展的需要（邹松，2022）。[②]

（一）数字化技术（DT）的可持续性

物流系统运营是一个从"无序"到"有序"的过程，而信息技术是达到有序化的关键因素（吴志福等，2018）[③]。从本质上讲，数字化技术下的信息是一种"负熵"，在物流系统中输入信息等于输入了负熵流，降低了物流系统的总熵值，使系统朝着有序化方向发展（张旺君等，2022）。[④] 因此，线上线下物流数字化转型可理解为在物的流动过程中注入一定的信息，从而使其信息含量增加与有序度上升，如，在实际运营中，依靠快速、准确和有效的信息流来保证准时制（JIT）配送、快速反应（QR）以及有效客户反应（ECR）等，从而使在物的流动过程中的时间、地点和数量等精确度更高，以及物流活动的有序度更高。

数字化技术的发展促使虚拟空间形式的出现和物的流动中能够进行高效传输（王如玉等，2022）[⑤]，如，电子商务对传统"一手交钱一手交货模式"的变革，电子采购对传统线下采购的替代，数字化文件资料如快递电子面单等对传统手工填写运单的替代，物流活动中的各种线下环节可通过信息化以直接通过互联网传输，而且人们尽可能用信息的传输来替代或辅助实物的运输。数据时代的本质就在于使某些物品的时空距离趋于零，而这将带来效率的成倍提高以及成本的大幅度下降。数字化技术使信息在物流中的作用日益突出，线上线下物流活动可实现连续、快速、有效、准确地传递，企业中物流各环节能够及时按量供应，而不积压和增加库存以及物流设施设

①　李宏：《加快"互联网+物流"的行业转型发展步伐》，《现代物流报》2019年5月15日。
②　邹松：《弥合数字鸿沟，助力可持续发展》，《人民日报》2022年6月29日。
③　吴志福、周强、王文龙：《基于结构熵的集装箱码头物流系统有序性评价研究》，《武汉理工大学学报（交通科学与工程版）》2018年第6期。
④　张旺君、范冬萍：《个体信息论视野下生命本质问题研究的新进展》，《系统科学学报》2022年第4期。
⑤　王如玉、梁琦：《数字经济下虚拟集聚的现实基础与应用》，《长安大学学报（社会科学版）》2022年第4期。

备忙闲不均,从而避免环境污染、交通拥挤等问题。数字化技术的发展导致了以系统综合集成智能化为主要特征的智能物流和强调计算机仿真与虚拟现实技术的虚拟物流的到来(吴菁芃等,2018)①——数字化技术的应用为物流实现可持续发展提供了一条可行的路径。

（二）数字化转型(DX)的可持续性

由马力和电力等能源驱动的传统实体经济,转变为算力驱动为重要特征的数字经济(王志等,2022)②,使线上线下物流数字化转型在数字化技术时代为可持续发展提供了重要支持,是可持续发展的新兴动力。数字物流对于可持续经济、可持续生态和可持续社会三个方面及相互间的平衡有着推动作用,如图 1-2 所示。

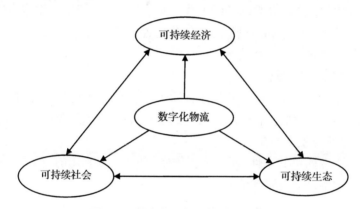

图 1-2　数字物流与可持续发展关系

1. 数字化转型与可持续生态

数字化转型有利于改善配送、减少货损、降低污染,并有助于改善企业外部供应环境。数字物流将减少传统物流模式对资源的大量占用和消费,降低对环境的负面影响,形成数字化物流生态(Digital Logistics Ecology)(魏冉等,2022)。③ 其优势主要体现在以下几个方面。

（1）促进物流活动合理化

通过数字化技术的应用,使物流具有良好在线可得性(即线下物流向线上物流转换),进而可以优化物流运行路线,通过与物流信息系统的结合

---

① 吴菁芃、吴清一:《数字物流中的数字技术》,《中国物流与采购》2018 年第 7 期。
② 王志、孙晓辉:《夯实算力“底座”构筑数字经济发展新优势》,《经济参考报》2022 年 8 月 11 日。
③ 魏冉、刘春红、张悦:《物流服务生态系统价值共创与数字化能力研究——基于菜鸟网络的案例研究》,《中国软科学》2022 年第 3 期。

有效减少信息不对称情况的发生。

（2）推动虚拟物流的发展

数字化技术的广为应用使虚拟仓库（Virtual Warehousing）（Landers，2000）①成为可能，企业可通过虚拟仓库进行共同存储与衔接配送，强化企业间的动态联盟，减少库存容量和对仓储资源的占用，排除一切浪费。

（3）对逆向物流的支持

在数字技术支持下的逆向物流可以确保在退货物流、废弃物回收物流中将准确种类与数量的退货物品及废弃物品在合适的时间送达合适的地点，以进行合理配置和使用，重新利用其价值。

（4）优化资源配置与系统整合

数字化物流本身所要求的线上线下集成一体化（即线下物流与线上物流融合），使线上线下物流资源综合优化配置，以发挥整体效益。

2.数字化转型与可持续经济

（1）物流降本增效

数字化物流的集约性、精益性有助于企业提高运营效率，降低运作成本，因而具有良好的经济效益，同时也助于提升服务价值，增强企业竞争力。

（2）数字化资源再生

信息资源的可共享性，便于广泛传递，是可反复利用的再生性资源，通过再加工利用进而可实现价值增值。

3.数字化转型与可持续社会

（1）提供更优的社会服务

数字化技术促进物流服务的快速响应，满足客户/用户的多样化需求，为社会提供更优的服务。

（2）提高社会安全性

运用数字化技术对物流作业进行控制，如对危险领域的物流进行远程作业，可有效地减少和避免事故的发生，增加社会安全性。

（3）减缓社会压力

数字化物流的发展有助于缩小地区间由于地理位置等的差异所引起的区域物流产业发展不均。

因此，企业进行线上线下物流数字化转型，既是可持续生态、可持续经济、可持续社会发展的需要，也必然是物流行业可持续发展的需要。

---

① Landers T.L., Cole M.H., "The Virtual Warehousing Concept", *Transportation Research: Part E*, Vol.36, No.2, 2000.

第二节　线上线下物流数字化需求动因

企业线上线下物流数字化转型除了行业发展动因,还有存在于企业内物流链和企业间供应链的内在需求动因,以及企业基于物流信息整合下进行价值链数字化变革的需要。

一、物流链数字化需求

现代物流运营模式实践中经历了从第一方物流到第五方物流的演变,理论层面甚至有学者提出第六方物流和第七方物流(张伟,2018)。[①] 在实际应用层面,涌现出一批代表性物流企业,如表 1-2 所示。

表 1-2　现代物流运营模式类型

物流运营模式	典型特点	代表企业
第一方物流 (卖方物流)	由制造商或供应销售企业自行开展物流活动。优势:掌控物流,科学调节各环节,自行完成物流活动,快速解决物流出现的问题;劣势:配送效率低下,空驶率高,需要较高的物流成本	海尔物流 (现为日日顺物流)
第二方物流 (买方物流)	此类物流活动一般由流通企业、销售者组织。优势:向客户/用户提供高质量的服务,满足自身个性化运营需求,对客户/用户的需求快速响应;劣势:仓储、配送等硬件设施投入大,运营成本高,物流非企业核心竞争力	苏宁物流 京东物流 (京东物流现已对外开放)
第三方物流 (外包物流)	由供方与需方以外的物流企业提供物流服务。优势:物流需求及供应方将资源配置在核心事业上,实现各自成本最小化,减少物流需求方资金投入;劣势:企业控制力减弱,有物流失控风险,因自身经营不善可能导致企业无法正常运营	中外运物流 德邦物流
第四方物流 (物流集成商)	为上述各方提供与物流有关的服务、活动,比如供应链管理、物流信息系统等,并不实际承担具体的物流运作活动,同时提供金融、保险、多站式物流配送的安排;优势:降低物流市场交易费用,提升物流市场运营效率;劣势:处于起步阶段,可靠性、诚信体系尚不完善	满帮 卡行天下 菜鸟物流

[①] 张伟:《"互联网+"时代我国物流行业发展趋势探析》,《技术经济与管理研究》2018 年第 4 期。

续表

物流运营模式	典型特点	代表企业
第五方物流 （物流集成商）	为其余四方提供信息支持,如物流人才培训、供应链物流系统优化、供应链资本运作等。优势:数字物流,提供信息处理设备、技术手段和管理方法;劣势:处于萌芽阶段,没有形成完整而系统的认识,发展之路还处于探索阶段	络捷斯特

资料来源:笔者整理。

　　这些企业所构建的物流链分为两类,一类是原生型物流链,即从传统物流业转型升级而来,典型的代表有传化物流、林安物流等,这类企业以第三方物流业务为主体;另一类是创新型物流链,把互联网和传统物流结合起来,典型代表有罗宾逊、满帮等,这类企业以第四方物流业务为主体。原生型企业的物流链具有良好的线下业务支撑体系、硬件核心能力、土地获取能力、强大的资金实力以及多年运营积累的品牌影响力;创新型企业的物流链多为轻资产模式,具有较强的科技创新能力与融资能力。二者对比分析具体如表 1-3 所示。

表 1-3　物流企业的物流链比较分析

企业物流链类型	典型企业	核心能力	核心资源	特点
原生型 （以第三方物流 业务为主体）	传化物流	土地获批能力 园区管理能力 技术开发能力	线下实体 园区支撑 科技创新	规模经济
	林安物流	土地获批能力 资金能力 品牌影响力	政府支持 线下实体 交易支撑	规模经济 会员经济
创新型 （以第四方物流 业务为主体）	罗宾逊	规划能力 品牌影响力 市场控制能力	物流规划能力 信息系统支撑	范围经济 轻资产
	满帮,卡行天下	技术开发能力 风险把控能力 融资能力	科技创新 资本支持	范围经济 大数据经济

资料来源:笔者整理。

　　原生型企业的物流链依托原有线下物流发展基础,逐步开始走向线上物流市场,而创新型企业的物流链利用资本的优势,创新线上物流模式。通过线上线下物流资源的整合为客户/用户提供服务,同时开展金融、保险、ETC(Electronic Toll Collection,不停车收费系统)等线上线下增值服务,在企业现有"互联网+物流"发展的基础上的进一步数字化转型已经成为企业拓展物流链能力、提高竞争力的迫切需求。

二、供应链数字化需求

企业物流链经历第三方物流模式和第四方物流模式的发展后,开始向供应链物流演进。供应链在发展演变中经历了供应链1.0到供应链4.0的历程(王佳元,2019)①,供应链1.0(计划供应链)时代由政府来调控供应链上的每一个环节,企业负责完成自身的任务;供应链2.0(生产供应链)时代以科学管理为中心,通过人与机器协同提高生产效率;供应链3.0(产品供应链)时代为了保证产品质量和供应时间,企业内外部进行协作配合;供应链4.0(数字化供应链)时代强调以创造客户/用户价值为中心,构建合作伙伴互利共赢的生态体系。麦肯锡(McKinsey)的数据表明,供应链数字化转型对企业的价值链产生重大的影响:可降低设计和工程成本10%—30%,缩短20%—50%的市场投放时间,减少20%—50%的库存持有成本,如图1-3、图1-4所示。

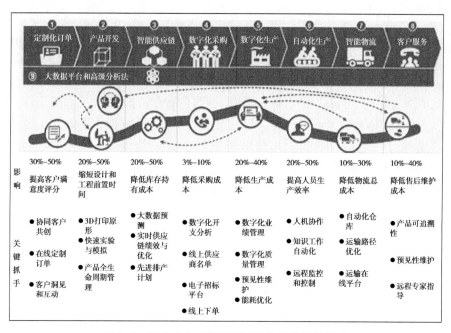

图1-3　供应链数字化转型对价值链各段的影响

---

① 王佳元:《现代供应链:演变特征与发展战略》,《宏观经济研究》2019年第7期。

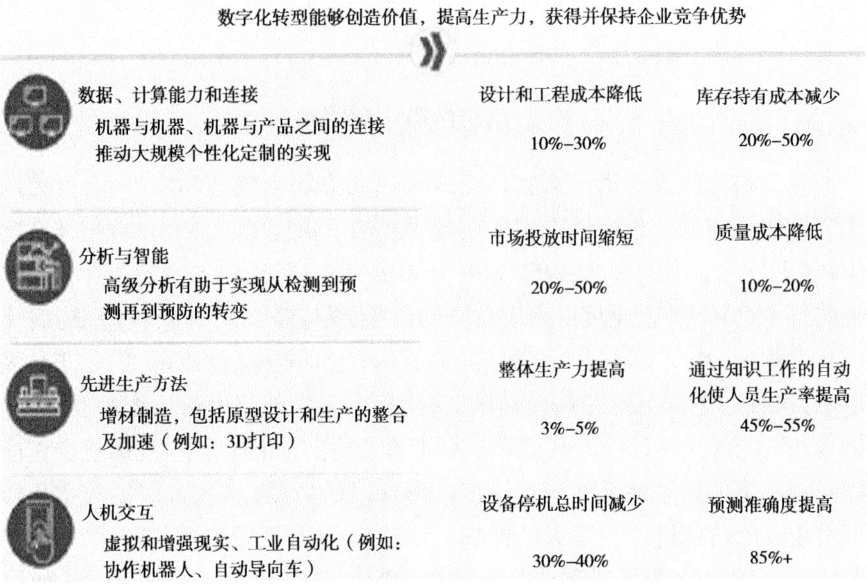

数字化转型能够创造价值，提高生产力，获得并保持企业竞争优势

	设计和工程成本降低	库存持有成本减少
数据、计算能力和连接 机器与机器、机器与产品之间的连接推动大规模个性化定制的实现	10%–30%	20%–50%
	市场投放时间缩短	质量成本降低
分析与智能 高级分析有助于实现从检测到预测再到预防的转变	20%–50%	10%–20%
	整体生产力提高	通过知识工作的自动化使人员生产率提高
先进生产方法 增材制造，包括原型设计和生产的整合及加速（例如：3D打印）	3%–5%	45%–55%
	设备停机总时间减少	预测准确度提高
人机交互 虚拟和增强现实、工业自动化（例如：协作机器人、自动导向车）	30%–40%	85%+

图1-4 供应链数字化转型对价值链整体影响

资料来源：笔者整理。

国外已有企业进入供应链4.0发展水平，如，亚马逊（Amazon）旗下的Amazon Robotics通过将无人机技术嵌入物流流程并不断进行更新迭代，寻求物流成本降低的同时增加其敏捷性；甲骨文（Oracle）建立供应链云平台集成线上采购、可视化生产、物流管理、透明化库存管理、产品生命周期管理（Product Lifecycle Management，PLM）等多种功能，帮助企业降低供应链运营成本；博世（Bosch）使用无线射频识别（Radio Frequency Identification，RFID）技术实现运输系统的智能化；等等。目前我国的企业大多处于供应链2.0与供应链3.0发展之间，供应链数字化转型空间大（朱晓乐等，2021）[①]，企业进行供应链数字化的需求日益迫切。

三、信息整合下价值链数字化变革

企业物流链和供应链的数字化需求，反映在企业线上线下物流信息系统建设中，不论是硬件设备还是各种软件应用都得到了长足的发展。如，企业进行数据处理大致可以分成两大类：联机事务处理（On-Line Transaction Processing）、联机分析处理（On-Line Analytical Processing），联机事务处理是传统的关系型数据库的主要应用，主要是基本的、日常的事务处理，联机

[①] 朱晓乐、黄汉权：《全球供应链的演变及其对中国产业发展的影响》，《改革》2021年第4期。

分析处理是数据仓库系统的主要应用,支持复杂的分析操作,侧重决策支持,并且提供直观易懂的查询结果。各种联机分析处理方式(如 TMS 即 Transportation Management System 运输管理系统、WMS 即 Warehousing Management System 仓储管理系统、OMS 即 Order Management System 订单管理系统等)投入到线上线下物流运营管理中。从这些物流信息系统单独运行能力来看,可能每个都较为良好,但是往往缺少与其他系统进行有效互动(张经阳等,2021)。① 因此,从企业线上线下物流价值链数字化变革的角度看,现有的线上线下物流信息系统需要整合。

信息整合强调统一规划、统一标准和资源共享,即在总体框架下,各信息系统建立统一的数据模型与结构,定义标准的接口,实施统一的系统开发和应用支持流程,共享信息基础设施、资源和服务(魏红欣,2019)。② 信息整合的目标架构是面向服务的体系结构(SOA),通过实施面向服务的体系结构技术,以支持业务快速变化,加强异构系统的协同能力,提高信息系统架构灵活性、信息资产的有效共享和重用,推动流程和服务的分离、数据和应用的分离

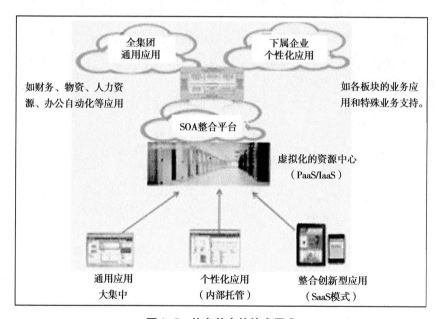

图 1-5　信息整合的技术需求

---

①　张经阳、谢超:《互联网时代下物流 3.0 平台模式创新与发展研究》,《商业经济研究》2021
年第 22 期。

②　魏红欣:《CA 公司 ERP 和 CRM 系统应用整合研究》,北京工业大学 2019 年博士学位
论文。

(崔英华,2013)。[1] 从技术层面看,信息整合的技术需求关系如图1-5所示。

（一）信息整合的需求

1. 成本效益

信息整合可以使企业内有关线上线下物流运营与管理中分散的文件资料、设施设备、规章制度等信息资源都被有效地管理起来,降低管理成本,经过不断的积累而成为企业大数据资源。物流信息整合以后,企业不必担心不同应用系统、异构数据库间的集成问题,可以分步推进企业线上线下物流信息化建设,在此进程中逐步提高企业自身的数字化水平,避免一次性大量投资给企业带来成本压力。

2. 服务质量

通过信息整合消除"信息孤岛",使企业物流信息系统形成互通互联的整体。信息整合使企业对有用线上线下物流信息资源实施有效管理,实现员工协同工作、应用系统协同工作;综合、统一利用现有线上线下物流信息资源,提高数据使用率。

3. 业务敏捷性

利用信息整合技术将企业的线上线下物流信息资源有效管理和综合利用,为企业提供敏捷化的定制信息、综合经营报表、多种数据展现等业务,以及为企业线上线下物流运营决策提供依据。

信息整合提升线上线下物流业务价值的路径如图1-6所示。

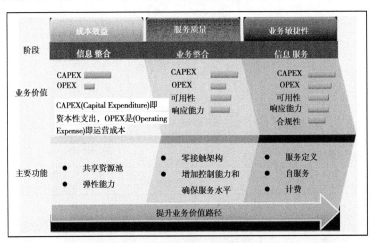

图1-6　信息整合的价值路径

① 崔英华:《基于 SOA 的跨企业物流资源整合平台的研究》,电子科技大学 2013 年博士学位论文。

(二) 价值链数字化需求

1. 数据整合

数据是组成信息的基本元素,各种原始数据的积累与集中是企业线上线下物流价值链运行的底层基础,而这些数据大多数是由各种应用系统所生成的结构化数据。数据整合对分散异构的多数据源实现统一的访问,实时地、智能地将有价值的数据传递给线上线下物流信息系统,进行信息的进一步加工。数据整合的目的是将不同的数据库集成起来,保持应用软件数据相互一致并与企业实际情况相符。

2. 内容整合

内容整合针对企业"互联网+物流"价值链环节中的非结构化信息,例如,电子表格、文本文件、图像、图表、报告、音频文件和视频文件等。内容整合时,企业建立内容管理平台以提供对非结构化信息的管理功能。内容管理系统对各类信息进行分类管理,并控制信息的发布与访问权限。

3. 过程整合

在数据整合与内容整合的基础上,企业寻求线上线下物流业务层面的过程整合。过程整合将企业规则和过程转移到企业应用软件以外,变成一种外在的过程和规则引擎,从而可以对过程的改善或者新的商业机会作出更加有效的反应,提高过程执行的整体效率,达到优化过程的目的。

第三节　线上线下物流数字化价值动因

一、数字化物流价值特征

企业物流链和供应链的数字化需求,从本质上看是从信息化价值需求转换为数字化价值需求。从价值链的角度看,数字化价值主要具有以下特征。

(一) 无形性

数字化价值的创造源于虚拟空间的价值链合作。企业在处理无形的线上线下物流信息资源时,价值链将信息的处理分解为不同的价值增值环节。同时,信息资源具有丰富性和可复制性特点,虚拟价值链的每个价值创造环节都可以无限地使用这些信息,从而以较低的使用成本便可满足客户/用户多样化的需求。

(二) 敏捷性

信息化下线上线下物流信息采用中心式传递方式,被数字化下分布式的信息传递模式打破,企业在分解市场需求的相关信息后,可在最短的时间内确定价值创造所需要的核心能力,并寻找到提供该核心能力的虚拟价值链,从而用最快的速度对市场机遇作出快速反应。

（三）灵活性

企业采用虚拟价值链的价值分解模式,在价值创造的每一个环节上均可为客户/用户提供有价值的线上线下物流信息。同时,企业可以灵活地对同一信息从不同的角度、不同程度和不同类型进行处理,既不会增加企业的成本,又能满足有多样化需求的客户/用户。

（四）异质性

通过将企业的核心竞争力以价值创造的环节模式组合起来,就形成了与众不同的虚拟价值链。同时,线上线下物流信息的丰富性和运营方式随着企业的不同价值定位,决定了每家企业的虚拟价值链都具有异质性,难以为对手所模仿。

（五）范围经济

企业作为价值链上提供价值增值的模块,可以灵活便捷地与其他核心模块耦合,从而扩展企业能力的适用范围,形成范围经济（Economies of Scope）。范围经济指由企业的范围而非规模带来的经济,即当同时生产两种产品（或提供服务）的费用低于分别生产每种产品（或提供服务）所需成本的总和时,所存在的状况就被称为范围经济。只要把两种或更多的产品（或服务）合并在一起比分开来的成本要低,就会存在范围经济。对线上线下物流信息的多层次、多角度的处理可以在不增加成本的前提下提供多样的信息服务,从而满足不同行业、客户/用户多样化的需求。

（六）规模经济

同一时间的价值增值活动通过共享,每家企业都拥有虚拟价值链上所有线上线下物流信息资源,形成规模经济（Economies of Scale）。规模经济是指通过扩大生产规模而引起经济效益增加的现象,规模经济反映的是生产要素的集中程度同经济效益之间的关系,规模经济的优越性在于随着产量的增加,长期平均总成本下降的特性。信息共享作为取得规模经济、加速学习曲线下降或在单一产业界限之外充分利用生产运营能力的潜在途径,可以支持不同的业务环节在不同时间和不同地点的价值创造需求。

二、数字化物流价值构成

（一）数字化物流价值的构成

数字化物流价值的构成为企业在线上线下物流数字化转型中各相关利

益主体实现的客户/用户价值和价值增值,具体而言,数字化物流价值的构成分析以下。

1. 客户/用户价值

客户/用户价值可以用消费者剩余(Consumer Surplus)反映(于全辉,2004)[①],从企业的角度,消费者剩余就相当于企业提供数字化物流产生的利润的增量。如果用 B 代表消费每单位数字化物流服务的可察觉收益,即每单位数字化物流服务对消费者而言的价值 P 代表其货币价格,则客户/用户价值(消费者剩余)CV 为:

$$CV=B-P \tag{1-1}$$

式(1-1)中,只有客户/用户价值(消费者剩余)CV 为正时才会购买该数字化物流服务。如果客户/用户可以在两个或更多的竞争性服务中选择,能带来最大消费者剩余的企业或数字化物流服务才能进行价值创造,也才具有竞争优势。数字化物流价值中的客户/用户价值(消费者剩余)如图1-7所示。

图1-7　数字化物流价值中的消费者剩余

2. 价值增值

企业是一个投入产出系统,当投入的实体资源与虚拟资源转换为数字化物流服务移送到客户/用户手中时,价值就被创造出来。可察觉收益 B 代表了客户/用户从数字化物流服务中获得的价值,成本 C 代表了转化过程中损失的价值,B 与 C 之间的差额形成价值增值 AV 为:

$$AV=B-C \tag{1-2}$$

式(1-2)中,B 和 C 以每单位最终数字化物流服务来表示,客户/用户为了得到可察觉的收益 B 必须为之付出购买价格 P,消费者剩余($B-P$)代表数字化物流价值中最终由客户/用户"拥有"的部分;企业获得 P 用于数字化投入,利润($P-C$)代表了企业在数字化物流价值中所获得的部分。因

---

① 于全辉、孟卫东:《从客户价值到客户关系价值》,《经济管理》2004 年第 6 期。

此,价值增值为:

$$AV = (B-P) + (P-C) = B - C \qquad (1-3)$$

（二）数字化物流价值的含义

1. 数字化物流价值是一种效用（使用价值）

数字化物流价值是指企业线上线下物流活动、企业线上线下物流服务对客户/用户的效用（Utility），或是对客户/用户而言获得了使用价值。企业线上线下物流活动对客户/用户有效用，就有物流（使用）价值；无效用，就无物流（使用）价值。企业线上线下物流活动由若干个物流环节组成，因此线上线下物流活动的价值为组成该次物流活动的若干个物流环节的价值之和。

2. 数字化物流价值是一个关系范畴（特定关系）

数字化物流价值是一个比较值，在相互作用、相互比较中表现出来。主客体相互作用中客体对主体的作用和影响，就是客体对主体的效用，就是客体对主体的物流价值。所以数字化物流价值是关系范畴，是主客体关系范畴。数字化物流价值形成于主体的需要和客体的属性的联系、结合之中。

3. 数字化物流价值是企业线上线下物流功能实现的体现

数字化物流价值体现在企业线上线下物流功能的实现，主要表现在以下方面。

（1）快速响应

通过线上与线下协作，企业能够快速有效地响应客户/用户的需求，创造时空价值，为客户/用户提供优质的线上线下物流服务。

（2）协调运作

通过线上与线下并行，打通企业内部以及企业之间的物流供应链，使企业内部的运作更加高效，供应链成员之间的合作更加顺畅和协调，减少"牛鞭效应"（Bullwhip Effect）。

（3）合作共赢

数字物流价值中的生产者剩余是企业通过线上线下物流活动降低库存、提高客户/用户满意度而带来更多的利润，数字物流价值中的消费者剩余是客户/用户在时间效用和空间效用上的满足。

（三）数字化物流价值函数

企业在发展数字化物流以实现自身利润最大化的过程中，实质上追求的是对某一企业线上线下物流活动的数字化投入与产出比值最大化，即数字化价值最大化。企业投入的是线上线下物流设施、线上线下物流设备等的数字化费用的支出，即数字化物流成本（Digital Logistics Cost, DLC）；产出的是能够满足客户/用户要求的各种企业线上线下物流服务,如线上线下运输服务、线上线下配送服务等,表征为一定功能的实现,即数字化物流功能(Digital Logistics Function,DLF)。数字化物流功能的实现由多种因素共同决定,其中最主要的因素是实现该功能的数字化物流成本。因而,可以把数字化物流功能看成数字化物流成本的函数,即数字化物流价值函数可表示为:

$$DLF = f(DLC) \tag{1-4}$$

根据物流效益悖反(Trade Off)曲线的特征(刘继斌,2007)[①],数字化物流功能与数字化物流成本之间并非呈现线性的关系,一般而言,当数字化物流功能处于低水平阶段追加成本的效果较佳,即曲线的斜率是由大到小变化的。因而,上述函数可以用一条与效益悖反曲线类似的曲线在平面坐标系中进行描述,如图1-8所示。图中的 A,B,C,D,E,F,G 点为企业线上线下物流活动中的各个数字化物流环节,每个点都存在 $DLF = f(DLC)$ 的函数关系。点与点之间连接起来,形成了一种互相衔接、互相作用的链状结构。设某一企业线上线下物流活动中有 n 个数字化物流环节,某一数字化物流环节 $x_i(i=1,2,\cdots,n)$ 的价值函数为:

$$DLF_i = f(DLC_i) \tag{1-5}$$

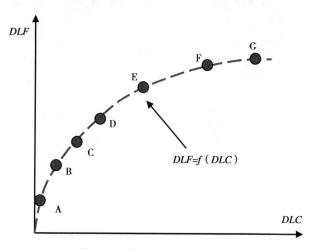

图 1-8 数字化物流价值函数

式(1-5)中,DLC_i 为该数字化物流环节 x_i 的成本,DLF_i 为该数字化物流

---

① 刘继斌:《供应链成本管理中的效益悖反问题研究》,对外经济贸易大学 2007 年博士学位论文。

环节 x_i 的功能。

　　数字化物流活动的价值为由组成该物流活动的数字化物流环节的价值之和,企业的数字化物流功能和数字化物流成本显然也存在以下关系:

$$DLC = \sum DLC_i, DLF = \sum DLF_i \qquad (1-6)$$

（四）数字化物流价值的要素

　　根据物流活动的价值与附加值构成(罗卫,2003)[①],数字化物流价值的构成要素主要有战略、规划、协作、流程管理、订单管理和绩效管理六个方面,"战略"把握企业未来的发展方向,"规划"确保长短期战略和需求能有效落实到运营中,"协作"确保运营顺畅高效,"流程管理"确保实际运营稳定可靠,"订单管理"是企业价值的直观体现,"绩效管理"确保各个环节在可控制范围。其中,流程管理价值、订单管理价值和绩效管理价值构成实体物流价值,战略价值、规划价值和协作价值构成虚拟物流价值,如图 1-9所示。

图 1-9　数字化物流价值的构成要素

三、实体与虚拟物流价值动因

　　实体物流是物流活动的现实反映,通过接受、处理和完成客户/用户物流订单,体现在运输、仓储、配送等运营流程中,最终表现为企业的运营绩

---

① 罗卫、欧阳明德、张子刚:《物流价值和附加值:涵义和衡量》,《物流技术》2003 年第 6 期。

效;虚拟物流是物流活动的内在反映,通过制定物流发展战略和物流运营规划,体现在运输、仓储、配送等信息流程中,最终表现为物流活动各个环节之间的高效协作。实体物流和虚拟物流共同创造客户/用户价值和价值增值,提升实体物流价值和虚拟物流价值是企业线上线下物流数字化价值的重要动因。

（一）实体物流价值动因

1. 流程管理价值

流程是物品(如原材料、零部件等)进入企业,到企业对外进行成品输出(如分销、配送等)所经历的各个环节的运动过程。成熟的数字化流程管理能够使企业在与客户/用户的交涉过程中最大限度地避免浪费、控制成本,同时提高整体运营效率。

2. 订单管理价值

订单来自需求,对订单的管理就是对客户/用户需求的管理。订单管理是企业价值链中的重要环节,会直接影响客户/用户对企业线上线下物流服务的满意度,从而影响他们对企业线上线下物流服务的需求。同时,客户/用户的需求与企业的收入息息相关,也就是说,订单管理会直接影响企业的经济收益。订单数字化管理会通过对订单的可视化管理和分配,使补货、生产、仓储、运输成为一个有机整体。

3. 绩效管理价值

绩效管理是企业所制定的可以将员工表现与战略方向相连接,有效评估企业线上线下物流整体运营、各级员工成果贡献的考核体系、管理流程。在绩效考核方面推行数字化发展可以帮助企业精准连接部门职能与部门指标,帮助各级管理者监督了解企业线上线下物流实时整体运营情况、项目进展,也为绩效考核和奖赏决定提供可视化、数字化依据,从而提高企业线上线下物流运营监督的效率、透明度。

（二）虚拟物流价值动因

1. 战略价值

战略是企业所建立的一套可及时满足客户/用户需求、确保物品在适当地点准时交付、保证客户/用户满意度、降低企业线上线下物流整体运营成本的、可重复使用的运营流程,从而高效整合从原材料供应、制造生产、库存、配送到客户/用户等环节的资源,实现价值最大化。企业需要将线上线下物流战略与数字化技术相结合,从而更好地匹配其自身能力与感知市场需求,并在其数字化进程中不断塑造竞争优势,为其自身和客户/用户带来价值增值。

2. 规划价值

规划指企业选择场景,确定目标,拟定并评估方案,编列预算的总体行动计划,与客户/用户进行资源共享、信息交换,从而达到平衡供求、优化企业线上线下物流服务流程的前瞻性战略部署流程。数字化、智能化规划可以通过数据分析及高级算法等相关功能,帮助企业实现与客户/用户互联、信息共享,从而实时感知市场供求的变化,并依据市场和行业动向及时调整企业内部运营流程。

3. 协作价值

协作的外在动因是为了应对竞争加剧和环境动态性强化的局面,其内在动因包括追求企业线上线下物流价值链优势,构成竞争优势和保持核心竞争力。基于数字化信息平台,企业进行线上线下物流运营上的横向协作和纵向协作,横向协作是不同物流企业之间为实现共同目标而简化企业线上线下物流流程,形成战略联盟;纵向协作是上下游企业之间通过网络互联、信息共享,优化企业线上线下物流资源配置,形成策略联盟。

第四节　实体价值链向虚拟价值链转换动因

一、实体与虚拟价值链数字化

企业线上线下物流数字化发展决定于实体物流价值动因和虚拟物流价值动因的驱动,进而由实体物流价值链主导向虚拟物流价值链主导转换。

（一）实体价值链主导下的不足

1. 协调能力

实体价值链的各价值活动环节分别位于不同的空间,由于组织结构和信息交流的障碍,管理者很难将价值链作为一个整体来看待,导致价值链上各环节独立运作的效果好,但整体协调差,甚至上下环节之间产生冲突(如物流效益悖反),无法获得价值链管理的协同效应。

2. 覆盖范围

实体价值链管理往往只注重本企业价值链,由于受到信息处理和管理能力的限制,往往只涉及与企业直接联系的客户/用户价值链,而其他不与企业价值链发生直接联系的外部组织的信息很难纳入管理范围,一旦遇到企业与现有客户/用户价值链发生中断,则马上影响到正常运作。

3. 中间环节

实体价值链管理注重价值链各环节给企业创造价值,提供客户/用户价值链各环节活动后的最终产品和服务,而作为中间环节一般不能给企业创造价值和带来新的市场机会。

4. 规模经济

信息化技术尤其是数字化技术的发展,给人们带来了虚拟的活动空间和数字化的商品/服务需求,更新定义了企业的经营范围和规模经济,这些是实体价值链所不能触及的领域。

5. 反应速度

实体价值链的信息传递经过的环节多且时间长,并有可能被加工过滤,影响其传递的及时准确性。这不但会影响价值链各环节的有效配合,还会导致企业应对市场环境变化的反应速度降低。

(二) 虚拟价值链主导下的特点

1. 非物质性

在虚拟价值链的各个环节上,价值活动的对象不再是物质资源,而是信息。处于市场空间中的企业不再受土地、劳动、资本等传统生产要素的束缚,且企业线上线下物流信息资源的丰富性与易获得性大大降低了企业的成本,使企业能够以很低的成本甚至零成本对信息进行加工利用。

2. 灵活性

企业可以对线上线下物流信息进行灵活、多层次和不同类型的加工来为客户/用户提供多样化的服务,同时,企业在虚拟价值链的每个环节上都可以向客户/用户提供有价值的信息,即有多个可以向客户/用户提供价值的增值点。

3. 独特性(或称之为异质性)

实体价值链不同企业可以设计同样的产品/服务,生产/提供类似的产品/服务进行竞争,而企业线上线下物流信息本身的丰富多样性和信息加工方式的不同,每家企业的虚拟价值链都是独一无二的,并且不可能为对手所模仿。

4. 持久性(或称之为可持续性)

虚拟价值链不是信息技术的综合,而是企业运营与管理中的经验与技能在企业线上线下物流信息利用方面的显性表现,企业内经验与技能的难模仿性使虚拟价值链在保持企业竞争力方面具有持久性,有利于企业的可持续发展。

(三) 价值链的数字化转换关系

价值链的数字化转换包含了实体价值链向虚拟价值链的转换过程,如图1-10所示。

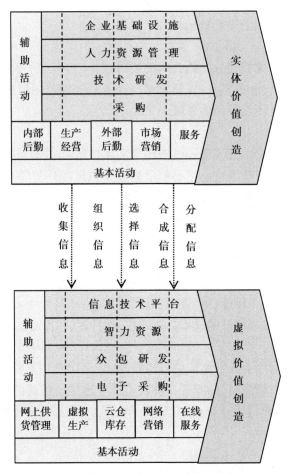

图 1-10　实体价值链与虚拟价值链转换关系

　　虚拟价值链是实体价值链在市场空间中的延伸,是实体价值链在信息化和数字化领域的新发展(冯雪莲,2020)。[①] 从实体价值链到虚拟价值链,企业存在一个对不同层次信息进行加工的过程,即通过收集、组织、挑选、合成和分配这五个步骤的加工过程来构成虚拟价值链上相应的信息增值活动。

二、价值链从实体向虚拟转换

　　根据实体价值链与虚拟价值链转换关系,企业线上线下物流数字化转型中实体物流价值链逐渐向虚拟物流价值链迁移和转换可描述如下。

---

　　① 冯雪莲:《基于新制造的虚拟价值链解构》,《财会通讯》2020年第14期。

设一个物流市场由三个部分组成:主体、物流服务和过程。市场主体是指物流企业、客户/用户和其他团体(如政府和消费者保护组织);物流服务是供交换的物品;物流服务的市场主体与其他市场组织之间的互动就是过程,包括物流服务的市场调查、开发设计、实施和售后。这三个部分可以是实体的(线下物流)和虚拟的(线上物流),实体物流价值链(PVC)和虚拟物流价值链(VVC)在市场上的作用范围,如图1-11所示。

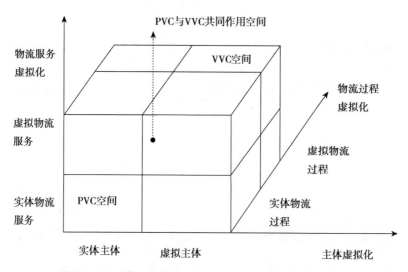

图1-11　实体物流价值链与虚拟物流价值链的作用范围

虚拟物流价值链是物流服务虚拟化、主体虚拟化、过程虚拟化的结果,并随着物流服务、主体、过程数字化程度的增加,虚拟物流价值链的作用空间也不断增加。在数字化发展下,物流服务的范围不断扩大,虚拟物流价值链在价值创造中的地位也更加重要。因此,实体物流价值链向虚拟物流价值链转换问题凸显出来。但这种转换并非无限制的,而是实体物流价值链和虚拟物流价值链的共生平衡。实体物流价值链向虚拟物流价值链的转换过程如图1-12所示。

实体物流价值链向虚拟物流价值链转换的参与实体主要包括供应链核心企业、物流企业和客户/用户,其中,核心企业在一个虚拟的框架结构中发展、组织和管理各种数据及其发送,通过有效管理市场和整合各个供应链,从而增加价值创造的能力;物流企业的角色是物流服务的提供者,负责物品流和信息流运行;核心企业与客户/用户保持一种相互沟通的关系。实体物流价值链的基本准则是标准化、大批量和大众沟通,而虚拟物流价值链的基本准则是客户/用户导向、小批量和一对一沟通,即生产运营系统和沟通系

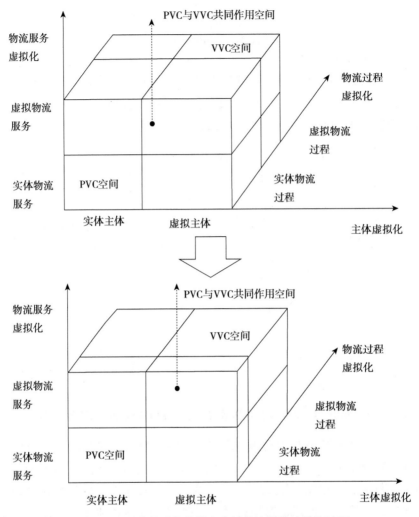

图1-12　实体物流价值链向虚拟物流价值链转换过程

统的高度灵活性的统一。实体物流价值链在向虚拟物流价值链转换的过程中,为了能与每个客户/用户形成一条沟通渠道,核心企业需要不断提高沟通的灵活性;物流企业需要改变过分依赖标准化的流程,要考虑到客户/用户个性化的要求,提高运营的灵活性,因此需要不断进行系统革新,使物流服务和沟通达到客户/用户导向的要求。因此,实体物流价值链向虚拟物流价值链的转换路径可反映为如图1-13所示。

对"互联网+物流"价值链解构表明,企业线上线下物流数字化转型动因有线上线下物流数字化发展动因、需求动因、价值动因和实体——

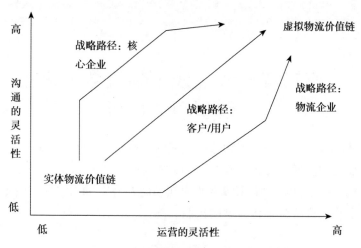

图1-13　实体物流价值链向虚拟物流价值链的转换路径

虚拟价值链转换动因。从企业线上线下物流数字化发展动因看,存在数字化技术不断发展、全球化不断深入、数字化思维的转变等行业外部压力,解决显性痛点与隐性痛点的行业内部发展期望,以及可持续生态、可持续经济、可持续社会发展对数字化物流的需求。从企业线上线下物流数字化需求动因看,存在企业内的物流链数字化需求和企业间的供应链数字化需求,以及信息整合下价值链数字化变革的需要。从企业线上线下物流数字化价值动因看,物流链、供应链以及信息整合的数字化需求本质是对数字化价值的需求,数字化价值主要具有无形性、敏捷性、灵活性、异质性、范围经济和规模经济等特征。数字物流价值来源于客户/用户价值和价值增值;数字物流价值是一种效用(使用价值),是一个关系范畴(特定关系),也是企业线上线下物流功能实现的体现;把数字化物流功能 *DLF* 看成是数字化物流成本 *DLC* 的函数,则数字物流价值函数可表示为 $DLF=f(DLC)$;数字物流价值的构成要素主要有战略、规划、协作、流程管理、订单管理和绩效管理六个方面,其中,流程管理价值、订单管理价值和绩效管理价值构成实体物流价值,战略价值、规划价值和协作价值构成虚拟物流价值。从实体价值链向虚拟价值链转换动因看,由于实体物流价值链的管理存在协调能力、覆盖范围、中间环节、规模经济、反应速度上的不足,而虚拟物流价值链具有非物质性、灵活性、独特性、持久性等特点,在信息时代向数据时代转变的过程中,实体物流价值链有向虚拟物流价值链转换的需求。

第二章　线上线下物流数字化
转型动力剖析

实体物流价值链向虚拟物流价值链的转换驱动着线下物流不断向线上物流发展,为此,通过对企业现有"互联网+物流"价值链的进一步解构,分析企业线上线下物流数字化转型的内在动力和外在动力,进一步探讨企业线上线下物流进行数字化转型的机制。

第一节　线上线下物流数字化内驱力

数字化技术和数字化转型驱使价值从实体物流运营模式流向虚拟物流运营模式,从线下物流价值链流向线上物流价值链。这一过程的内驱力主要为当前数字经济下的"去中介化""去中心化""去物质化"。

一、去 中 介 化

"去中介化"(Disintermediation)是企业从实体经济模式向数字经济模式转变的特征之一。实体经济模式下,企业需要借助"中介点"(部门或企业)进行信息处理、转化、传输,信息进入中介点之后由工作人员来执行一系列操作,存在交易效率低、交易成本高等问题。数字经济模式下,企业意识到信息统一集中化的重要性,取消了传统模式内的中介点,即"去中介化"。去中介化是企业数字化转型的内在驱动力之一,在去除中介点的条件下,所有部门或企业的信息将全部被集中到数字化信息平台上依照统一标准进行敏捷化处理。其中,基于数字化技术的控制塔就是这样的数字化信息平台(唐隆基,2020)①,如图 2-1、图 2-2 所示。

控制塔(Control Tower)驱动线上线下物流数字化转型的应用体现在两个方面:一是物流链的去中介化——物流控制塔。为了满足不断变化的需求,构建可见性的和可控制的物流链成为挑战。一些物流企业,如罗宾逊借用了机场控制塔的方法,推出了物流控制塔(Logistics Control Tower)模式,这种模式通过单个数字化平台连接各分公司的信息系统,简化了各部门之

---

① 唐隆基:《数字化供应链控制塔的理论和实践》,《供应链管理》2020 年第 2 期。

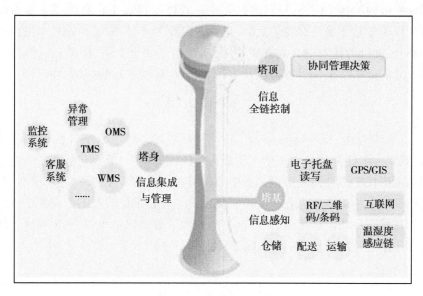

图 2-1　控制塔的构成

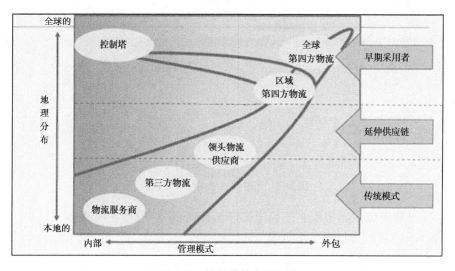

图 2-2　控制塔的应用矩阵

间的通信和连通性,并改善了企业的按时交货水平。二是供应链去中介化——供应链控制塔。供应链控制塔(Supply Chain Control Tower)是企业业务计划和执行之间的连接组织,是去除中介化之后端到端(E2E,End to End)管理方法之一(端到端是指从客户/用户的需求端出发,到满足客户/用户需求端去,输入端是市场,输出端也是市场)。供应链控制塔通过对供应链内的各个成员进行连接,在一定程度上提高了自身的竞争能力以及使供应链整体更具有竞争优势;从业务层面上来讲,能够更好地来进行行业务整合,使资源能够更好地有效利用;从数据层面上来讲,使供应链的各个成员之间能够从采购到库存以及生产、销售全过程进行数据的协同处理。

二、去中心化

"去中心化"(Disaggregation)是一种开放式、扁平化、平等性的系统结构,系统中的任何一个节点都可能成为阶段性的中心,节点与节点之间通过网络而形成非线性因果关系。去中心化可以提高信任度,降低交易成本,并增强网络中的安全性,因此,去中心化也是企业数字化转型的内在驱动力之一。从数字经济发展来看,区块链作为典型的数字化技术,在一定程度上体现着去中心化的属性(吴婷,2022)[1],如图 2-3 所示。

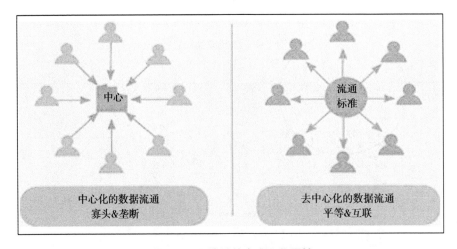

中心化的数据流通
寡头&垄断

去中心化的数据流通
平等&互联

图 2-3　区块链的去中心化属性

区块链的主要价值在于它能够部署加密机制,以便在账簿各方之间达成共识(杨继,2021)。[2] 这消除了对中心机构的需求,从而创建了价值转移的分布式信任系统。没有单一的机构或者实体,可以修改过去的数据条目或批准对分类账的新添加。区块链引入了一个功能类似于分布式网络的数据库,因此就出现了分布式账本(Distributed Ledger),解决了复杂网络下各

①　吴婷:《区块链赋能智慧物流平台化发展的挑战与应对策略》,《商业经济研究》2022 年第1 期。
②　杨继:《区块链、互联网信任与制度设计》,《上海经济研究》2021 年第 6 期。

成员之间无须信任成本地进行合作,以及在没有中心化机构和中介的情况下进行价值的安全传输(王利朋,2022)。① 区块链可实现数据的点对点传输,不需要经过中心机构的审核或控制,而去中心化组织可通过区块链等数字技术,打破现实与虚拟的边界,实现信息整合下的线上线下协调和链上链下协作。

区块链可与供应链融合构建数字供应链。供应链所涉企业线上线下物流信息分散在不同的环节,如采购、生产、流转、销售、物流等信息完全割裂,难以用一个信息平台来存储、处理、共享和分析这些信息,限制了丰富数据和信息的潜在价值,大量信息处于无法收集或无法访问的状态。而区块链可以搭建一个包含供应商、制造商、分销商、零售商、物流等所有供应链环节的平台,在这个平台上所有企业结成联盟,将物流、信息流、资金流都记录在链条上,实时跟踪监管供应链所有动态,形成各家企业能够协同化工作的数字供应链,并使整个供应链达到透明化、可视化。

区块链及数字供应链驱动企业线上线下物流数字化转型的应用体现在:第一,促进物流各方参与主体信任程度。去中心化的区块链及数字供应链可以使物流信息透明化、公开化,能够提高各方参与主体的信任程度,使每个物流节点都能够完成信息的自我管理、验证和传递(梁雯等,2019)②,从而实现资源的有效整合。第二,提高物流运营管理效率。区块链及数字供应链的应用能将物流信息进行共享和更新,在一定程度上实现物流运营与管理效率的提升。

三、去物质化

"去物质化"(Dematerialization)即完成一件事情所需动用的实体物质的量在越来越少,即产品或流程从实物转向虚拟。数字孪生就是一种以物质的现实世界为参照物,通过数字化技术在虚拟网络中还原为一个去物质化的数字的现实世界(见图2-4),而且能低成本实现现实世界与虚拟世界双向互动的技术手段,同时,关联专用技术和数字技术的数字孪生在商业生态系统构建中也能发挥作用(罗均梅等,2022)③,因此,去物质化同样是企业数字化转型的内在驱动力之一。

---

① 王利朋、关志等:《区块链数据安全服务综述》,《软件学报》2022年第11期。
② 梁雯、司俊芳:《基于共享经济的"区块链+物流"创新耦合发展研究》,《上海对外经贸大学学报》2019年第1期。
③ 罗均梅、徐翠丰:《数字孪生如何影响商业生态系统构建——基于前瞻资源化视角的案例研究》,《中国海洋大学学报(社会科学版)》2022年第6期。

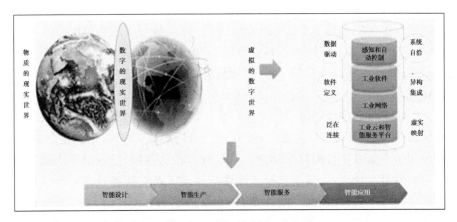

图 2-4　数字孪生中的映射关系

　　去物质化的发展进程大致经历了三个阶段(见表 2-1)。首先是利用计算机仿真(Computer Simulation)技术模拟虚拟世界,通过运用一定的规则和秩序,构建一个映照现实的系统和解决问题的理论模型,以让人们能更全面地了解对现实的认知结果(Maria,2019)①;其次是借助于虚拟现实(Virtual Reality)技术,通过让眼睛接收到在真实情景中才能接收到的信息,使人产生"身临其境"的感觉,并且人所看到的形象会随着视点的变化即时改变,它使人们能够"享受"到身临现场所获得的那种体验(Roland Rosen 等,2015)②;最后是借助于数字孪生(Digital Twin)技术,从感觉体验发展到实时双向互动、精准映射的孪生世界的构建——不仅认识虚拟世界,而且改造和创造现实世界。数字孪生是三维模型,包括实体产品、虚拟产品以及二者间的连接,而这个连接的方式就是数字线程(Digital Thread)(Deborah 等,2016)③,这样,数字孪生最终在计算机仿真、虚拟现实与数字线程技术的基础上,实现了将虚拟世界与现实世界进行叠加的功能,并能在复杂的虚实世界中自学习和自适应(陶飞等,2018)④,在可以体验到的虚拟世界中开展认识、改造并创造世界的活动。

---

① Maria D.,"Methodology and Epistemology of Computer Simulations and Implications for Science Education",*Journal of Science Education and Technology*,Vol.28,No.4,2019.

② Roland R.,et al.,"About the Importance of Autonomy and Digital Twins for the Future of Manufacturing",*IFAC Papers OnLine*,Vol.48,No.3,2015.

③ Deborah M.,et al.,"Overview of Additive Manufacturing Informatics:' A Digital Thread '",*Integrating Materials and Manufacturing Innovation*,Vol.5,No.1,2016.

④ 陶飞、刘蔚然、刘检华:《数字孪生及其应用探索》,《计算机集成制造系统》2018 年第 1 期。

表 2-1　去物质化的三次转变

转变内容	起源时间	探索方式
计算机仿真	20 世纪 50 年代	发现虚拟世界
虚拟现实	20 世纪 80 年代	体验虚拟世界
数字孪生	21 世纪初期	认识虚拟世界,改造和创造现实世界

资料来源:笔者整理。

数字孪生驱动企业线上线下物流数字化转型的应用体现在物流及其所连接的各方。为了应对多样化、个性化、定制化的需求冲击以及市场不确定性的挑战,众多数字化技术与管理元素横贯智能仓库、物流机器人等设施设备,纵连仓储、配送等价值环节,而数字孪生技术的应用,可促使这些数字化技术与管理元素以更为合理的方式呈现(鲁晓等,2021)①,并最终实现物流运营与管理智慧化。

第二节　线上线下物流数字化外驱力

作为企业线上线下物流数字化内驱力的去中介化、去中心化和去物质化,其外在体现为企业为了满足市场需求而在运营过程中对业务进行平台化、模块化和虚拟化的管理。

一、平 台 化

数字经济下的"去中介化"属性,驱动企业的业务平台化(Platformization)运作,以面对不确定性市场需求信息进行集中化、统一化、敏捷化的信息整合。

随着企业内外部环境不确定性和动态性逐渐增强,传统的物流信息系统架构由于决策效率低下等原因无法再满足需求,而扁平化的物流数字化平台架构则能够更好地响应用户需求,适应动态变化的外部环境(唐铭成等,2021)。② 因此,平台化为企业实现线上线下物流数字化转型升级提供了一个方向,平台化之后的企业消除了其原始的组织边界,为位于平台上的合作者、客户/用户等提供支持,构建了一种生态模式(徐敬

---

① 鲁晓、陈星浩、陈哲涵:《数字孪生时代的数字物流革命》,《物流技术与应用》2021 年第
9 期。

② 唐铭成、柳先辉、秦修功:《基于虚拟化技术的资源池扁平化架构研究》,《制造业自动化》
2021 年第 6 期。

宏,2022)。① 通过这种模式,企业能够跟客户/用户进行充分接触和互动,直接了解客户/用户需求,并根据客户/用户需求开展价值链活动,也使企业"互联网+物流"价值链从以服务为中心转向以客户/用户需求为导向。

企业获得竞争优势的关键就在于获取客户/用户选择权(张浩维,2022)②,物流企业传统科层式的组织形式往往具有较多的组织层级、冗长的组织流程,信息传导效率较低,这就会导致客户/用户需求的变化无法快速、准确、高效地传递给企业,同时企业也无法根据客户/用户需求的变化立刻进行动态调整。传统的企业物流链、供应链运营中往往包含诸多中间环节,而每一个中间环节的存在都会产生一定的费用,这就会导致产品/服务成本增加。而企业线上线下物流数字化转型后的去中介化特征可将产品/服务"链条"上的各个主体连接在一起,缩减了价值链的中间环节,这也在一定程度上减少了产品/服务在中间环节的交易成本,为企业的平台化奠定了基础。同时,企业线上线下物流数字化转型的去中介化也意味着信息传播方式的去中心化,即信息由多元化的主体产生和共有(姚小涛等,2022)。③ 因此,信息传播的去中心化模糊了企业和客户/用户之间的界限,客户/用户在价值链中扮演着越来越重要的角色,这进一步促进了企业物流链、供应链中的参与主体"去中心化"和客户/用户"中心化"的过程。在这种新的模式下,企业"互联网+物流"价值链各个节点企业都可以即时、快速地响应客户/用户需求的变化并迅速作出调整,而传统的科层式组织和链式的物流价值链无法做到这一点,因此企业必须向平台式的组织形态转型。

在企业"互联网+物流"价值链中,企业是价值创造的主体;而平台化之后的企业"互联网+物流"价值链,价值创造的主体会更加多元化,企业间的边界被打破,各方主体均被连接进来、纳入平台化企业支持下的价值共创网络,实现多方的资源共享、互利共赢,从而以平台为基础构建了一个物流生态系统。在这个生态系统中,各主体各司其职,彼此同步交互,能够根据终端主体变化快速匹配出客户/用户个性化需求的解决方案并进行同步调整,形成快速有效的协同效应,从而打破传统实体价值链线性的僵化结构。从本质上来讲,这个物流生态系统其实是将各个细分的不同价值链包络在一

① 徐敬宏、胡世明:《5G 时代互联网平台治理的现状、热点与体系构建》,《西南民族大学学报(人文社会科学版)》2022 年第 3 期。

② 张浩维:《供应链数字化转型对企业竞争优势的影响研究》,吉林大学 2022 年博士学位论文。

③ 姚小涛、亓晖、刘琳琳、肖婷:《企业数字化转型:再认识与再出发》,《西安交通大学学报(社会科学版)》2022 年第 3 期。

起所构筑的非线性化的数字化物流价值共创网络,这一网络的构筑实现了跨流程、跨企业、跨行业的纵横一体化发展。因此,企业的平台化发展要求是线上线下物流数字化转型的外在驱动力之一。

二、模　块　化

数字经济下的"去中心化"属性,驱动企业的业务模块化(Modularization)运作,以建立开放式、扁平化、平等性信息系统结构,满足供应链企业协作的信任性、安全性要求。

企业需要根据不同客户/用户的个性化需求实行极致化的合作,生产/提供异质化的产品/服务,而这种极致化分工和极致化合作的必然结果就是价值链的模块化(许晖等,2021)。[①] 模块化使企业"互联网+物流"价值链上各节点之间形成了一种互动互联、去中心化的协同共生关系,根据客户/用户的需求随时进行调整,改变了传统实体物流价值链层级递进式的静态线性形态。这种模块化的本质是价值链的"解构—组构—再构"过程,即将企业"互联网+物流"价值链分解为多个环节,将每一个环节做到极致,然后再进行组合,从而构建更大的竞争力。具体而言,企业线上线下物流数字化转型具有去中心化的特征,而模块化就是去中心化后极致化分工和极致化合作的结果,因此,去中心化促使企业"互联网+物流"价值链条不断拆分,并向模块化发展。在这种模式下,每家企业只需要负责其中自己最擅长的某一个细小环节,然后再在全社会范围内将各个环节进行组合和优化配置。而数字化技术的不断发展又会继续推动分工向各个不同层面不断深化,这种向极致化演进的分工模式会使价值链中的节点企业越来越倾向于聚焦其中某一细小环节,从而促使价值链向模块化发展。

在模块化的企业"互联网+物流"价值链中,最终的价值创造和实现需要依赖于各利益相关者之间的合作,从而使各个节点之间构成了一种网络化的形态,这种价值网络具有并行性、动态性和开放性(陈永平等,2009)[②],取代了传统线下实体物流线性、静态、封闭的价值链条,在全社会范围内构建网络,并随时根据动态变化的需求信息来筛选出当下最为匹配的网络"节点",从而保持整个价值链的最优化。同时,企业"互联网+物流"价值链

① 许晖、于超、王亚君:《模块化与开放性双重视角下的平台型组织价值创造机制研究——以浪潮和东软为例》,《科学学与科学技术管理》2021年第2期。
② 陈永平、杨晨:《企业物流价值创造能力瓶颈突破——运用组织网络资源整合》,《江苏商论》2009年第4期。

模块化所带来的这种动态化的价值网络也会对节点企业的行为产生一定的约束作用,因为一旦出现机会主义行为(尹贻林等,2022)①,就有可能会被"替代者"顶替掉。因此,企业"互联网+物流"价值链的模块化发展以其去中心化后的特征促使各节点形成了一种动态化的网络关系,从而促使企业线上线下物流价值链进行重塑,企业的模块化业务发展要求也是企业线上线下物流数字化转型的外在驱动力之一。

三、虚 拟 化

数字经济下的"去物质化"属性,驱动企业的业务虚拟化(Virtualization)运作,通过整合信息系统等虚拟化资源,以应对市场需求不确定性带来的挑战。

企业单靠自身的力量难以满足多样化的市场需求,由此"互联网+物流"价值链上节点企业之间的协同合作变得越来越重要。但对于传统线下实体物流价值链而言,其基于实体要素的合作模式受到地理距离、信息不对称等方面的限制,而数字化技术的发展通过具有同质性、可兼容的数据形式,可以进行无障碍传播和共享。信息的无形性决定了价值链的虚拟性(汤勇力等,2007)②,即去物质化,它打破了企业与企业之间合作的时空限制,强调信息作为企业新的价值增值来源的重要性。因此,企业"互联网+物流"价值链的虚拟化成为一个重要趋势,虚拟物流价值链能够利用信息的灵活性和敏捷性来应对市场快速、多变的需求,这种灵活的结构模式必然会打破并重塑企业"互联网+物流"价值链——它不仅能够通过对信息的加工来进行价值创造,而且也完全重构了传统的运营模式。借助于数字化技术,虚拟物流价值链可以充分挖掘信息价值,将处于不同区位以及不同经济体的各个价值环节连接在一起,并根据价值链组织模式将各个不同环节进行耦合,实现进一步优化。

虚拟价值链主要从价值链的"动态性"和"结构形态"两个方面重塑线上线下物流价值链。在"动态性"方面,在虚拟化的价值链中,借助于数字化技术,客户/用户可以充分参与到价值链各个节点的活动当中,并进行信息交互。虚拟价值链随时可以根据终端客户/用户需求的变化来进行价值链环节的"解构""组构"和"再构",从而形成一种极具动态性的形态,打破

---

① 尹贻林、尹航、王丹、蒋慧杰:《科层失灵、项目治理与机会主义行为——138 例样本的定性比较分析》,《管理工程学报》2022 年第 3 期。
② 汤勇力、胡欣悦:《基于动态任务价值链的虚拟企业组织体系》,《科学学与科学技术管理》2007 年第 10 期。

传统线下实体物流价值链的静态模式。另外,在"结构形态"方面,虚拟价值链上的每个节点都是极致化细分后形成的,而由于虚拟价值链不受地理因素的"拘束",每个节点从横向上来看都具有可替代性并在全社会范围内进行竞争,横向上同质性节点之间形成一个线性链条,而与此同时纵向上异质性的节点根据客户/用户需求进行链接也形成一个线性链条,每个节点都可以在下一层级的横向同质性节点链条中进行自由选择(朱华友等,2015)。① 虚拟价值链的这种链接模式最终促进线上线下物流价值链形成一种网状的价值链结构,企业的价值链虚拟化要求同样是线上线下物流数字化转型的外在驱动力之一。

第三节　数字化物流价值链的形成机制

在内部和外部驱动力下,企业实体物流价值链向虚拟物流价值链转换,企业线上线下物流数字化转型则是这种转换后形成的均衡。

一、实体与虚拟物流价值链

企业实体物流价值链和虚拟物流价值链交互,企业线上线下物流活动相关利益方通过线上线下协作,以创造物流价值增值。这一交互过程如图2-5所示。

实体物流价值链是企业及相关利益方利用线下物流资源为客户/用户提供有形的物流服务而实现的物流价值增值(即实体物流价值),如提供运输、仓储、配送、流通加工等物流一体化的服务实现的价值增值。虚拟物流价值链在市场空间利用信息资源而形成物流价值增值,是企业间及相关利益方通过智力资本无形作用于企业和企业间而实现的价值增值,如物流数据、算力资源、创新等方面而实现的物流价值增值(即虚拟物流价值)。

在数字化技术的支持下,实体物流价值链向虚拟物流价值链转换,形成二者交互耦合状态(张正荣等,2020)②,并在交互的过程中将逐渐达到均衡,这种均衡,可以认为是数字化物流价值链的形成基础。

---

① 朱华友、陶姝沅:《产业集群"虚拟—实体"价值链的协同发展研究——浙江诸暨珍珠产业集群的实证》,《科技管理研究》2015年第19期。

② 张正荣、肖文丽:《虚实价值链耦合视角下的跨境电商价值创造机制——基于扎根理论的案例分析》,《管理案例研究与评论》2020年第6期。

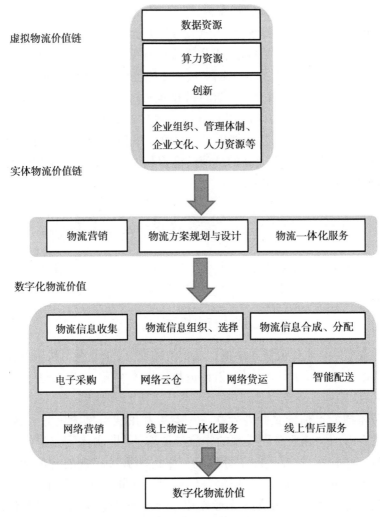

虚拟物流价值链

实体物流价值链

数字化物流价值

图 2-5　实体与虚拟物流价值链交互

二、数字化物流价值链

（一）数字化物流价值链提出

在实体物流价值链与虚拟物流价值链的均衡下,数字化物流价值链(Digital Logistics Value Chain,DLVC)是企业线上线下物流活动内在实体物流价值与虚拟物流价值关系的本质反映,存在于企业内以及企业间一系列相互作用和相互关联的数字化物流环节中。在企业内,是线上线下运输、仓储、配送等物流链环节的数字化;在企业间,是线上线下采购、供应、分销等供应链环节的数字化。这些环节相互关联并相互影响,形成以数字化物流价值为核心的价值网结构。

用数学语言描述,假设数字化物流价值链上有 n 个环节 $x_1,x_2,\cdots$ $x_i,\cdots,x_n$,其中某个物流环节 $x_i(i=1,2,\cdots,n)$ 的功能为 DLF_i,其物流成本为 DLC_i,那么该环节 x_i 的数字化物流价值函数为:

$$DLV(x_i)=DLF_i/f(DLC_i)=DLV_i \tag{2-1}$$

数字化物流价值链是一个由 $DLV_i(i=1,2,\cdots,n)$ 构成的集合,根据 DLV_i 数值的大小进行排序,使 $DLV_1>DLV_2>\cdots>DLV_i>\cdots>DLV_n$,那么数字化物流价值链在平面坐标中便反映为一条曲线(见图2-6)。

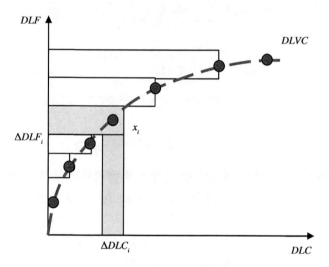

图2-6　数字化物流价值链曲线

数字化物流价值链曲线是非连续的,其横纵坐标为数字化物流功能增量 ΔDLF 和数字化物流成本的增量 ΔDLC,x_i 的斜率即该物流环节的物流价值 DLV_i。用 $DLVC$ 表示这条曲线,$DLVC$ 是各个物流环节的价值集合,即:$DLVC=\{DLV_1,DLV_2,\cdots DLV_i,\cdots,DLV_n\}$。数字化物流价值 DLV 为组成数字化物流价值链若干环节的数字化物流价值之和:

$$DLV=DLF/DLC=\sum DLV_i \tag{2-2}$$

（二）数字化物流价值链的二维性

从数字化物流价值创造和价值增值角度,企业物流链和供应链是完成与实现企业内价值链(企业价值链)管理和企业间价值链(行业价值链)管理的一种方式和手段,因此,数字化物流价值链具有二维性,如图2-7所示。

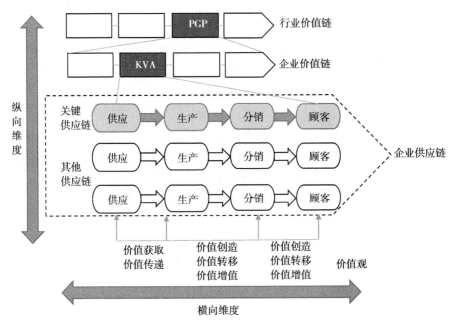

图 2-7　数字化物流价值链的二维性

　　横向维度的数字化物流价值链支撑企业物流链的数字化转型,进行数字化物流价值创造和价值增值主要思路包括:通过行业价值链分析,识别利润区分布,找出行业利润增长点(Profit Growth Point,PGP);企业构建自身的价值链,要尽量靠近或覆盖行业高利润区,才能产生持续获利和发展的能力;抓关键价值环节(Key Value Activity,KVA),在企业价值链上的众多价值活动中,寻找关键活动,因为并不是所有的价值活动都能创造价值,依据关键活动的业务需求,构建企业关键(或战略)供应链;根据企业具体情况,构建其他物流链。一般来说,一个多元化发展的企业会存在几个不同的并相互联系的物流链,因为一家企业不同的产品或服务在采购、库存、生产制造、运输配送等环节上会存在不同的方式,需要不同的策略。

　　纵向维度的数字化物流价值链支撑企业供应链的数字化转型,进行数字化物流价值创造和价值增值主要思路包括:企业供应链上各环节的协同都应以价值的获取、创造、转移和增值为基础;确定供应链上各活动对供应链整体价值的贡献,消除对价值没有贡献的作业,提高增值作业的效率。并通过对所有流程和业务的协调,实现整条供应链的价值优化;运用全过程价值链管理思想和方法,注重实时记录供应链上各环节的成本费用支出情况、资源消耗状况、利润实现情况等,并对价值形成过程及动因进行追踪分析;

考虑价值创造及业务衔接,协调关键供应链与一般供应链的关系。

（三）　数字化物流价值链的类型

根据数字化物流价值链的二维性,结合郑霖和马士华（2002）①提出的价值链分为水平价值链（Horizontal Value Chain）和垂直价值链（Vertical Value Chain）这一观点,按照物流价值创造和价值增值途径即企业内物流（物流链）与企业间物流（供应链）,将数字化物流价值链分为水平数字化物流价值链和垂直数字化物流价值链。

1. 水平数字化物流价值链

水平数字化物流价值链是企业内部线上线下物流链环节中基本或主要的环节之间紧密关联、相互交叉与支持所形成的网链结构,如图2-8所示。

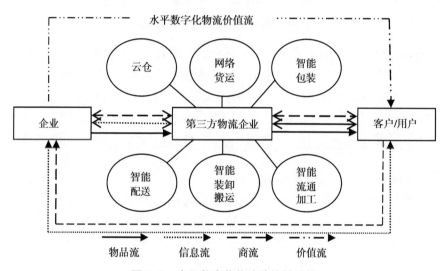

图2-8　水平数字化物流价值链结构

在水平数字化物流价值链中,第三方物流企业主导数字化物流价值链。通过对网络货运、智能配送、云仓等资源的整合利用,满足物品在供应方到需要方之间使用价值的增加。

2. 垂直数字化物流价值链

垂直数字化物流价值链是企业外部线上线下供应链环节中一系列环节形成相互关联、自上游到下游的垂直网链结构,如图2-9所示。

在垂直数字化物流价值链中,第四方物流企业（The Forth Party Logistics）或平台型物流企业主导数字化物流价值链。一般而言,第四方物

---

① 郑霖、马士华:《供应链是价值链的一种表现形式》,《价值工程》2002年第1期。

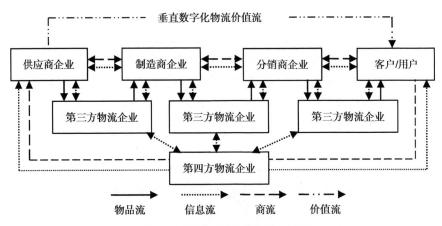

图2-9　垂直数字化物流价值链结构

流或平台型物流企业是建立在第三方物流的基础上(孔令凯,2020)[①],借助第三方物流的成熟,通过专业化组织、管理优势和品牌力量,这种品牌力量结合各方优势的供应链品牌、可靠的物流服务水平和完善的物流配送,将电子采购物流、智能生产物流、线上分销物流和线上退货物流进行整合,从而最大限度地解决供应链"牛鞭效应",释放从供应链上游到下游的物流价值。

(四)　数字化物流价值链的特征

数字化物流价值链以数字化物流价值为核心,在企业中从战略层、策略层和作业层分别表现为增值链(Value - addition Chain)、协作链(Collaboration Chain)和作业链(Operation Chain),如图2-10所示。

1. 数字化物流价值链是增值链

从企业的战略层面看,企业线上线下物流活动的本质在于物流价值的增加,包括物流成本降低、物流服务水平提高或物流效益提升。企业在提供物流服务时,实质上是在提供该种物流服务所带来的物流价值。因此,数字化物流价值链的本质就是增值链。数字化物流价值链上每一物流环节增值与否、增值的大小都会成为影响企业竞争力的关键。所以要增加企业竞争优势,就要求企业通过数字化物流价值链分析,在价值链的每一环节做到数字化价值(DT价值)增值。

2. 数字化物流价值链是协作链

从企业的策略层面看,企业线上线下物流活动可以采用自营或外包的

---

① 孔令凯:《第四方物流与第三方物流演化博弈》,江西财经大学2020年博士学位论文。

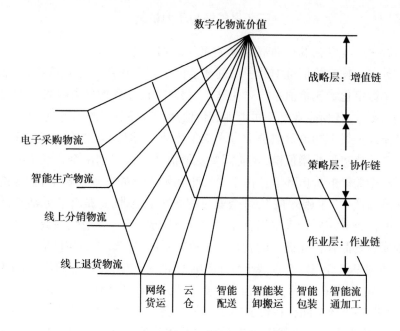

图 2-10　数字化物流价值链特征模型

方式完成,以实现物流价值最大化。数字化物流价值链上任何一个环节的效果和效率都会影响其他环节,从数字化价值(DT 价值)出发,以对物流活动整体有无价值和价值大小来决定物流环节间的相互关系,或取消、精简,或替代、外包,以实现物流系统整体协调运作,在动态、有序、合作、协调的运行机制下实现价值链上各个环节间的多赢。

3. 数字化物流价值链是作业链

从企业的作业层面看,企业线上线下物流活动表征为由一系列的物流作业组成。企业提供的数字化物流服务可以看作最终为满足客户/用户需要而设定的"一系列物流作业的集合",形成一个由此及彼、由内到外的"物流作业链"(周兴建等,2010)①。数字化物流作业的推移,同时表现为数字化价值(DT 价值)在企业内部逐步积累和转移,形成企业内部的"价值传递系统"。最后,通过将数字化物流服务转移给企业外部的客户/用户,企业凝聚在企业线上线下物流服务上的数字化价值则转化为客户/用户的使用价值,即客户/用户对所取得的数字化物流服务愿意支付的代价。

---

① 周兴建、张庆年:《物流价值链的产生及构成机理研究——以家电物流模式为背景》,《中国流通经济》2010 年第 3 期。

三、必然性与动力机制

（一）数字化物流价值链形成的必然性分析

数字化物流价值链中的一系列环节由于相互作用和相互依赖，从而构成一个数字化物流价值系统。在这一过程中，由于资源的稀缺性和自身能力的局限性，任何企业都不可能拥有价值链所有环节上的优势，也就不可能在整条线上线下物流价值链上寻求竞争优势，只能在关键的环节上建立自己的竞争优势形成增值链，企业需要从增值链层面识别出企业线上线下物流活动中关键的价值环节。由于受到市场需求不确定性的影响，供应链运营中容易产生"牛鞭效应"，对企业可提供的物流服务提出了灵活性的要求；同时，企业需要合理组织企业线上线下物流活动，以最低的成本准确可靠地实现物品在供应链上的转移。企业需要从协作链层面与供应链上下游企业共创需求价值。企业线上线下物流活动中运输、配送、仓储、装卸搬运等环节之间存在广泛的物流"效益悖反"（Trade - Off）关系（周兴建，2012）①，各个环节间存在价值实现上的冲突，如果不能合理均衡各环节利益，将会降低企业线上线下物流活动的总体价值。企业需要合理设计作业流程实现物流一体化运作。

因此，数字化物流价值链的形成具有必然性，表现为：在企业数字化转型的过程中，对于第三方物流企业，在寻求企业线上线下物流一体化的过程中必然会形成一条提升各个环节数字化物流价值的价值链；对于第四方物流企业，在寻求企业线上线下物流协同运作的过程中必然会形成一条提升供应链企业数字化物流价值的价值链。

1. 物流一体化的需要

第三方物流企业从最终客户/用户的价值需求出发，对企业内和企业间的物流流程进行重新设计，并对内外流程和资源进行整合，使企业与客户/用户间密切配合与衔接，缩短流程时间。这个过程中，第三方物流企业将原来隐含在各个物流环节中的价值释放出来，一系列对物流活动具有贡献的物流环节在物流一体化运作中创造了物流价值。

2. 供应链协同的需要

供应链上企业竞争优势的来源是供应链上各个环节的协同效应（Synergy Effect），使整个供应链上的成员能够协同一致（张莹，2003）②。在第三方物

---

① 周兴建：《基于价值工程的物流价值链优化研究》，武汉理工大学 2012 年博士学位论文。

② 张莹：《供应链协同效应：一个交易费用理论的视角》，《经济研究参考》2003 年第 1 期。

流不断发展的基础上,第四方物流作为供应链物流解决方案的提供者,通过对第三方物流进行协调、整合和集成,使供应链物流协同的整体价值大于各部分的价值的总和。

第三方物流和第四方物流将各自内部能力要素组合为一个整体,来为客户/用户提供某种物流活动。但是这个过程中,企业难以通过优化分析达到该次物流活动最优。如果能够对这个整体进行分解,细化到组成一次物流活动的各种物流环节,并能按照客户/用户需求在更大范围实现这些物流环节的优化,那么,按照这种方式重组这些物流环节就能最终形成最优的物流系统。然而,这种细分虽然可以提高物流活动的效率、降低物流成本,但是由于分工而产生的交易又会引起或增加交易成本。因此,寻求分工专业化经济和交易成本之间的均衡,即实现物流价值的最大化,必然要求从价值链的角度进行研究。

(二) 数字化物流价值链形成的动力机制分析

从数字化物流价值创造和价值增值角度分析,数字化物流价值链的形成受到企业线上线下物流价值最大化驱动,为此,应用图论方法(卜月华等,2015)①构建数字化物流价值链结构模型,用数学语言对其形成动力机制进行描述。

1. 数字化物流价值链形成的数学描述

从功能和结构上看,一条数字化物流价值链可以简化为多个物流价值节点(即物流环节)通过一定的协调机制集合而成,其中的物流环节用 x 表示,记第 i 个物流环节记为 x_i,则数字化物流价值链($DLVC$)可以表示为以下集合:

$$DLVC = \{x_1, x_2, \cdots, x_i, \cdots, x_n\}, i = 1, 2, \cdots, n \qquad (2-3)$$

物流环节 x_i 可以简化为数字化物流资源、数字化投入产出服务、数字化管理技术方法和数字化作业——价值活动单元的集合,用子集 R_x、P_x、M_x 及 A_x 分别表示。一个物流环节可用偶图(二部图)定义为:

$$B_x = B(E, D; L) = B(E_x, A_x; L(E_x, A_x)) \qquad (2-4)$$

式(2-4)中,$E_x = \{R_x, P_x, M_x\}$。

用 A_{DLVC}、R_{DLVC}、P_{DLVC} 和 M_{DLVC} 分别表示数字化物流价值链 $DLVC$ 包含的数字化作业单元、数字化物流资源、数字化投入产出服务和数字化管理技术方法的集合。

假设 2-1:通过关联价值函数 $V_{ij}(Y_{ij})$ 与有向偶图 $B_{DLVC} = B(E_{DLVC},$

---

① 卜月华、王维凡、吕新忠:《图论及其应用》,东南大学出版社 2015 年版,第 36 页。

D_{DLVC}；L_{DLVC}）的边 $L_{DLVC} = \{(e,d), e \in E_{DLVC}, d \in D_{DLVC}\}$ 来表示物流环节构成的数字化物流价值链系统，其中，e、d 分别为有向偶图 B_{DLVC} 顶点集合 E_{DLVC} 和边集合 D_{DLVC} 中的元素，V_{ij} 为数字化物流价值链结构中物流环节 x_i 向物流环节 x_j 传递数量为 Y_{ij} 的数字化物流服务而创造的价值。

为了处理物流环节的集成，数字化物流价值链 $DLVC$ 也可以用有向偶图表示为：

$$B_{DLVC} = B(E,D;L) = B(E_{DLVC}, A_{DLVC}; L(E_{DLVC}, A_{DLVC})) \qquad (2-5)$$

式（2-5）中，$E_{DLVC} = \{R_{DLVC}, P_{DLVC}, M_{DLVC}\}$。

该假设表明，数字化物流价值链是关于物流环节中的各组成要素集合的有向简化，因此以此所描述的数字化物流价值链是一种简化的概念框架。

考虑到企业的经营风险，某一物流环节可能不会把自身的全部数字化物流资源、数字化投入/产出服务、数字化管理技术方法和数字化作业单元都加入某一数字化物流价值链中，设能够识别一个物流环节 x_i 加入数字化物流价值链中的组成要素集合分别记为 R_{xDLVC}、P_{xDLVC}、M_{xDLVC} 和 A_{xDLVC}，则存在以下关系：

$$R_{xDLVC} = R_x \cap R_{DLVC}; P_{xDLVC} = P_x \cap P_{DLVC};$$
$$M_{xDLVC} = M_x \cap M_{DLVC}; A_{xDLVC} = A_x \cap A_{DLVC} \qquad (2-6)$$

则该物流环节加入数字化物流价值链的部分用有向偶图表示为：

$$B_{xDLVC} = B(E,D;L) = B(E_{xDLVC}, A_{xDLVC}; L(E_{xDLVC}, A_{xDLVC})) \qquad (2-7)$$

式中，$E_{xDLVC} = \{R_{xDLVC}, P_{xDLVC}, M_{xDLVC}\}$。

因为物流价值节点可能拥有数字化物流价值链以外的资源和价值活动，那么数字化物流价值链中的所有数字化物流资源、数字化投入/产出服务、数字化管理技术方法并非所有参与数字化物流价值链的物流活动节点简单相加，而是数字化物流价值链组织者根据价值网的目标对各节点核心能力进行提取后的集成，因此有：

$$R_{DLVC} = \sum_{x \in DLVC} R_{xDLVC}; P_{DLVC} = \sum_{x \in DLVC} P_{xDLVC};$$
$$M_{DLVC} = \sum_{x \in DLVC} M_{xDLVC}; A_{DLVC} = \sum_{x \in DLVC} A_{xDLVC} \qquad (2-8)$$

数字化物流价值链的形成可以通过任何类型的合约来实现，可以通过在时间区间上对价值网的所有边指定价值函数 $V_{ij}(Y_{ij})$ 来定义这样的合约。

2. 数字化物流价值链形成的动力机制分析

数字化物流价值链能把构成物流链和供应链网链的物流环节聚集在一起，需要一些特殊的驱动力，这些动力包括降低物流成本、增加柔性等，但实现数字价值最大化是最终目标。运用合作博弈理论(黎熙元等,2020)①以定量分析促使物流环节形成数字化物流价值链的动力机制。

设数字化物流价值链 $DLVC$ 由 n 个物流环节组成,则各物流环节为最大化自身的效用、实现最大收益(即表现为物流价值),均与数字化物流价值链内其他物流环节进行合作博弈,其特征函数 $\varphi(DLVC)$ 是一个实函数,$\varphi(DLVC)$ 表示数字化物流价值链通过协调其他物流环节的策略所能保证得到的总体收益,且 $\varphi(\varphi)=0$。数字化物流价值链中进行合作博弈的物流环节 x_i 获得的收益分配用 $\varphi_i(DLVC)$ 表示,$i=1,2,\cdots,n$,用 $\varphi(i)$ 表示物流环节 i 独立运作时的收益。各物流环节要形成数字化物流价值链,必须满足以下条件。

(1)个体理性条件

个体理性条件即 $\varphi_i(DLVC)\geqslant\varphi(i)$,$i=1,2,\cdots,n$。个体理性条件表明每个物流环节在数字化物流价值链内通过与其他物流环节进行合作都能获得比不加入数字化物流价值链单独运营时更多的收益。

(2)超可加性条件

超可加性条件即 $\varphi(DLVC)\geqslant\varphi(1)+\varphi(2)+\cdots+\varphi(n)$。数字化物流价值链把各参与物流环节分别具有的独特资源和核心能力进行有效组合,通过资源、信息共享和优势互补,获得各物流环节独立运作时无法具有的综合优势,即数字化物流价值链总体收益大于或等于各物流环节单独运营时的收益之和。这是数字化物流价值链中合作博弈存在的一个基本条件,若满足超可加性条件,则说明各物流环节协作形成数字化物流价值链是合理的。

(3)集体理性条件

集体理性条件即 $\sum_{i\subset DLVC}\varphi_i(DLVC)=\varphi(DLVC)$。集体理性条件表明各物流环节最大限度地获得了协作带来的收益。

定义2-1:对数字化物流价值链 $DLVC$ 内任意两个物流环节集合 N',$N''\subset DLVC$,如果存在以下条件,即 $\varphi(N')+\varphi(N'')\leqslant\varphi(N'\cup N'')+\varphi(N'\cap N'')$,则称合作博弈$(DLVC,\varphi)$为凸博弈。

定义2-2:数字化物流价值链中的物流环节之间可以进行有效协调。

如果数字化物流价值链中物流环节各自策略的一个可行变化使所有物流环节都受益,那么在实际协调中,它们就会同意作出这样的策略变化。通过有效协调,数字化物流价值链各物流环节可以建立一个利益平衡机制,使

---

① 黎熙元、徐盈艳、王才章:《合作博弈》,中央编译出版社2020年版,第43页。

合作中获益较少的物流环节确信暂时的获益受损可以从长期稳定的数字化物流价值链关系中得到补偿,而获益较高的物流环节会自愿在某些方面为其他物流环节的利益承诺作出一定的让步,即从长远来看,一种稳定的数字化物流价值链关系会使所有合作物流环节获得比较公平的收益分配。

命题2-1:数字化物流价值链中各物流环节收益的提高大于或等于其直接收益损失。

证明:对 $\forall\ i,j \in n$,用 δ_j^i 表示物流环节 x_j 不与 x_i 合作造成物流环节 x_i 的直接收益损失,σ_i^j 表示 x_j 与 x_i 合作带来的直接收益。根据合作的相互性,δ_i^j 表示 x_i 不与 x_j 合作造成 x_j 的直接收益损失,σ_j^i 表示 x_i 与 x_j 合作带来的直接收益。根据这些定义可知表达式 $[(\sigma_i^j - \delta_j^i) + (\sigma_j^i - \delta_i^j)]$ 反映了 x_i、x_j 两个物流环节合作带来的净收益。表达式 $\sum\limits_{i,j \subset DLVC} [(\sigma_i^j - \delta_j^i) + (\sigma_j^i - \delta_i^j)]$ 则表示所有参与数字化物流价值链内合作的物流环节的净收益。显然只有 $\sigma_i^j - \delta_j^i \geqslant 0$ 且 $\sigma_j^i - \delta_i^j \geqslant 0$ 同时成立时数字化物流价值链的净收益才不小于零,证毕。

命题2-1说明了参与形成数字化物流价值链的各物流环节,只有其收益的提高不小于其直接收益损失时才有动力进行合作。

数字化物流价值链形成的必要条件是企业线上线下物流活动中各物流环节之间进行优势互补,而充分条件是物流环节间能够通过有效协调,合理分配彼此之间的利益,并最终达成有约束力的价值分配协议,约束彼此的经济行为,这样的数字化物流价值链给各物流环节带来大于或等于不合作时所能获得的价值。

第四节　数字化物流价值链的构成动力

数字化物流价值链的形成是企业数字化投入与数字化价值产出的过程,因此,有必要基于投入产出结构分析数字化物流价值链的构成动力。

一、投入产出结构

数字化物流价值产生于数字化投入下企业线上线下物流活动中的一系列物流环节,数字化物流价值链则是这些价值环节以一种特定方式联结后的表征。数字化物流价值链上的价值环节是相对独立但有紧密联系、相互支持的,共同为企业线上线下物流活动创造出物流价值。

在这个过程中,通过用于企业数字化转型的资金、算力等资源的投入

（用数字化物流成本反映），经过数字化物流价值创造和价值增值，得到数字化物流价值的产出（用数字化物流功能反映），这一过程如图2-11所示。

图2-11　数字化物流价值链投入产出关系

因此，数字化物流价值链本质上是一个数字化投入产出过程（Input-Output Process，I/O），用函数表示为：

$$DLV = f(DLF, DLC) \tag{2-9}$$

式（2-9）中，DLV 为数字化物流价值，DLF 为企业线上线下物流环节的数字化物流功能，DLC 为企业线上线下物流环节的数字化物流成本。考虑到数字化物流功能取决于数字化技术水平，在短期内数字化物流功能是一个确定水平（经济学中的短期指生产者来不及调整全部生产要素的数量，至少有一种生产要素的数量是固定不变的时间周期；长期指生产者可以调整全部生产要素的数量的时间周期。短期和长期的划分是以生产者能否变动全部要素投入的数量作为标准的）。因而，在上述函数中数字化物流功能 DLF 固定不变，即数字化物流价值链的产出主要由物流资源投入因素决定。为简化研究，将数字化物流资源投入要素分为算力投入 L 和资金投入 K，即上述函数改写为：

$$DLV = f(L, K) \tag{2-10}$$

二、投入产出分析

设 L 为总算力，$L_1, L_2, L_3, \cdots, L_n$ 为企业在线上线下物流各环节上部署的算力，$K_1, K_2, \cdots, K_n$ 为各物流环节的财务投入（反映为物流成本），包括每个物流环节的年末资本存量和成本支出。数字化物流价值链的总产出即 DLV 由各物流环节的数字化投入所决定，各物流环节的单位算力财务投入分别为 $K_1/L_1, K_2/L_2, \cdots, K_n/L_n$，单位算力价值产出为 DLV/L，在时间 T 内，两者之间存在以下函数关系：

$$DLV/L = F(K_1/L_1, K_2/L_2, \cdots, K_n/L_n, T) \tag{2-11}$$

对式（2-11）两边进行全微分，然后两边除以 DLV/L，并整理可得：

$$\frac{1}{(DLV/L)} d(DLV/L) = \sum_{j=1}^{n} \frac{\partial F}{\partial (K_j/L_j)} \frac{K_j/L_j}{DLV/L} \frac{1}{K_j/L_j} d\left(\frac{K_j}{L_j}\right) + \frac{\partial F}{\partial T} \frac{1}{(DLV/L)} d(T)$$

$$(2-12)$$

在式(2-12)中,令:

$$a_j = \frac{\partial F}{\partial (K_j/L_j)}, j = 1,2,\cdots,n \ , \ \lambda = \frac{\partial F}{\partial T} \frac{1}{(DLV/L)} \qquad (2-13)$$

则其中 $\alpha_j(j=1,2,\cdots,n)$ 表示第 j 个物流环节单位算力价值产出弹性(Elasticity)[1]体现了单位算力价值产出变化对单位算力投入变化的反应程度,为常数;λ 表示数字技术进步速度,是时间 T 内的平均值。对式(2-13)两边积分并取 e 为底的指数函数,式子变形为:

$$DLV/L = A_T \prod_{j=1}^{N} (K_j/L_j)^{a_j} \qquad (2-14)$$

式(2-14)中,$A_T = Ae^N$,A 为效率系数,A_T 为效率参数,代表某个时期企业的数字化物流技术水平,它反映了 n 个物流环节之间联合程度和各物流环节的数字化投入。式(2-14)中的解释变量是各物流环节的单位算力投入,用来衡量各物流环节对数字化物流价值链上最终物流价值产出的影响。

三、构成动力机制分析

性质 2-1　数字化物流价值链中第 j 个物流环节和数字化物流技术水平 A_T 为单位算力价值产出所作的相对贡献分别为:

$$RC_j = a_j/\left(1 + \sum_{i=1}^{n} a_i\right) \ , \ RC_A = 1/\left(1 + \sum_{i=1}^{n} a_i\right) \qquad (2-15)$$

证明:令第 j 个物流环节的边际产出为 MP_j,数字化物流技术水平的边际产出为 MP_A,则有:

$$MP_j = d(DLV/L)/d(K_j/L_j) = A_T a_j (K_j/L_j)^{a_j-1} \prod_{i \ne j} (K_i/L_i)^{a_i} \quad (2-16)$$

则在某一时间 T 内,第 j 个物流环节的单位算力投入与数字化物流技术水平 A_T 所得分别占整个数字化物流价值链单位算力价值产出的比重为:

$$Sh_j = MP_j \times (K_j/L_j)/(DLV/L) = a_j \ , \ Sh_A = MP_A \times A_T/(DLV/L) = 1$$

$$(2-17)$$

经过归一化处理,第 j 个物流环节和数字化物流技术水平 A_T 为数字

---

[1]　经济学上的弹性概念是由阿尔弗雷德·马歇尔(Alfred Marshall)提出的,是指一个变量相对于另一个变量发生的一定比例的改变的属性,弹性的概念可以应用在所有具有因果关系的变量之间。

化物流价值链上单位算力价值产出所作的相对贡献,即分别为

$$RC_j = a_j / (1 + \sum_{i=1}^{n} a_i) , RC_A = 1 / (1 + \sum_{i=1}^{n} a_i) 。$$

从式(2-17)可以看出,α_j 的经济意义是第 j 个物流环节单位算力投入所得在整个企业单位算力价值产出中所占的份额,而数字化物流技术水平 A_T 所占的份额为常数 1。性质 2-1 衡量了数字化物流价值链中的 n 个物流环节以及数字化物流技术水平的相对重要程度。

性质 2-2 数字化物流价值链中物流环节的边际技术替代率遵循递减规律。

借鉴生产要素边际技术替代率概念,边际技术替代率(Marginal Rate of Technical Substitution,MRTS)是指在产量保持不变的前提条件下,增加一种生产要素的数量与可以减少的另一种生产要素的数量之比。通常,由于生产过程中投入的生产要素是不完全替代的,随着一种生产要素数量的增加,该要素对另外一种要素的边际技术替代率是递减的。数字化物流价值链中存在物流环节 x_i 对物流环节 x_j 的边际技术替代率,即在其他条件不变下,每增加物流环节 x_i 一单位的算力投入时所减少的物流环节 x_j 的单位算力投入数量。物流环节 x_i 对物流环节 x_j 的边际技术替代率用 $MRTS_{ij}$ 表示为:

$$MRTS_{ij} = - \Delta(K_j/L_j) / \Delta(K_i/L_i) , MRTS_{ij} = - d(K_j/L_j) / d(K_i/L_i)$$
$$(2-18)$$

以下证明性质 2-2。

证明:在保持其他条件不变下,物流环节 x_i 增加投入所带来的单位算力价值产出的增加量等于由物流环节 x_j 减少算力投入所带来的单位算力价值产出的减少量:

$$|\Delta(K_i/L_i) \times MP_i| = |\Delta(K_j/L_j) \times MP_j| \qquad (2-19)$$

变形后:

$$-\Delta(K_j/L_j) / \Delta(K_i/L_i) = MP_i/MP_j \qquad (2-20)$$

联立式(2-18)可得:

$$MRTS_{ij} = MP_i/MP_j = (\alpha_i/\alpha_j) \times ((K_j/L_j)/(K_i/L_i)) \qquad (2-21)$$

从式(2-21)可以看出,随着第 i 个物流环节 K_i/L_i 的增大而 $MRTS_{ij}$ 减少,物流环节 x_i 对物流环节 x_j 的边际技术替代率递减。边际技术替代率递减表明,随着对某一物流环节不断增加数字化投入,那么这一物流环节将越来越难以被其他物流环节替代。从经济学的角度来说,企业线上线下物流数字化转型中要求对物流链或供应链上各物流环节之间的数字化投入应有适当的比例,以保证企业线上线下物流活动的总物流价值最大。

性质 2-3 数字化物流价值链中单位算力价值产出的年增长率方程为：

$$DLV_{ir} = \sum_{j=1}^{n} a_j \times IR_j + \lambda \qquad (2-22)$$

式中，$DLV_{ir} = 1/(DLV/L) \times d(DLV/L)/dT$ 表示单位算力价值产出年增长率，$IR_j = 1/(K_j/L_j) \times d(K_j/L_j)/dT$ 表示第 j 个物流环节单位算力投入的年增长率。式（2-22）是由式（2-14）中等号两边对时间 T 求导后除以 DLV/L 得到的。

性质 2-3 表明，数字化物流价值链中单位算力价值产出的增长来源于对各物流环节单位算力投入增加和数字化物流技术水平的提高。在性质 2-3 的基础上，第 j 个物流环节对单位算力价值产出增长率的贡献可表示为：

$$Con_j = \begin{cases} a_j \times IR_j/|DLV_{ir}|, DLV_{ir} \neq 0 \\ a_j \times IR_j/(\sum_{j=1}^{n}|a_j \times IR_j| + |\lambda|) \\ 0, \sum_{j=1}^{n}|a_j \times IR_j| + |\lambda| = 0 \end{cases} \qquad (2-23)$$

性质 2-4 企业线上线下物流环节的数字化投入与相应的对物流环节的评价（即对物流功能的要求）存在正向关系。

假设 2-2：存在 n 个物流环节，x_i 表示第 i 个物流环节数字化投入的规模，$x_i > 0$，$i = 1, 2, \cdots, n$。

假设 2-3：实施 n 个物流环节后的总效用为：

$$U(w_1, w_2, \cdots, w_n; x_1, x_2, \cdots, x_n) = \sum_{j=1}^{n} w_j u(x_j) \qquad (2-24)$$

式中，w_j 表示第 j 个物流环节产生效用的权重，即对某个物流环节的评价，且 $w_j > 0$，$\sum w_j = 1$。

假设 2-4：总的效用函数为凹函数，即第 j 个物流环节带来的边际效用递减，$\dfrac{\partial U}{\partial x_j} = w_j \dfrac{\partial u}{\partial x_j} > 0$，$\dfrac{\partial^2 U}{\partial x_j^2} = w_j \dfrac{\partial^2 u}{\partial x_j^2} < 0$。

在以上假设条件下，企业的目标是在经济资源约束下（如时间、成本约束的条件）合理分配数字化投入资源以最大化物流效用，用数学式子表示为：

$$\max_{x_1, x_2, \cdots, x_n} U(w_1, w_2, \cdots, w_n; x_1, x_2, \cdots, x_n)$$
$$S.t. x_1 + x_2 + \cdots + x_n = m \qquad (2-25)$$

式（2-25）中，m 为既定的数字化投入资源数量。

为解决上述优化问题,构造拉格朗日函数:

$$L = U(w_1, w_2, \cdots, w_n; x_1, x_2, \cdots, x_n) + \lambda [m - (x_1 + x_2 + \cdots + x_n)]$$

$$(2-26)$$

极值的一阶条件为:

$$w_j \frac{\partial u}{\partial x_j} - \lambda = 0, j = 1, 2, \cdots, n$$

$$x_1 + x_2 + \cdots + x_n = m \qquad (2-27)$$

将式(2-27)里的两个式子联立方程组,容易求得各物流环节的最优数字化投入量 x_1^*, x_2^*, $\cdots$, x_n^* 以及 λ^*。由于 $\frac{\partial u}{\partial x_j}$ 为减函数,各物流环节的数字化最优投入量与相应的对物流环节的评价存在正向关系,即对某物流环节的评价(物流功能的要求或物流服务水平)越高,相应的数字化投入越多。

基于上述性质,有以下分析:

(1)基于弹性系数的数字化物流价值链结构形成竞争优势。

在性质2-1中提出的弹性系数 α_j 反映了第 j 个物流环节在时期 T 内为数字化物流价值链总产出所作贡献大小。α_j 越大,其对应的数字化物流环节对企业的物流利润贡献越大,企业的物流竞争优势则主要来源于这些关键性的物流环节。因此,在企业进行线上线下物流数字化转型发展时,要重点针对那些弹性系数 α_j 较大的关键性的物流环节,围绕这些环节进行必要的数字化流程优化,以保持其持续发挥优势。

(2)基于边际技术替代率的数字化物流价值链结构形成投入优化。

在性质2-2中提出的物流环节的边际技术替代率是呈递减规律的,那么,数字化物流价值链中各项物流环节的单位数字化投入之间必然存在一个适当的比例。理想状态是实体物流环节进行数字化投入的边际技术替代率为0。

命题2-2 假设数字化物流价值链中对物流环节 x_i 和 x_j 的数字化投入之和为定值,在其他物流环节单位数字化投入不变以及物流环节 x_i 和 x_j 各自的数字化投入不变的条件下,为使数字化物流价值链中单位数字化价值产出最大化,物流环节 x_i 和 x_j 的数字化投入之比等于它们的弹性系数之比。

证明:因为数字化物流价值链中对物流环节 x_i 和 x_j 的数字化投入之和为定值,则有 $(K_i/L_i) \times L_i + (K_i/L_j) \times L_j = K$,$K$ 为常数值。对式(2-12)作拉格朗日函数(其中 φ 为拉格朗日乘子),得到 $N = F(K_1/L_1, \cdots, K_n/L_n, T) + \varphi \{ K - (K_i/L_i) \times L_i - (K_i/L_j) \times L_j \}$。

那么,单位算力价值产出的最大化一阶条件为:

$$\partial N/\partial(K_i/L_i) = \partial F/\partial(K_i/L_i) - \varphi \times L_i = 0 \qquad (2-28)$$

$$\partial N/\partial(K_j/L_j) = \partial F/\partial(K_j/L_j) - \varphi \times L_j = 0 \qquad (2-29)$$

$$\partial N/\partial\varphi = K - (K_i/L_i) \times L_i - (K_j/L_j) \times L_j = 0 \qquad (2-30)$$

由式(2-28)和式(2-29)得:

$$MRTS_{ij} = \{F/(K_i/L_i)\}/\{F/(K_j/L_j)\} = MP_i/MP_j = L_i/L_j$$

即单位算力价值产出的最大化条件为物流环节 x_i 对 x_j 的边际技术替代率等于投入到物流环节 x_i 和 x_j 的算力之比,再由式(2-30)可得出:

$$K_i/K_j = \alpha_i/\alpha_j \qquad (2-31)$$

企业线上线下物流活动中各环节数字化投入管理过程可按表 2-2 进行。

表 2-2　企业线上线下物流数字化投入管理

弹性系数	算力数量	数字化投入方式
α_j 较大	L_j 较小	加大企业线上线下物流数字化总投入,如数字化物流基础设施、设备投资等;在资金的允许范围内增加算力,以扩大数字技术能力
α_j 较大	L_j 较大	一方面,适当增加企业线上线下物流数字化的总投入;另一方面,如果企业的目标是扩大物流规模、增加总产出,那么扩大此项价值活动的算力规模是比较有效的
α_j 较小	L_j 较大	减少企业线上线下物流数字化投入
α_j 较小	L_j 较小	维持现状不变,或者按照企业的平均投入增加水平进行数字化投入,维持平衡发展

同时,这一分析也表明,企业线上线下物流数字化转型并不适合于一切物流环节,只有具有"数字化价值"(DT 价值)的那些物流环节才值得利用数字化技术进行改进。

对"互联网+物流"价值链解构表明,企业线上线下物流数字化转型动力有内驱力和外驱力。企业线上线下物流数字化转型受到数字经济下去中介化、去中心化和去物质化发展趋势的外在驱动,同时也受到企业业务运营平台化、模块化和虚拟化发展要求的内在驱动。在内部和外部驱动力下,企业线上线下物流数字化转型通过实体物流价值链向虚拟物流价值链转换并达到均衡,从而形成数字化物流价值链。数字化物流价值链是在企业线上线下物流流程价值关系中,应用数字化技术的一系列物流环节依顺序相互连接、具有内在价值利益关系的物流链和供应链网链,用数学语言描述,$DLVC = \{DLV_1, DLV_2, \cdots, DLV_n\}$。根据企业内物流(物流链)与企业间物流(供应链),数字化物流价值链分为水平数字化物流价值链和垂直数字化物流价值链。数字化物流价值链以数字化物流价值为核心,表现出增值链、协作链和作业链特征。数字化物流价值链的形成具有必然性,表现为:在企业数字化转型的过程中,对于第三方物流企业,在寻求企业线上线下物流一体化的过程中必然会形成一条提升各个环节数字化物流价值的价值链;对于第四方物流企业,在寻求线上线下物流协同运作的过程中必然会形成一条提升供应链企业数字化物流价值的价值链。数字化物流价值链的形成受到企业线上线下物流价值最大化驱动,对数字化物流价值链形成动力机制量化分析表明,数字化物流价值链 $DLVC$ 内任意两个物流环节集合 $(N', N'' \subset DLVC)$ 在条件 $\varphi(N') + \varphi(N'') \leqslant \varphi(N' \cup N'') + \varphi(N' \cap N'')$ 下形成合作博弈 $(DLVC, \varphi)$ 且为凸博弈,数字化物流环节之间可以进行有效协调且物流环节数字化收益的提高大于或等于其直接收益损失。从数字化物流价值链的构成动力上看,数字化物流是数字化投入产出服务,需要对数字化物流资源、数字化管理技术方法和数字化作业进行投入,数字化物流价值链本质上是一个投入产出过程,其产出是数字化物流总价值 DLV,并与价值环节的数字化物流功能 DLF 和数字化物流成本 DLC 有关,用数学函数式表示为 $DLV = f(DLF, DLC)$。在此基础上,构建数字化物流价值链投入产出结构模型为 $DLV/L = A_T \prod\limits_{j=1}^{N} (K_j/L_j)^{a_j}$,这一模型反映了数字化物流基于价值弹性系数和边际技术替代率的价值结构,同时也表明,企业线上线下物流数字化转型并不适合于企业物流链或供应链上的一切物流环节,只有那些具有"数字化价值"(DT 价值)的物流环节才值得进行数字化改进。

第三章 案例研究:企业 A 物流数字化转型机制分析

结合第一章线上线下物流数字化转型动因分析和第二章线上线下物流数字化转型动力分析,对企业 A 物流数字化转型机制分析进行案例研究(本案例经团队成员实地调研以及和企业 A 的管理层进行深度访谈获得一手资料,为避免引起商业秘密泄露,案例中的数据在不影响研究逻辑的前提下进行了修饰性处理)。

第一节 企业 A 物流数字化转型动因解析

企业 A 是一家采用"互联网+物流"模式运营的第三方物流企业,主营业务为网络货运(线上物流为主)、国际物流园区(线上线下物流为主)、合同物流(线下物流为主)等,在数字经济发展浪潮下,企业 A 积极谋求数字化转型。

一、发展动因分析

具体而言,企业 A 的线上线下物流业务数字化转型主要有以下发展动因。

(一) 机会分析

1. 政府大力扶持

企业 A 所在地政府鼓励数字经济发展,积极营造良好的数字经济发展环境,大力扶持数字化产业发展,制定了包括税赋减免、财政补贴等系列政策鼓励企业数字化转型创新发展。

2. 行业变化带来的发展机遇

数字经济规模不断增长、产业数字化与数字化产业升级,以"互联网+物流"、智慧物流带动的物流新业态,以及新零售、新物流的出现,给企业 A 的线上线下物流数字化转型发展带来机遇。

3. 行业集中整合空间大

企业 A 所在地规模以上的企业(收入 1000 万元以上,员工 50 人以上)占比约 8%,行业集中度偏低,对物流资源的整合空间较大,有利于企业 A

的线上线下物流数字化转型优势发挥。

4.供应链管理创新

企业 A 所处区域持续打造支柱性产业供应链,数字供应链、供应链金融等供应链管理创新服务内容成为亮点,为促进企业 A 的线上线下物流数字化转型发展提供了条件。

(二)压力分析

企业 A 也面临来自市场的竞争压力,具体有:

1.国外竞争者

企业 A 国际物流园区业务所在领域的国外竞争者,如罗宾逊、普洛斯等纷纷布局国内智慧物流园区市场,与企业 A 形成直接竞争关系,这些已经开始开展数字化运营的物流园区头部企业给企业 A 的数字化转型发展在带来标杆和示范效应的同时,也从业务层面上带来了较大的竞争压力。

2.国内竞争者

企业 A 网络货运业务所在领域的国内竞争者,如满帮、卡行天下、路哥等在网络货运市场深耕多年,具有较大的市场份额和影响力,这给企业 A 的网络货运业务数字化转型带来较大压力。

3.客户企业个性化需求越来越高

企业 A 合同物流业务所在领域,随着客户企业对合同物流服务的定制化、个性化要求越来越高,企业 A 需要提供越来越专业化、精益化的物流服务,这对企业 A 的数字化转型而言增添了无形的压力。

二、需求动因分析

企业 A 从最初的传统线下实体物流业务,如仓储、运输等业务,发展到当前线上线下一体的"互联网+物流"业务,如网络货运、"物流园区+平台+货代"等业务,形成了由品牌资源、客户/用户资源、货源、车源构成的大数据资源,以及建设了仓储管理系统、运输管理系统、订单管理系统等物流信息系统。对于企业 A 而言,一方面有保持现有竞争优势的需求,另一方面则需要补齐其数字化转型发展的短板。

(一)保持竞争优势

公信力品牌优势。企业 A 被中国物流与采购联合会评为国家 5A 级物流企业,是国家交通运输部重点支持企业,加之多年的发展已经给客户/用户留下了较好的印象,行业口碑良好,这一品牌优势需要继续保持。

实体物流资源优势。企业 A 拥有国际物流园区与国家 B 型保税物流仓储区,占地面积超过 1500 亩,总仓储面积超过 20 万平方米,这一实体物流资源的"硬核"竞争优势需要继续保持。

客户/用户资源、货源、车源稳定优势。企业 A 在其业务覆盖区域拥有的车源、货源、客户/用户资源,能够提供稳定、高效的提货、发运、储存、加工、送货等全流程物流服务,这一业务运营优势需要继续保持。

（二）补齐发展短板

企业 A 的物流信息建设既面临数据资产增值的巨大需求,又面临传统物流信息系统遗留的数据孤岛等问题。企业 A 的线上线下物流信息系统分散,集成性差;数据众多、缺乏有效分析手段。因此,企业 A 亟须补齐以下发展短板。

物流信息整合及健全物流信息系统建设。企业 A 与客户/用户的物流信息系统没有实现无缝连接,中间有人工干预的情况,响应客户/用户服务要求的能力偏低,需要对企业 A 进行物流信息整合。

物流信息平台运营管理体系需完善。企业 A 在向业务平台化、模块化和虚拟化运营转型中,物流信息平台是其重要的支撑,但基于信息平台的运营管理尚停留在粗放式阶段,如网络货运平台管理以"交易型""撮合型"为主,需要进一步完善。

三、数字化价值链转换分析

考虑外部发展和内部需求动因,企业 A 结合各个业务板块的运营实际,着手重点将其国际物流园区（连带包括内陆港、进出口贸易服务、保税物流等业务）和合同物流（连带包括中亚班列业务）等业务进行数字化转型。为此,围绕企业 A 国际物流园区和合同物流业务中的实体物流价值链向虚拟物流价值链转换（见图 3-1）展开分析。

企业 A 的实体物流价值链中,基本活动为仓储、运输、流通加工、保税服务和口岸服务,辅助活动为国际物流园设施、人力资源管理、司机之家、生活配套服务等。企业 A 国际物流园业务中,内陆港通过与检验免疫部门、海关合作,无水港电子信息平台对接口岸平台,实现信息共享,并依托公路集装箱运输实现同步"申报、查验、放行",逐渐延伸扩大港口功能,具备便捷通关、进口转关、内贸全程、外贸全程、国际贸易、现场服务等功能;进出口贸易服务业务为进出口企业提供包含电子商务、询盘、合同签订与履行、报关、报检、结汇、出口退税、金融等服务;保税物流业务为企业 A 提供保税仓储、入园退税、国际配送、流通加工等延伸性、增值性保税服务,按照"线上线下（O2O）+移动互联数字化"模式构建项目,融合传统保税物流与跨境电商物流,构建一体化"货单+运单"结算体,进行线上线下物流业务的有机结

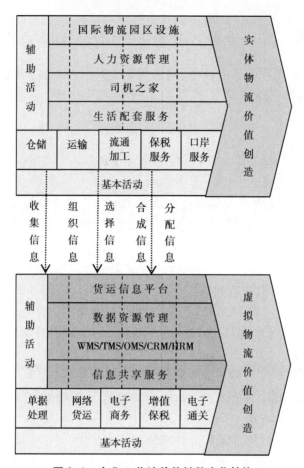

图3-1　企业 A 物流价值链数字化转换

合。企业 A 合同物流业务中,主要面向国内市场特定客户企业从事货物联运服务、网络货运服务及中亚班列服务,以及结合客户企业需求提供煤炭、焦炭、铁矿石、铁精粉等大宗原料电子采购业务。

因此,企业 A 在进行线上线下物流数字化转型中,逐渐将其实体物流价值链向虚拟物流价值链转换,企业 A 当前形成的虚拟物流价值链中,基本活动为单据处理(电子采购、电子结算等)、网络货运、电子商务、增值保税和电子通关,辅助活动为货运信息平台、数据资源管理、仓储管理系统、运输管理系统、订单管理系统、客户关系管理、人力资源管理、信息共享服务等。

第二节　企业 A 物流数字化转型动力剖析

企业 A 的现有业务板块中,网络货运是其数字化转型程度最高的业务,以此为背景,分析企业 A 的线上线下物流数字化转型动力。

一、投入产出分析

企业 A 的网络货运业务在数字化转型中的投入产出分析如下。

（一）环境效益

网络货运平台整合车辆超过 5 万辆,按所有车辆均参与一次运输为例,根据当前返空率 40%,整合优化后返空率 5%,增加运载率 35%,可以计算如下:

1. 燃油费用

单车节约燃油（单程耗油 556 升）:35%×556 升 = 194.6 升;

网络货运平台中车辆总节约燃油:5 万×194.6 升 = 973 万升 = 9730 立方米,9730 立方米×0.835 吨/立方米 = 8124.55 吨,即节约 0.8 万吨燃油。

2. 碳排放

网络货运平台下 CO_2 排放降低:取 1 吨柴油排放 CO_2 3.1863 千克,8124.55 吨×3.1863 千克 = 25.89 吨,可减排约 26 万吨 CO_2。

（二）经济效益

企业 A 通过网络货运平台管理物流单据传递,减少差错,降低货运信息交换成本,降低货车空驶率,降低运输企业运输成本、节约能源,在降低物流成本、提高物流效率方面产生经济效益。

1. 效率分析

目前,企业 A 所在省内货车平均返空率维持在 40%,企业 A 网络货运平台运作的车辆可实现及时配货、返程补货、中途加货,减少等货、空车、不满载等现象,将空驶率降至 10%。

2. 成本效益

降低成本目标（经济性目标）按企业 A 网络货运平台整合车辆数 5 万台计算如下:

（1）油成本降低

柴油单价取近 5 年均值 5.48 元/升,企业 A 网络货运平台车辆节约燃油 937 万升,即节省费用 937 万升×5.48 元/升 = 5134.76 万元。

(2)路桥费

路桥费取单边通行路桥费用平均 300 元/辆,即节省费用 5 万辆×(40%—5%)×300 元/辆=525 万元。

(3)人工费

取每辆车单边运输平均耗时 9 小时,人工费单价 30 元/小时,即节省费用 5 万辆×(40%—5%)×9 小时/辆×30 元/小时=472.5 万元。

(4)其他费用

取事故、饮食、车辆磨损等其他费用均值为 300 元/辆,即节省费用 5 万辆×(40%—5%)×300 元/辆=525 万元。

(5)节省成本

上述四项相加,总计节省成本 6657.26 万元。

3. 风险与货损货差

风险赔付率控制在 10%—20%,货损货差率控制在 1‰以内。

4. 业务量

根据企业 A 财务管理系统数据,企业 A 网络货运平台上线后 8 个月的时间里,货运业务量的月均增速约 20%,月均环比增加 15%。

5. 客户/用户量

企业 A 网络货运平台上线后车源量增至 5 万余辆并保持稳定,每日新增有效货源量超 5000 余条,平均日交易量 2000 余条。

二、数字化价值链构成分析

企业 A 在物流信息系统建设中,以用友 U8、NC 财务管理系统,致远 A6 协同办公系统,人力资源管理系统(HRM)为基础管理信息化手段,并应用仓储管理系统(WMS),园区管理系统 V1.0、V2.0 对业务进行信息化管理,运营中应用一点通车货匹配系统、客户关系管理系统、订单管理系统(OMS)、运输管理系统(TMS)等,通过信息整合(见图 3-2)打造数字化物流价值链。

通过对企业 A 的"互联网+物流"价值链解构分析,企业 A 的数字化转型机制为:以网络货运为数字化价值先导,以国际物流园区业务为数字化价值支撑,以合同物流业务、电子商务物流、贸易物流、增值税物流为数字化价值依托,以数字化信息平台作为数字化运营管理神经中枢,将主要业务网络货运(线上物流为主)、国际物流园区(线上线下物流为主)、合同物流(线下物流为主)由实体物流价值链向虚拟物流价值链转换,逐步构建数字化物流价值链,如图 3-3 所示。

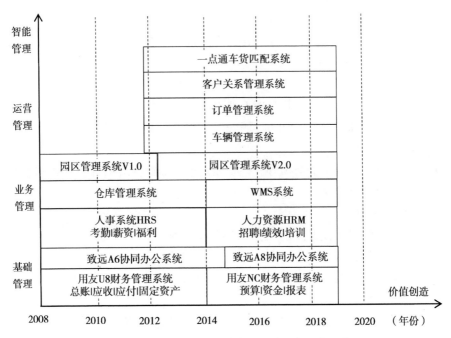

图3-2　企业A的信息系统建设及信息整合历程

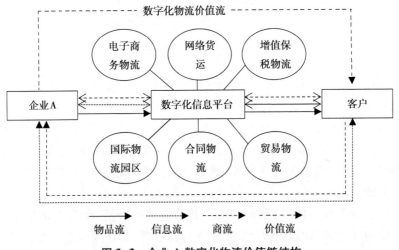

图3-3　企业A数字化物流价值链结构

以企业A为背景,对企业A的"互联网+物流"价值链进行解构,从数字化转型发展动因和动力上分析企业A的线上线下物流数字化转型机制。从数字化转型发展动因分析,企业A的线上线下物流业务数字化发展动因包括政府大力扶持、行业变化带来的发展机遇、行业集中整合空间大和供应链管理创新,同时企业 A 也面临来自行业内的竞争压力,具体有国外竞争者、国内竞争者和客户/用户个性化需求越来越高。企业 A 的线上线下物流业务数字化需求动因则体现在一方面有保持现有竞争优势的需求,另一方面则需要补齐其数字化转型发展的短板。考虑外部发展和内部需求动因,企业 A 结合各个业务板块的运营实际,将以线上物流为主的国际物流园(包括内陆港、进出口贸易服务、保税物流)和合同物流(包括中亚班列)等业务进行数字化转型,从实体物流价值链向虚拟物流价值链转换。企业 A 当前形成的虚拟物流价值链中,基本活动为单据处理(电子采购、电子结算等)、网络货运、电子商务、增值保税和电子通关,辅助活动为货运信息平台、数据资源管理、仓储管理系统、运输管理系统、订单管理系统、客户关系管理、人力资源管理、信息共享服务等。从数字化转型发展动力分析,以企业 A 的网络货运业务为背景,通过投入产出分析,企业 A 的环境效益、经济效益提升,风险和货损货差下降,业务量和客户量增加。通过对企业 A“互联网+物流”价值链解构分析,企业 A 的数字化转型机制为:企业 A 以网络货运为数字化价值先导,以国际物流园区业务为数字化价值支撑,以合同物流业务、电子商务物流、贸易物流、增值税物流为数字化价值依托,以数字化信息平台作为数字化运营管理神经中枢,将主要业务网络货运(线上物流为主)、国际物流园区(线上线下物流为主)、合同物流(线下物流为主)由实体物流价值链向虚拟物流价值链转换,构建数字化物流价值链。

第四章 线上线下物流价值链数字化分析

"互联网+物流"价值链解构分析表明,并不是物流链和供应链中的每一个环节进行数字化投入都能够创造价值,因此,需要对企业线上线下物流价值链数字化分析,识别出关键的物流链和供应链环节。

第一节 线上线下物流价值链分析模型

价值链分析法运用系统性方法来考察企业各项活动和相互关系,从而找寻具有竞争优势的资源(夏宽云等,1998)①。为此,构建数字化物流价值链分析模型对企业线上线下物流价值链数字化进行分析。

一、实体与虚拟物流价值链分析

具体而言,企业线上线下物流价值链可以从实体物流价值链和虚拟物流价值链两个方面进行分析。

(一) 实体物流价值链分析

从企业物流链的角度看,水平实体物流价值链主要是第三方物流企业为客户/用户提供物流服务时产生的物流环节,主要包含运输、仓储、配送等环节,以及围绕这些环节的第三方物流市场营销、物流流程的设计、物流线路规划、客户/用户服务、物流需求预测、订单处理、存货控制、仓库管理、盘点、集货、物流网络的布局、物流节点的选址等相关衔接环节组成。为了研究的方便,将水平实体物流价值链环节简化为 6 个,即运输、配送、仓储、包装、装卸搬运、流通加工。水平实体物流价值链环节之间的关系如图 4-1 所示。

从企业供应链的角度看,垂直实体物流价值链环节主要是第四方物流企业为客户/用户提供物流整体解决方案时所进行的环节,包含从为该客户/用户采购物品开始,经过生产、分配、销售最后到达最终客户/用户过程中的物流环节,即供应链物流环节。其中,每一个环节又包括了运输、配送、

① 夏宽云、檀向球:《企业"战略价值链分析"》,《价值工程》1998 年第 5 期。

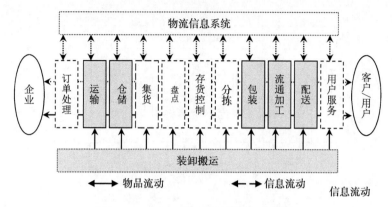

图4-1　水平实体物流价值链物流环节

仓储、装卸搬运、流通加工、包装等子环节,如,生产物流中会有原材料或零配件的装卸搬运、仓储,产成品的包装、运输,以及生产物流信息等环节。同样,将垂直实体物流价值链环节简化为4个,即采购物流、生产物流、分销物流和退货物流。垂直实体物流价值链环节之间的关系如图4-2所示。

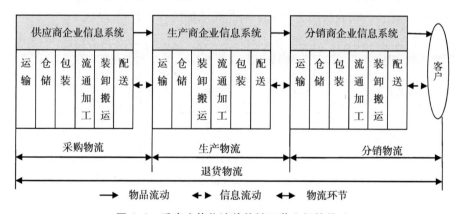

图4-2　垂直实体物流价值链环节之间的关系

（二）虚拟物流价值链分析

从企业物流链的角度看,水平虚拟物流价值链主要是第三方物流企业为客户/用户提供线上物流服务、智慧物流服务时产生的物流环节,主要包含网络货运、云仓(无人仓、前置仓、网格仓)、智能配送(众包配送、共同配送)等环节,以及围绕这些环节的相关衔接环节组成。同样,将水平虚拟物流价值链环节简化为6个,即网络货运、云仓、智能包装、智能装卸搬运、智能流通加工和智能配送。水平虚拟物流价值链环节之间的关系如图4-3所示。

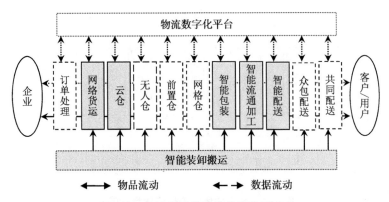

图4-3　水平虚拟物流价值链物流环节

　　从企业供应链的角度看,垂直虚拟物流价值链环节主要是第四方物流企业为客户/用户提供线上物流、智慧物流方案时所进行的供应链物流环节,主要有电子采购物流、智能生产物流、线上分销物流(即电子商务物流)和线上退货物流,每一个环节又包含了网络货运、云仓、智能配送等子环节。同样,垂直虚拟物流价值链环节之间的关系如图4-4所示。

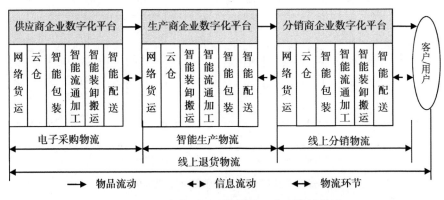

图4-4　垂直虚拟物流价值链环节之间的关系

二、分析内容

　　结合对企业的实体物流价值链分析和虚拟物流价值链分析,构建数字化物流价值链分析模型对企业线上线下物流价值链环节进行数字化分析。

　　(一)数字化物流价值链分析模型

　　1.水平数字化物流价值链分析模型

　　从企业物流链的角度,构建水平数字化物流价值链分析模型,将物流作业分解为网络货运、云仓、智能配送、智能装卸搬运、智能流通加工、智能包装等基本环节(见图4-5)。这些环节作为线上线下物流活动的数字化投入,其输出是满足市场需求的物流服务,最终创造企业的数字化物流价值。支持环节中,智慧物流中心、智慧配送中心等智慧物流设施与设备是企业线上线下物流运作的载体,由各种物流节点构成,包括了相应的物流设备;数字化物流信息平台为企业线上线下物流环节间的协作运作提供支撑;智慧物流网络、流程、策略(外包,自营,外包+自营等)保证了企业线上线下物流环节协调运行;人力与算力资源则给企业线上线下物流活动主体提供智力决策资源。

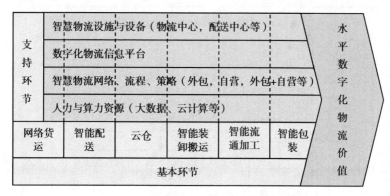

图4-5　水平数字化物流价值链分析模型

2.垂直数字化物流价值链分析模型

从企业供应链的角度,构建垂直数字化物流价值链分析模型,将物流作业分解为电子采购物流、智能生产物流、线上分销物流和线上退货物流等基本环节(见图4-6)。支持环节中的智慧物流设施与设备、数字化物流信息平台和人力与算力资源与水平数字化物流价值链分析模型相同,而智慧物流网络、流程、策略着重外包、联盟、虚拟企业的构建等。

(二)数字化物流价值链分析步骤

应用价值链分析和价值分析相结合的方法(周兴建,2012)[①],数字化物流价值链分析的步骤如图4-7所示。

步骤1:企业现有线上线下物流价值链分解。分解成相对独立的若干环节。

步骤2:各环节的数字化价值排序。将各个环节进行数字化物流功能

---

① 周兴建:《基于价值工程的物流价值链优化研究》,武汉理工大学2012年博士学位论文。

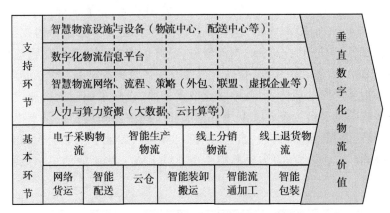

图4-6　垂直数字化物流价值链分析模型

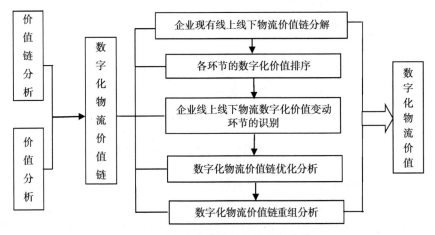

图4-7　数字化物流价值链分析步骤

与数字化物流成本的比较,得到该环节的数字化物流价值系数,根据各环节的数字化物流价值系数数值大小进行排序。

步骤3:企业线上线下物流数字化价值变动环节识别。根据各环节的数字化物流价值系数,识别出对企业线上线下物流价值链数字化具有较大贡献或没有贡献的环节。

步骤4:数字化物流价值链优化分析。根据该环节数字化物流价值系数与1之间的大小关系确定线上线下物流价值链数字化优化目标。

步骤5:数字化物流价值链重组分析。根据优化目标对企业线上线下物流价值链数字化重组形式分析。

第二节　线上线下物流活动价值分析

一、数字化物流价值识别

设企业的某次线上线下物流活动各个环节的数字化价值为 $DLV_i = \{DLV_1, DLV_2, \cdots, DLV_i, \cdots, DLV_n\}$，数字化物流功能 $DLF_i = f(u_{1i}, u_{2i}, \cdots, u_{pi})$，数字化物流成本 $DLC_i = g(c_{1i}, c_{2i}, \cdots, c_{qi})$，$p, q = 1, 2, \cdots, m$。该线上线下物流活动数字化价值及各环节的数字化价值分别为：

$$DLV = \{DLV_1, DLV_2, \cdots, DLV_i, \cdots, DLV_n\}$$

$$= \left\{ \frac{DLF_1}{DLC_1}, \frac{DLF_2}{DLC_2}, \cdots, \frac{DLF_i}{DLC_i}, \cdots, \frac{DLF_n}{DLC_n} \right\} \qquad (4-1)$$

$$DLV_i = \frac{DLF_i}{DLC_i} = \frac{f(u_{1i}, u_{2i}, \cdots, u_{pi})}{g(c_{1i}, c_{2i}, \cdots, c_{qi})} \qquad (4-2)$$

由于数字化物流功能和数字化物流成本不同量纲，因而很难直接应用式(4-1)或式(4-2)来求得该环节的价值。根据经济学原理，只要两个经济变量之间存在函数关系，就可以用弹性来表示因变量对自变量变化的反应的敏感程度，其一般表达式为：

$$e = \frac{\dfrac{\Delta Y}{Y}}{\dfrac{\Delta X}{X}} = \frac{\Delta Y}{\Delta X} \times \frac{X}{Y} \qquad (4-3)$$

式(4-3)中 e 为弹性系数，ΔX 和 ΔY 分别为变量 X 和 Y 的变动量。

为此，将数字化物流价值用弹性系数来描述，根据式(4-3)，数字化物流价值系数 $DLVI$ 可以表达为：

$$DLVI_i = \frac{\dfrac{\Delta DLF_i}{DLF_i}}{\dfrac{\Delta DLC_i}{DLC_i}} \qquad (4-4)$$

若令 $DLFI_i = \dfrac{\Delta DLF_i}{DLF_i}$，$DLCI_i = \dfrac{\Delta DLC_i}{DLC_i}$，则有：

$$DLVI_i = \frac{DLFI_i}{DLCI_i} \qquad (4-5)$$

因而，企业线上线下物流活动的数字化价值分析转化为确定各环节的数字化物流功能系数与数字化物流成本系数。

二、数字化物流功能分析

（一）数字化物流功能构成

从企业物流链的角度,对于水平数字化物流价值链而言,网络货运、智能配送功能创造空间价值,云仓功能创造时间价值,智能装卸搬运、智能包装、智能流通加工等主要起到将上述各个环节进行衔接和沟通的作用,间接地创造了空间价值和时间价值。水平数字化物流功能的构成如图 4-8 所示。

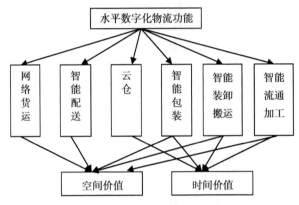

图 4-8　水平数字化物流功能构成

从企业供应链的角度,对于垂直数字化物流价值链而言,电子采购物流、智能生产物流、线上分销物流和线上退货物流等环节又各自由运输、配送、仓储等子环节组成,因而同样是通过创造时间价值和空间价值来实现其物流价值。垂直数字化物流功能如图 4-9 所示。

不失一般性,设数字化物流功能的发挥受到物流服务及时性,物流服务可得性,物流人员素质,物流信息可得性等因素的影响(程士国等,2020)[①],用 $u_i(i=1,2,\cdots,n)$ 来表示 n 个影响因素,则数字化物流功能函数可描述为:

$$DLF=f(u_1,u_2,\cdots,u_n) \qquad (4-6)$$

---

① 程士国、朱冬青:《物流系统功能要素间效益协同机理研究:以鲜切花为例》,《管理评论》2020 年第 3 期。

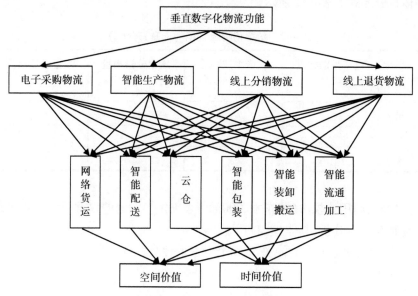

图4-9 垂直数字化物流功能构成

（二）数字化物流功能系数

根据上述分析,数字化物流功能系数为 $DLFI_i = \dfrac{\Delta DLF_i}{DLF_i}$,但是难以直接用此式求得数字化物流功能系数的量化值。为此,引入功能权重进行间接求解。

首先,利用专家打分法获得初始评价值。采用标度赋值法,针对水平数字化物流价值链中各环节功能在企业线上线下物流活动中的重要程度划分等级1—5,具体打分形式见表4-1。

表4-1 数字化物流功能专家打分(1)

	网络货运	云仓	智能装卸搬运	智能包装	智能流通加工	智能配送
专家1	r_{11}	r_{12}	r_{13}	r_{14}	r_{15}	r_{16}
专家2	r_{21}	r_{22}	r_{23}	r_{24}	r_{25}	r_{26}
…	…	…	…	…	…	…
专家n	r_{n1}	r_{n2}	r_{n3}	r_{n4}	r_{n5}	r_{n6}

针对垂直数字化物流价值链物流活动功能分析,专家打分要增加一次,

具体打分形式如表 4-2 所示。

表 4-2　数字化物流功能的专家打分（2）

	电子采购物流	智能生产物流	线上分销物流	线上退货物流
专家 1	r'_{11}	r'_{12}	r'_{13}	r'_{14}
专家 2	r'_{21}	r'_{22}	r'_{23}	r'_{24}
…	…	…	…	…
专家 n	r'_{n1}	r'_{n2}	r'_{n3}	r'_{n4}

然后,利用熵权法(郭东强,2003)[①]来确定各专家的权重。针对水平数字化物流功能分析,具体步骤如下:

步骤 1:建立 n 个功能关于 m 个专家的评分矩阵为:

$$R = \begin{bmatrix} r_{11} & r_{12} & \cdots & r_{1n} \\ r_{21} & r_{22} & \cdots & r_{2n} \\ \cdots & \cdots & \cdots & \cdots \\ r_{m1} & r_{m2} & \cdots & r_{mn} \end{bmatrix} \tag{4-7}$$

步骤 2:对 R 做标准化处理得到 $R' = (r'_{ij})_{m \times n}$。因 $j = 1,2 \cdots, n, r'_{ij} \in [0, 1]$,则有 $r'_{ij} = \dfrac{r_{ij} - \min\limits_{1 < i \leqslant m}(r_{ij})}{\max\limits_{1 \leqslant i \leqslant m}(r_{ij}) - \min\limits_{1 < i \leqslant m}(r_{ij})}$。

步骤 3:第 i 个专家的熵为:

$$H_i = -k \sum_{j=1}^{6} f_{ij} \ln f_{ij}, i = 1, 2, \cdots, m \tag{4-8}$$

式(4-8)中,$f_{ij} = \dfrac{r'_{ij}}{\sum\limits_{j=1}^{n} r'_{ij}}$,$k = \dfrac{1}{\ln n}$。

步骤 4:第 i 个专家的熵权为:

$$w_i = \frac{1 - H_i}{m - \sum\limits_{i=1}^{m} H_i} \tag{4-9}$$

式(4-9)中,$0 \leqslant W_i \leqslant 1$,且 $\sum\limits_{i=1}^{m} H_i = 1$。

---

① 郭东强:《利用熵权系数法评价企业信息化建设项目》,《运筹与管理》2003 年第 3 期。

步骤 5：采用加权平均法确定各环节功能的权重：

$$DLFI_j = \frac{\sum_{i=1}^{m} w_i r_{ij}}{\sum_{j=1}^{n} \sum_{i=1}^{m} w_i r_{ij}}, i=1,2,\cdots,m;j=1,2,\cdots,n \quad (4-10)$$

式(4-10)中，$DLFI_j$ 为第 j 个环节功能的数字化物流功能系数。

若对垂直数字化物流功能分析，各环节功能系数为上述水平数字化物流环节功能系数的均值，即在式(4-10)的基础上，有：

$$DLFI_i^{'} = \frac{1}{n} \sum_{j=1}^{n} DLFI_i, i=1,2,\cdots,m;j=1,2,\cdots,n \quad (4-11)$$

式(4-11)中，$DLFI_i^{'}$ 为第 i 个环节功能的数字化物流功能系数。

三、数字化物流成本分析

不失一般性，设水平数字化物流价值链的数字化物流成本可分为物流作业成本、物流服务成本、物流服务用户成本和物流服务机会成本(刘娜等，2015)[1]。用 $c_j(j=1,2,\cdots,n)$ 表示各项成本，则可以得到数字化物流成本函数为：

$$DLC = g(c_1, c_2, \cdots, c_n) \quad (4-12)$$

第 j 个环节的数字化物流成本系数为：

$$DLCI_j = \frac{DLC_j}{\sum_{j=1}^{n} DLC_j} \quad (4-13)$$

式(4-13)中，$DLCI_j$ 为第 j 个环节的数字化物流成本系数，DLC_j 为第 j 个环节的实际数字化物流成本支出，$\sum_{j=1}^{n} DLC_j$ 为各个环节的实际数字化物流成本支出之和。

若对垂直数字化物流成本分析，各环节成本系数为上述水平数字化物流成本系数的均值，即在式(4-13)的基础上，有：

$$DLCI_i^{'} = \frac{1}{n} \sum_{j=1}^{n} DLCI_{ij}, i=1,2,\cdots,m;j=1,2,\cdots,n \quad (4-14)$$

四、数字化物流价值系数

为了便于描述，对相关符号及含义的定义如表 4-3 所示。

---

① 刘娜、常存芳：《基于价值链理论的企业物流成本研究》，《物流技术》2015 年第 4 期。

表4-3　数字化物流价值系数相关符号及含义

符号	含义	符号	含义
$DLVI_j$	水平数字化物流价值链第 j 个环节的数字化物流价值系数	$DLVI_i'$	垂直数字化物流价值链第 i 个环节的数字化物流价值系数
$DLFI_j$	水平数字化物流价值链第 j 个环节的数字化物流功能系数	$DLFI_i'$	垂直数字化物流价值链第 i 个环节的数字化物流功能系数
$DLCI_j$	水平数字化物流价值链第 j 个环节的数字化物流成本系数	$DLCI_i'$	垂直数字化物流价值链第 i 个环节的数字化物流成本系数
DLF_j	水平数字化物流价值链第 j 个环节的数字化物流功能评价值	DLF_i'	垂直数字化物流价值链第 i 个环节的数字化物流功能评价值
DLC_j	水平数字化物流价值链第 j 个环节的数字化物流支出成本	DLC_i'	垂直数字化物流价值链第 i 个环节的数字化物流支出成本
DLF	水平数字化物流活动功能	DLF'	垂直数字化物流功能
DLC	水平数字化物流成本	DLC'	垂直数字化物流成本
DLV_j	水平数字化物流价值链第 j 个环节的数字化物流价值	DLV_i'	垂直数字化物流价值链第 i 个环节的数字化物流价值
DLV	水平数字化物流价值	DLV'	垂直数字化物流价值

对于水平数字化物流价值链，其第 j 个环节的数字化物流价值系数为：

$$DLVI_j = \frac{DLFI_j}{DLCI_j} = \frac{\dfrac{DLF_j}{DLF}}{\dfrac{DLC_j}{DLC}} = \frac{\dfrac{DLF_j}{DLC_j}}{\dfrac{DLF}{DLC}} = \frac{DLV_j}{DLV}, j = 1,2,\cdots,m \quad (4-15)$$

对于垂直数字化物流价值链，根据式（4-11）、式（4-14）和式（4-15），其第 i 个环节的数字化物流价值系数为：

$$DLVI_i' = \frac{DLFI_i'}{DLCI_i'} = \frac{\dfrac{DLF_i'}{DLF'}}{\dfrac{DLC_i'}{DLC'}} = \frac{\dfrac{DLF_i'}{DLC_i'}}{\dfrac{DLF'}{DLC'}} = \frac{DLV_i'}{DLV'}, i = 1,2,\cdots,n \quad (4-16)$$

第三节　线上线下物流数字化价值分析

一、价值环节描述

为了对企业线上线下物流价值环节进行量化描述，引入价值工程理论中的价值分析方法,并结合价值链理论中的价值链分析方法进行分析。

（一）数字化物流价值量化

价值分析中,设价值工程对象 x_i 的单位成本为 c_i,功能为 f_i,相同的功能与成本比例构成了价值等值线,即 $V_i = F_i/C_i$,价值曲线 VEC 如图 4-10（a）所示。

价值链分析中,结合前文分析,数字化物流价值链中的某一环节 x_i 的数字化物流价值 $DLV_i = DLF_i/DLC_i$,价值链曲线 $DLVC$ 如图 4-10（b）所示。

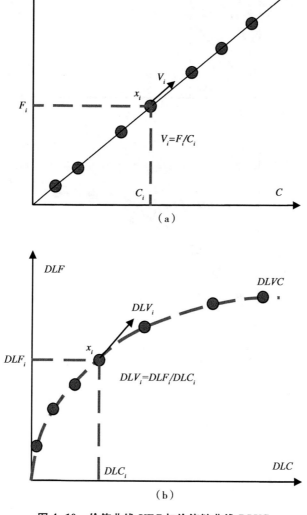

图 4-10　价值曲线 *VEC* 与价值链曲线 *DLVC*

从价值分析和价值链分析中对"价值"的这一定义出发,可将价值曲线 *VEC* 与价值链曲线 *DLVC* 结合,对价值环节进行更进一步的描述,如图 4-11(a)所示。

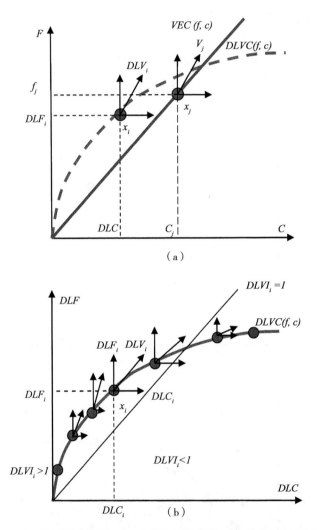

图 **4-11**　基于价值曲线 *VEC* 和价值链曲线 *DLVC* 的价值环节描述

(二) 数字化物流价值分析

结合图 4-11(b),考虑数字化物流价值系数 *DLVI* 与 1 之间的关系,价值环节 x_i 的数字化物流价值系数 $DLVI_i$ 会出现 $DLVI_i > 1$,$DLVI_i = 1$ 和 $DLVI_i < 1$ 三种情况。

1. $DLVI_i > 1$

在 $DLVI_i > 1$ 的情况下,该环节 x_i 的数字化物流功能超出了其数字化物流成本,即该环节 x_i 的数字化投入 DLC_i,其功能 DLF_i 发挥超出了预期,是企业线上线下物流活动中的价值增值环节,对于企业线上线下物流数字化竞争价值的创造有贡献。

2. $DLVI_i = 1$

在 $DLVI_i = 1$ 的情况下,该环节 x_i 的数字化物流功能与其数字化物流成本基本匹配,即该环节 x_i 的数字化投入 DLC_i,其功能 DLF_i 发挥与预期基本一致,是企业线上线下物流活动中的价值"保值"环节,满足企业线上线下物流数字化基本价值的创造。

3. $DLVI_i < 1$

在 $DLVI_i < 1$ 的情况下,该环节 x_i 的数字化物流成本超出了其数字化物流功能,即该环节 x_i 的数字化投入 DLC_i,其功能 DLF_i 发挥没有达到预期,是企业线上线下物流活动中的不增值、无价值的环节,不能满足企业线上线下物流数字化基本价值和竞争价值的创造。

二、价值增值途径

（一）价值提升的一般途径

根据价值工程中价值的含义(Younker,2003)[1],产品(包括有形产品和无形产品即服务)价值的提升,可以有四种途径:功能上升,成本下降;功能不变,成本下降;功能上升,成本不变;功能上升,成本上升,但功能上升的比率高于成本的。具体如表4-4所示。

表4-4 产品/服务价值一般提升策略

	提升价值的途径	提升价值的类型
1	提升该产品/服务的功能,成本降低	功能↑,成本↓,价值↑
2	该产品/服务的功能不变,成本降低	功能→,成本↓,价值↑
3	提升该产品/服务的功能,成本不变	功能↑,成本→,价值↑
4	大幅提升该产品/服务的功能,成本略微升高	功能↑↑,成本↑,价值↑

（二）数字化物流价值提升的途径分析

理论上讲,企业线上线下物流价值增值的途径也应有四个方面:功能上

---

[1] Younker.*Value Engineering*,Taylor and Francis CRC Press,2003.

升,成本下降;功能不变,成本下降;功能上升,成本不变和功能上升,成本较小
上升。但是,针对线上线下物流服务这一相对特殊"产品",价值提升的途径
与上述方式又有所不同。根据经济学中的供求关系(Paul A.Samuelson,
1948)①,从数字化物流市场的需求角度来看,客户/用户对数字化物流服务
需求数量 Q 要受到数字化物流服务价格 P 的影响,需求曲线如图4-12(a)
所示。从数字化物流市场的供应角度来看,企业愿意提供的数字化物流服
务数量 Q 受到客户/用户愿意支付的价格 P 的影响,供应曲线如图4-12
(b)所示。为此,数字化物流服务数量和物流服务的价格必然会形成均衡,
如图4-12(c)所示。

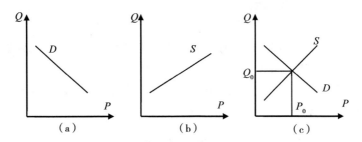

图4-12　数字化物流服务需求与供应曲线

　　作为供应者,企业为了"生产"数字化物流服务,进行了必要的投入,表
现为成本上的耗费 DLC。数字化物流服务价格 DLP 与数字化物流成本
DLC 之间存在对应关系, $DLP=DLC+k,k>0$。数字化物流服务数量 DLQ 与
物流功能 DLF 之间存在对应关系, $DLQ=k×DLF,k>0$。因此,数字化物流服
务的需求 DLD 和供给 DLS 均衡转换为如图4-13所示的数字化物流功能和
成本的均衡。

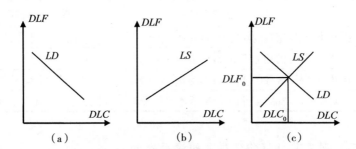

图4-13　数字化物流服务功能与成本曲线

---

① 　Paul A.S.,*Economics*,McGraw-Hill Press,1948.

这种均衡,从长期看,数字化物流价值的提升可以通过上述的价值工程中价值提升的四种方式进行。从短期看,均衡的数字化物流功能 DLF_0 表明数字化物流基础设施、数字化物流设备等物流硬件水平在某一时期内相对一定(取决于某一发展阶段内的数字化技术水平),从而导致数字化物流功能水平在一段时间内是稳定不变或变化很小的。均衡的数字化物流成本 DLC_0 表明客户/用户对于数字化物流服务的认知和数字化物流服务价格的接受在一段时期内是稳定不变或变化很小的。长期上,数字化物流价值的提升通过制定企业价值链战略的途径来实现;短期上,数字化物流价值的提升通过对数字化投入要素优化管理的途径来实现,如表4-5所示。

表4-5 数字化物流价值提升途径

	提高数字化价值的途径	提升数字化价值的具体方法
1	数字化物流投入的优化	数字化物流服务总体功能不变,对各个物流环节的数字化投入进行优化组合
2	数字化物流流程的优化	数字化物流服务总体成本不变,对各个物流环节的功能要素进行优化组合

对"互联网+物流"价值链进行组构,首先构建线上线下物流价值链分析模型。数字化物流价值链分析建立在实体物流价值链和虚拟价值链融合的基础上,水平数字化物流价值链将物流作业分解为网络货运、云仓、智能配送、智能装卸搬运、智能流通加工、智能包装等基本环节,垂直数字化物流价值链将物流作业分解为电子采购物流、智能生产物流、线上分销物流和线上退货物流等基本环节。这些环节作为企业线上线下物流活动的数字化投入,其输出是满足市场需求的物流服务,最终创造企业的数字化物流价值。支持环节中,智慧物流中心、智慧配送中心等智慧物流设施与设备是企业线上线下物流运作的载体,由各种物流节点构成,包括了相应的物流设备;数字化物流信息平台为企业线上线下物流环节间的协作运作提供支撑;智慧物流网络、流程、策略(外包,自营,外包+自营等,联盟、虚拟企业)保证了企业线上线下物流环节协调运行;人力与算力资源则给企业线上线下物流活动主体提供智力决策资源。数字化物流价值链分析步骤包括现有企业线上线下物流价值链分解,各环节的数字化价值分析排序,企业线上线下物流数字化价值变动环节识别,数字化物流价值链优化分析,以及数字化物流价值链重组分析。为了对数字化物流价值环节进行识别,结合数字化物

流价值函数引入由数字化物流功能 DLF_i 和数字化物流成本 DLC_i 比值构成的数字化物流价值系数 $DLVI_j = DLFI_j/DLCI_j$。将价值工程中的价值分析方法与价值链分析方法相结合,对企业线上线下物流数字化价值进行分析,数字化物流价值增值途径为对企业线上线下物流环节数字化投入优化和企业线上线下物流活动数字化流程优化。

第五章 线上线下物流价值链数字化优化

在线上线下物流价值链数字化分析的基础上,结合数字化物流价值增值途径,进一步研究企业线上线下物流价值链数字化优化过程。

第一节 线上线下物流价值链优化内容

企业线上线下物流价值链优化包括实体物流价值链优化、虚拟物流价值链优化以及实体物流价值链与虚拟物流价值链协调优化。实体物流价值链优化是基础,虚拟物流价值链优化是建立在数字化技术基础之上的动态优化,实体物流价值链与虚拟物流价值链的协调优化是关键。

一、实体与虚拟物流价值链优化

(一) 实体与虚拟物流价值链动态优化

实体物流价值链与虚拟物流价值链的动态性是企业对市场环境的一种主动性的适应,反映在具有一种能够及时对企业内外部的变化作出调整的智能性内核(Lanner,2002)[1]。由于企业线上线下物流价值链的动态性对企业的灵活性和企业资源都有一定程度的依赖,传统的企业科层式组织和市场场所(Market Place)无法保证这种动态性价值链发挥作用(罗珉等,2005)[2],只有通过去中心化的组织和市场空间(Market Space),如基于数字化平台作为企业的智能性内核而构建虚拟企业这样的动态组织,才能够保证实体与虚拟物流价值链的动态性。如图5-1所示。

企业线上线下物流战略联盟、业务外包以及虚拟企业等动态组织形态的出现,很大程度上是为了获得规模经济和范围经济的收益而避免管理成本的陡增,因此,实体与虚拟物流价值链的动态优化就是对构成动态组织的智能性内核的投入优化。

---

[1] Lanner, "The Dynamic Value Chain in the Automotive Industry", *Elektro Technik and Information's Technik*, Vol.119, No.9, 2002.

[2] 罗珉、王雎:《中间组织理论:基于不确定性与缓冲视角》,《中国工业经济》2005年第10期。

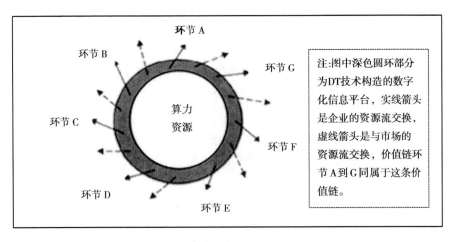

图 5-1　实体与虚拟物流价值链的内核构成

（二）实体与虚拟物流价值链协调优化

为实现企业线上线下物流价值最大化,需要线上线下物流价值链条上的环节或企业作出合适的调整,而组织形态则是这种调整首先需要考虑的。实体物流价值链和虚拟物流价值链要求的组织形态并不相同,因此企业需要根据自身情况权衡和协调这两种价值链,战略联盟、业务外包、虚拟企业等动态组织的产生就是这种权衡和协调的结果之一。

动态组织的产生,必定要求企业线上线下物流业务流程进行优化,以便于线上线下物流价值链环节之间无缝对接——价值模块化可以解决这一问题(余东华等,2005)[①]。模块化是线上线下物流数字化的驱动力之一,而价值模块是企业价值链中一组可以为企业带来特定产出的能力要素集合,因此,企业线上线下物流价值模块中既包括了实体物流价值链的元素(如流程管理、订单管理、绩效管理等,构成实体物流价值),又包括了虚拟物流价值链的元素(如战略、规划、协作等,构成虚拟物流价值)。基于实体与虚拟物流价值链协调机制的企业线上线下物流流程优化包括定义线上线下物流价值模块、制定线上线下物流流程规则和线上线下物流流程协调模块等步骤(李海舰等,2004)[②],如图 5-2 所示。

在协调企业的实体与虚拟物流价值链时,定义好企业线上线下物流价值模块是很重要的。企业线上线下物流活动中原本各自独立模块价值链通

---

① 余东华、瑞明杰:《模块化、企业价值网络与企业边界变动》,《中国工业经济》2005 年第 10 期。

② 李海舰:《互联网思维与传统企业再造》,《中国工业经济》2014 年第 10 期。

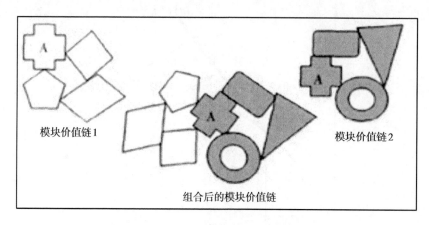

模块价值链1

模块价值链2

组合后的模块价值链

图 5-2　实体与虚拟物流价值链协调机制

过其中的价值模块连接在一起,而每一种价值模块都能通过这种方式在线上线下物流流程规则下发挥作用(朱瑞博,2003)[①]。将企业线上线下物流价值模块以不同的接口和连接方式实现实体与虚拟物流价值链的协调优化,这一过程就是企业线上线下物流流程规则制定的过程。企业线上线下物流流程规则根据企业的目标、市场环境等综合决定,是各种主客观因素博弈的结果,也是对各种因素力量变化的调整,同时反映出经过协调优化后企业全新的实体与虚拟物流价值链的形成。

二、优 化 内 涵

将企业线上线下物流价值模块定义为物流链和供应链上的价值环节,结合前文对企业线上线下物流价值环节的量化描述,根据数字化物流价值系数 $DLVI$ 与 1 之间的大小关系,存在 $DLVI=1$、$DLVI>1$、$DLVI<1$ 三种情况下的线上线下物流价值链优化内容,如图 5-3 所示。

具体而言,企业线上线下物流价值链优化内容为:当 $DLVI \geqslant 1$ 时,即处于 $DLVI=1$ 左边的曲线 $DLVC(f,c)$ 部分。$DLVI \geqslant 1$ 所对应的环节为数字化物流价值链上对企业线上线下物流活动具有贡献的关键环节,是企业竞争优势的来源,为保持这一优势,可将实体与虚拟物流价值链进行协调优化,即企业线上线下物流数字化优化的内容为围绕这些关键环节进行流程上的优化。当 $DLVI<1$ 时,即处于 $DLVI=1$ 右边的曲线 $DLVC(f,c)$ 部分,优化后形成新的曲线为 $DLVC'(f,c)$。$DLVI<1$ 所对应的环节为数字化物流价值链

---

① 朱瑞博:《价值模块整合与产业融合》,《中国工业经济》2003 年第 8 期。

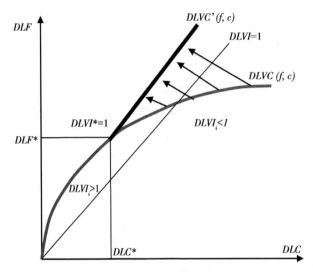

图 5-3　数字化物流价值链优化内容

上对企业线上线下物流活动无贡献的环节,是影响并损害企业效益和竞争力的部分,为改进这一情形,可将实体与虚拟物流价值链进行动态优化,即对于这些环节的数字化投入进行优化。

第二节　线上线下物流价值链优化目标

从企业物流链和供应链的角度,企业线上线下物流价值链优化目标分为水平数字化物流价值链优化目标和垂直数字化物流价值链优化目标。

一、水平数字化物流价值链优化目标

从企业物流链的角度,基于水平数字化物流价值链的优化目标分为 $DLVI_j \geqslant 1$ 和 $DLVI_j < 1$ 两种情况,如图 5-4 所示。

（一）基于 $DLVI_j < 1$ 的优化目标

由于该环节的功能的现实成本超过了客户/用户为实现该功能所愿意支付的最低费用,数字化物流价值偏低。反映在图 5-5 中,即 $DLVI_i < 1$ 的一部分曲线应该采取向左上偏移的方式,使其曲线上各个点的斜率提高到 1,从而形成新的数字化物流价值链曲线,这个新的曲线由两个部分组成: $DLVI_j \geqslant 1$ 部分的原曲线和 $DLVI = 1$ 的一段直线。这样,新的数字化物流价值链曲线上各个节点的价值系数都大于等于 1,反映了企业线上线下物流价值链实现了整体上数字化物流价值的提升。

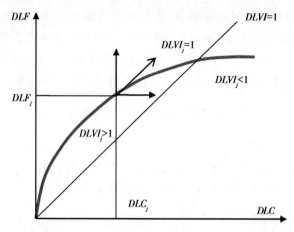

图 5-4　水平数字化物流价值链优化目标分析

　　水平数字化物流价值链是由多个环节构成,不能单方面通过提升数字化物流功能或降低数字化物流成本来实现价值的提升,也不宜于不进行细分而采用"黑箱"方式直接对数字化物流总成本进行控制,因为数字化物流总成本的整体控制只是表面上提升了价值链的整体价值,但并未对造成成本高的原因分析,不能从根本上进行价值链优化。这种情况下,需要重新设计企业的数字化物流投入(总成本)在各个环节的分配,通过对一系列环节的数字化投入(成本)进行优化,才能够实现企业线上线下物流价值链整体价值的增加。

　　(二)　基于 $DLVI_j \geqslant 1$ 的优化目标

　　该环节功能的现实成本低于客户/用户为实现该功能所愿意支付的最低费用,数字化物流价值偏高。反映在图 5-5 中,为新旧两条数字化物流

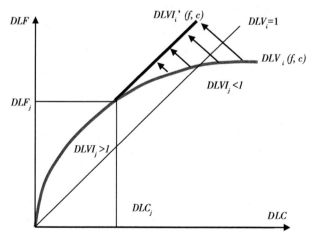

图 5-5　$DLVI_j < 1$ 下的水平数字化物流价值链优化目标

价值链曲线中共同保留的那部分,这部分曲线所对应的数字化物流环节价值较高,因此从理论上说,不需要进行优化。但对于这些环节的价值优势应该持续保持,为此需要以这些具有价值优势的环节为核心,对企业线上线下物流流程进行优化以对企业原有的价值优势进行巩固和加强。

二、垂直数字化物流价值链优化目标

从企业供应链的角度,垂直数字化物流价值链中各环节的价值是该环节中的子环节的价值之和的均值,因此,基于垂直数字化物流价值链的优化目标同样可分为 $DLVI_i' \geq 1$ 和 $DLVI_i' < 1$ 两种情形,如图5-6所示。

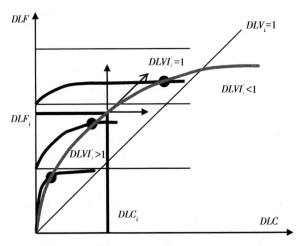

图5-6   垂直数字化物流价值链优化目标分析

(一) 基于 $DLVI_i' < 1$ 的优化目标

该环节的总体数字化物流功能的现实成本超过了客户/用户为实现该数字化物流功能所愿意支付的总费用,数字化物流价值偏低。反映在图5-6中,即 $DLVI_i' < 1$ 的一部分曲线,应该采取向左上偏移的方式,使其曲线上各个点的斜率提高到1(即 $DLVI = 1$),从而形成新的数字化物流价值链曲线,这个新的曲线由两部分组成: $DLVI_i' \geq 1$ 部分的原曲线和 $DLVI = 1$ 的一段直线。垂直数字化物流价值链优化很难通过提升企业线上线下物流活动整体数字化物流功能或降低整体数字化物流成本来实现供应链物流价值的提升。这种情况下,首先需要对供应链中能够创造数字化物流价值增值的企业进行流程优化,然后针对各家企业线上线下物流链环节的数字化投入(成本)进行优化,最终从总体上实现数字化物流价值的增加。

（二）基于 $DLVI_i' \geqslant 1$ 的优化目标

该环节中其功能的现实总成本低于客户/用户为该总体数字化物流功能所愿意支付的最低费用,数字化物流价值偏高。反映在图 5-7 中,为新旧两条曲线中共同保留的那部分,这部分曲线所对应的环节其数字化物流价值较高,因此从理论上说,不需要进行优化。但需要以这些具有价值优势的环节为核心,将相关的供应链物流流程进行优化,通过这种方式将企业线上线下物流价值链上原有的价值优势进行巩固和加强。

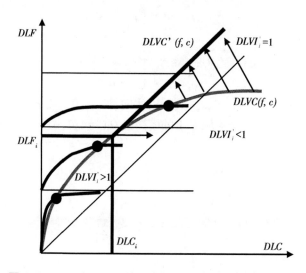

图 5-7　$DLVI'_{j'} < 1$ 下的垂直数字化物流价值链优化目标

第三节　线上线下物流价值链优化模型

根据前文对水平数字化物流价值链和垂直数字化物流价值链关系的分析,基于企业供应链角度的线上线下物流价值链优化建立在基于企业物流链的线上线下物流价值链优化的基础上,为此,接下来主要从水平数字化物流价值链的角度,分数字化物流价值系数 $DLVI < 1$ 和 $DLVI \geqslant 1$ 两种情况,从数字化物流投入优化和数字化物流流程优化两个方面构建企业线上线下物流价值链优化模型。

一、数字化物流投入优化

对于企业线上线下物流活动中数字化物流价值系数 $DLVI < 1$ 的环节,建立模糊线性规划模型来实现对其数字化物流投入进行优化组合。模糊线

性规划是一种在经营决策中效果较好的一种软优化方法,企业经营决策活动具有很强的模糊性,市场的不确定性影响又使企业在进行决策时必须使用能处理不确定性因素的数学方法(乔忠等,2003)[1]。

（一）基本模型

基于模糊线性规划的线上线下物流数字化投入优化基本模型为:

$$\max f(x) = c_1 x_1 + c_2 x_2 + \cdots + c_n x_n$$

$$\text{s.t.} \quad \begin{aligned} a_{11} x_1 + a_{12} x_2 + \cdots + a_{1n} x_n &\leq b_1 \\ a_{21} x_1 + a_{22} x_2 + \cdots + a_{2n} x_n &\leq b_2 \\ &\cdots\cdots \\ a_{m1} x_1 + a_{m2} x_2 + \cdots + a_{mn} x_n &\leq b_m \end{aligned}$$

$$x_1, x_2, \cdots, x_n \geq 0 \tag{5-1}$$

设 $F = \{X \mid X = (x_1, x_2, \cdots, x_n)$ 是 n 维实向量, $X \geq 0\}$,将式(5-1)中的 m 个弹性约束条件表示为 m 个论域 F 上的模糊集 $D_i (i = 1, 2, \cdots, m)$,其隶属函数为:

$$D_i(X) = \begin{cases} 1, & \sum_{j=1}^{n} a_{ij} x_j \leq b_i \\ 1 - \dfrac{\sum_{i=1}^{n} a_{ij} x_j - b_i}{d_i}, & b_i \leq \sum_{j=1}^{n} a_{ij} x_j \leq b_i + d_i \\ 0, & \sum_{j=1}^{n} a_{ij} x_j > b_i + d_i \end{cases} \tag{5-2}$$

为了确定式(5-1)的最优解,将目标改写为模糊不等式: $f(X) \geq f_0$,其中 f_0 是一个普通线性规划的最优目标值: $f_0 = \max\{f \mid f = CX, AX \leq b, X \geq 0\}$,该模糊不等式可以用模糊集合 G 来描述,则隶属函数可定义为:

$$G(X) = \begin{cases} 0, & \sum_{j=1}^{n} c_j x_j < f_0 \\ \dfrac{\sum_{i=1}^{n} c_j x_j - f_0}{d_0}, & f_0 \leq \sum_{j=1}^{n} c_j x_j < f_0 + d_0 \\ 1, & \sum_{j=1}^{n} c_j x_j \geq f_0 + d_0 \end{cases} \tag{5-3}$$

---

[1]　乔忠、李应博:《基于模糊规划法的企业价值链优化应用研究》,《中国管理科学》2003年第6期。

式中，$f_0 + d_0 = \max\{f \mid f = CX, AX \leq b + d, x \geq 0\}$，$A = (a_{ij})_{m \times m}$ 为式（5-1）约束不等式的系数矩阵，$C = (c_1, c_2, \cdots, c_n)$，$b = (b_1, b_2, \cdots, b_m)^{\mathrm{T}}$，$d = (d_1, d_2, \cdots, d_m)^{\mathrm{T}}$。令 $M = D \cap G$，求最佳决策 X，使满足：

$$M(X) = \max_{X \geq 0} M(X) = \max_{X \geq 0}(D(X) \cap G(X)) \tag{5-4}$$

由此求得的 X 即为式（5-1）的最优解。设 $\lambda = D(X) \cap G(X)$，式（5-4）可转化成以下线性规划问题：

$$\max f(x) = \max \lambda$$

s.t.
$$\sum_{j=1}^{n} a_{ij} x_j + d_j \lambda \leq b_i + d_i, i = 1, 2, \cdots, m$$

$$\sum_{j=1}^{n} c_j x_j - d_0 \lambda \geq f_0$$

$$0 \leq \lambda \leq 1$$

$$x_1, x_2, \cdots, x_n \geq 0 \tag{5-5}$$

求解式（5-5），即可得出最优解 $X = (x_1, x_2, \cdots, x_n)^{\mathrm{T}}$。

（二）目标函数

在确定企业线上线下物流价值链数字化优化的目标函数时，首先确定每个价值环节对于企业线上线下物流活动总价值 DLV 的贡献程度。不失一般性，设组成 DLV 的贡献因素为 $S_{jk}(j, k = 1, 2, 3)$，包括数字化物流服务功能 S_{11}、数字化物流服务价格 S_{12}、数字化物流服务途径 S_{13}、快捷性 S_{21}、方便性 S_{22}、安全性 S_{23}、数字化物流服务质量 S_{31}、数字化物流服务效率 S_{32} 和数字化物流服务成本 S_{33}。设 A_{jk} 为 S_{jk} 在 DLV 中所占的比例，通过层次分析法确定 A_{jk}，然后确定各个价值环节的权重系数。由于各个价值环节对于 DLV 的贡献程度不同，可以根据 DLV 的贡献因素对各个价值环节进行归类。将对同一贡献因素有影响的价值环节归为一类，得到每个价值环节对于 DLV 的贡献程度 a_i，$a_i = \sum_{j,k \in \{1,2,3\}} A_{jk}$；$i = 1, 2, \cdots, n$。经过归一化处理得到 $a_i = a_i / \sum_{i=1}^{n} a_i$。

取决策变量为第 T 年企业线上线下物流活动全过程的 n 个价值环节的数字化物流成本分摊值 $x_i^T(i = 1, 2, \cdots, n)$。在一个规划期 $[0, T]$ 内，每一年的时间指标依次为 $0 < 1 < \cdots < t < \cdots < T-1 < T$。约束条件涉及的参数如下：设企业线上线下物流活动总成本为 TC，则数字化物流战略规划期的期初总成本值为 TC_0、各价值环节的数字化物流成本分摊值为 x_i^0；第 1 年的总成本值为 TC_1，各价值环节的成本分摊值为 x_i^1；第 T 年的总成本值 TC^T。引入 DLV 转化系数 w_i^T，其含义是第 T 年的各价值环节的数字化物流成本分摊值转化为

DLV 的比例, $w_i^T = w^T \times a^i$,其中 w^T 是通过多级模糊综合评价得出的 n 个价值
环节对于 DLV 最终实现效果的综合值, $0 \leqslant w^T \leqslant 1$ 。因此 DLV 可以量化为：

$$DLV = f(x) = \sum_{i=1}^{n} w^T \times \bar{a}_i \times x_i^T \tag{5-6}$$

因此,目标函数为：

$$\max f(x) = \max \left(w^T \sum_{i=1}^{n} \bar{a}_i \times x_i^T \right) \tag{5-7}$$

（三）约束条件的确定

边际数字化物流成本约束。经济学中,边际分析方法（Marginal
Analysis/Marginal Adding Analysis）是运用导数和微分方法研究经济运行
中微增量的变化,用以分析各经济变量之间的相互关系及变化过程的一
种方法。根据边际分析方法,只有当边际数字化物流成本从正值转为负
值时企业线上线下物流活动所获得的利润（数字化物流价值）才最大,因
此第 T 年企业线上线下物流活动边际数字化物流成本应该最小。设 Q^t 表
示 t 年度的物流量,则该年度的边际物流量为（ $Q^t - Q^{t-1}$ ）,总体数字化物流
边际成本为：

$$MC^T = \lim_{q \to q^{t-it}} \frac{\sum_{i=1}^{n} x_i^t - \sum_{i=1}^{n} x_i^{t-1}}{Q^t - Q^{t-i}} \tag{5-8}$$

经递推并进行模糊化处理,得出第一个约束条件为：

$$\sum_{i=1}^{n} x_i^T \leqslant T \sum_{i=1}^{n} x_i^1 - (T-1) \sum_{i=1}^{n} x_i^0 \tag{5-9}$$

总体数字化物流成本约束。 T 年的总体数字化物流成本约束条件为：

$$\sum_{i=1}^{n} x_i^T \leqslant TC^T \tag{5-10}$$

各价值环节总体数字化物流成本分摊值的约束。通过近似给出各价值
环节的成本下限,使在总成本允许的范围内进行合理分摊,即有：

$$x_i^T \geqslant x_i^0, i = 1, 2, \cdots, n \tag{5-11}$$

考虑到下限的近似性,化成模糊约束为：

$$-x_i^T \leqslant -x_i^0, i = 1, 2, \cdots, n \tag{5-12}$$

综上,企业线上线下物流价值链数字化优化模型为：

$$\max f(X) = \max \left(w^T \sum_{i=1}^{n} a_i x_i^T \right)$$

s.t. $$\sum_{i=1}^{n} x_i^T \leqslant T \sum_{i=1}^{n} x_i^1 - (T-1) \sum_{i=1}^{n} x_i^0$$

$$\sum_{i=1}^{n} x_i^T \leqslant TC^T$$

$$- x_i^T \leqslant - x_i^0, i = 1, 2, \cdots, n \qquad (5\text{-}13)$$

给定 T、TC^T，第 0 年和第 1 年的 $\sum_{i=1}^{n} x_i^0$ 和 $\sum_{i=1}^{n} x_i^1$ 值，以及 $d_j(j = 1, 2, \cdots, m)$（d_j 为模糊线性规划模型中第 j 个约束条件的伸缩指标），通过求解即可确定各价值环节应当采用的数字化物流成本分摊值和每一价值环节的数字化物流投入比例。当这一比例等于或接近于 0 时，所对应的价值环节可以认为是不必要的环节，或者可以合并到其他的价值环节中，即该价值环节的数字化物流投入为 0。按照这一比例，在保证数字化物流功能基本不变的情况下，企业线上线下物流活动中数字化物流投入成本经过优化组合后，可提升整体数字化物流价值。

二、数字化物流流程优化

考虑到价值链分析与价值分析方法可通过一定的逻辑判定和改进，获得清晰的流程优化程序和优化结果（劳本信，2009）[1]，为此，应用价值链分析与价值分析方法进行线上线下物流数字化流程优化。

具体而言，对企业线上线下物流活动中数字化物流价值系数 $DLVI > 1$ 的环节一般做保留、补充或强化处理；对企业线上线下物流活动中数字化物流价值系数 $DLVI = 1$ 的环节，须做进一步判定：如果该项环节是必须要数字化改造的，则应通过一定的方法和技术提高效率，或者外包，以达到数字化物流流程优化的目的；如果是不必要数字化的，则应消除或者精简。企业线上线下物流数字化流程优化模型见图 5-8。

（一）优化途径

价值工程理论中，ECRS 原则即取消（Eliminate）、合并（Combine）、调整顺序（Rearrange）、简化（Simplify），任何作业或工序流程都可以运用 ECRS 四原则来进行分析和改善，通过分析，找出更好的效能、更佳的作业方法和作业流程。企业线上线下物流数字化流程优化的主要途径是技术更新、环节替代、环节简化和时序调整。考虑到技术水平在短期内难以提高，因而数字化物流流程的优化可基于 ECRS 原则从以下四个方面进行。

1. 环节取消

对于企业线上线下物流活动中数字化物流价值系数 $DLVI = 1$ 且不必要

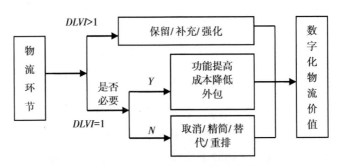

图5-8　企业线上线下物流数字化流程优化模型

保留的环节,不必再花时间研究如何数字化,直接取消这一环节,以达到改善企业线上线下物流作业程序、提高企业线上线下物流作业效率的目的。

2. 环节精简

对于企业线上线下物流活动中数字化物流价值系数 $DLVI = 1$ 且有必要保留的环节,可以进行必要的简化,这种简化是对工作内容和处理环节的简化。通过简化,在保留该环节功能的基础上可以在一定程度上因为省去一些步骤而降低企业线上线下物流活动总成本。

3. 环节替代

对于企业线上线下物流活动中数字化物流价值系数 $DLVI = 1$ 且有必要保留的环节,如果不能进行简化,可进而研究能否替代。这种替代可以是合并替代,某几个环节进行合并为一个新的环节;也可以是整合替代,通过引入某一作业系统(如自动化分拣等)将原来的部分环节整合。

4. 程序重排

企业线上线下物流活动中的某环节取消、简化或替代以后,还要将所有线上线下物流作业程序合理排序,或者在改变其他环节顺序后,重新安排新的线上线下物流作业顺序和步骤。在这一过程中还可进一步发现可以取消、简化和替代的内容,使企业线上线下物流作业更有条理,效率更高。

(二) 数字化必要性判定

对于企业线上线下物流活动中数字化物流价值系数 $DLVI = 1$ 的环节,可以消除、简化或替代,也可以保留和补充。这些环节如果是必要的,也应该保留或者补充;如果是不必要的,可以消除、简化或替代。判定环节是否必要进行数字化改进可以从以下两个方面进行。

1. 是否数字化管理控制所需要的

企业在对数字化物流流程的管理控制中,以管理制度为基础,以防范风险、有效监管为目的,通过全方位建立过程控制体系和描述关键控制点来直观表达企业线上线下物流活动的过程。如果某环节为企业加强管理控制所需，为防范风险或形成优势，企业往往需要保留或补充此环节。

2.是否为客户/用户所需要的

如企业一般会为客户/用户提供远程登录查询物品在运输或库存的状态，对物品进行追踪和定位。这个环节会对所有客户/用户开放，一般是免费的。单就这个环节而言，从企业角度来看它是非增值的。但从客户/用户角度来看它是需要的，而且影响到客户/用户对企业整体服务的认可价值。因此，判定某项环节是否必要，还要从客户/用户的角度来考虑；考虑某项环节是否增值，也同样应该考虑客户/用户的态度。

对"互联网+物流"价值链进行组构，其次是构建线上线下物流价值链优化模型。企业线上线下物流价值链优化包括实体物流价值链优化、虚拟物流价值链优化以及实体物流价值链与虚拟物流价值链协调优化。实体物流价值链优化是基础，虚拟物流价值链优化是建立在数字化技术投入上的动态优化，实体物流价值链与虚拟物流价值链的协调优化是关键。企业线上线下物流价值链优化基于数字化物流价值系数 $DLVI$ 与 1 的大小关系，$DLVI \geq 1$ 所对应的价值环节为线上线下物流价值链上对整个物流活动具有较大贡献的关键环节，企业线上线下物流优化的内容为围绕这些关键环节进行流程上的改变以能够继续发挥其现有的数字化物流竞争优势。$DLVI < 1$ 所对应的价值环节为企业线上线下物流价值链上对整个物流活动创造价值不大的环节，在现有功能水平下对这些环节的投入管理进行优化，从整体上提升企业的数字化物流价值。根据企业线上线下物流价值链优化目标，对于数字化物流价值系数 $DLVI < 1$ 时的价值链优化，需要改进各个环节的数字化物流投入管理。为此，建立模糊线性规划模型来确定各个价值环节的最优数字化物流投入。对于数字化物流价值系数 $DLVI \geq 1$ 时的价值链优化，需要对现有物流流程中的部分环节进行保留、补充、简化、替代或取消，为此，基于 ECRS 原则建立企业线上线下物流数字化流程优化模型，采取价值链分析与价值分析相结合的方法确立最优数字化物流流程。

第六章 线上线下物流价值链
数字化重组

根据线上线下物流价值链数字化优化结果,研究企业线上线下物流价值链数字化重组,以实现对"互联网+物流"价值链的组构。

第一节 线上线下物流价值链重组内容

一、实体物流价值链与虚拟物流价值链融合

企业线上线下物流价值链中的价值模块是相互关联的(朱瑞博,2003)①,这种关联反映了实体物流价值链与虚拟物流价值链的融合。

(一) 实体物流价值链与虚拟物流价值链融合内涵

1. 协同效应

企业线上线下物流中虚拟物流价值链对实体物流价值链的信息化反映,增强了实体物流价值链的可视性,便于管理者对企业线上线下物流价值链各环节进行协调管理,从而取得协同效应。企业线上线下物流活动的集成度是决定竞争能力的重要因素,实体物流价值链与虚拟物流价值链融合程度越高,协调性越强,效率就越高。

2. 虚拟空间实现

企业线上线下物流中虚拟物流价值链的建立可以将创造价值的活动由单独在市场场所进行,转变为市场场所(物质空间)和市场空间(虚拟空间)同时进行,为企业建立起两条平行的价值链。实体物流价值链的任何价值增值环节都可以在虚拟空间实现,并具有实体物流价值链不可比拟的优势。

3. 客户/用户关系

企业线上线下物流中实体物流价值链与虚拟物流价值链的融合有助于企业建立新型的客户/用户关系,扩大经营范围。企业可利用虚拟物流价值链,在互联网上与选定的客户及潜在的用户建立并保持联系。企业

---

① 朱瑞博:《价值模块整合与产业融合》,《中国工业经济》2003 年第 8 期。

实体物流价值链上的实物流动,正是来源于其虚拟物流价值链的感知能力的指引。

企业线上线下物流中实体物流价值链与虚拟物流价值链的融合可以实现企业价值链与客户/用户价值链有效融合,提高价值链的快速反应能力。这是因为企业竞争优势的获取和保持,不仅取决于对价值链的管理,还取决于对整个价值系统的适应(Porter,1998)①。客户/用户能够十分显著地影响企业的竞争力,而虚拟物流价值链为企业与客户/用户间的有效结合提供了基础。

4.价值共享

企业线上线下物流中实体物流价值链与虚拟物流价值链的融合可以实现企业线上线下物流价值活动共享,重新定义企业的边界和规模经济。建立在市场空间的虚拟物流价值链,在数字化平台的支持下,可以实现价值活动共享,增强企业线上线下物流活动的价值创造能力。共享使企业对不同的差异性市场或跨越地域界提供服务成为可能,使企业以较低的单位成本获得规模效益。

(二) 实体物流价值链与虚拟物流价值链融合路径

杰夫瑞(Jeffrey,1995)②的虚拟价值链理论表明,实体物流价值链与虚拟物流价值链融合的关键在于以客户/用户共同参与企业线上线下物流价值链为核心,其结构模型如图6-1所示。

以 B 企业为例,B 企业在某一实体物流价值链中发挥一定作用,不但对围绕线上线下物流价值链的其他上下游企业有所了解,还能够及时掌握最终客户/用户的需求信息,并以此为依据找到优势互补的 B^企业组建动态组织 B#(如战略联盟、虚拟企业等),这个 B#企业不但能够吸收 B 和 B^两家企业的优势,还能够兼具企业和市场各自有利的竞争优势。同理,实体物流价值链每个环节上都有可能产生这样的动态组织如 A#、…、E#,这些动态组织围绕企业线上线下物流活动形成虚拟物流价值链。虚拟物流价值链中沉淀大量同实体物流价值链相关的客户/用户信息,汇集到基于数字化技术的智能性内核(如数字化物流信息平台)中,进而进一步促进实体物流价值链与虚拟物流价值链的融合。

---

① Porter M.E.,*The Competitive Advantage of Nations*:*With a New Introduction*,New York:The Free Press,1998.

② Jeffrey F.R.,John J.S.,"Exploiting the Virtual Value Chain",*Business Review*,No.4,1995.

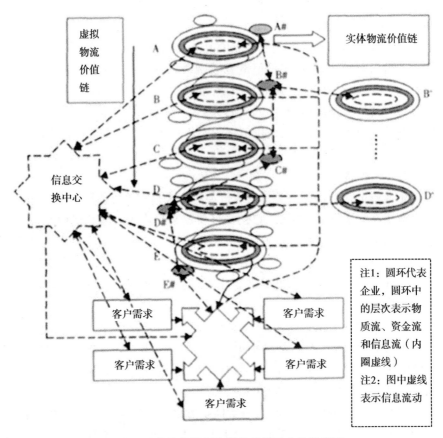

图 6-1　实体价值链与虚拟价值链融合结构模型

二、信息治理下价值链数字化重组

在企业线上线下物流智能性内核的支撑下,实体物流价值链与虚拟物流价值链可基于企业的物流信息系统进行融合重组。企业在物流信息系统建设中最关键的问题不是技术或资金,而是科学的信息治理方法。信息治理下企业线上线下物流价值链数字化重组的目的是使数字化技术与业务有效融合,以企业价值链战略为起点制定相应的信息治理机制(池毛毛等,2019)①。因此,在企业的线上线下物流数字化转型战略下,数字化能力建设是信息治理的核心,数字化转型的成功立足于数字化转型项目和项目群

---

① 池毛毛、李延晖、王伟军、卢新元:《基于 IT 双元性视角的企业电子商务价值创造:双元能力和 IT 治理的作用》,《系统管理学报》2019 年第 5 期。

的成功实施,而具备相应的数字化能力是真正将这些项目落地的前提条件
(邢小强等,2019)①。数字化平台则是为企业提供数字能力、应对不确定性
的智能性内核,是实现由信息治理向数据治理转变的重要载体。

在数字化平台建设上,早期企业普遍的做法是搭建物流大数据技术
平台,在此基础上建设数据仓库(林木,2020)②。但在企业线上线下物流
数字化发展环境下,数据仓库的不足也逐渐暴露。传统数据仓库的主要
作用是探索并挖掘数据价值,为企业决策提供依据。进入数字化转型阶
段,数据的作用被进一步发掘,除了数据分析外,用户画像、精准营销、数
字化运营、数字化管理等应用场景都构建在数字化平台的基础上(史官清
等,2022)③,数字化平台由"旁站式数据平台"向"底座式数据平台"转变,
如图 6-2 所示。

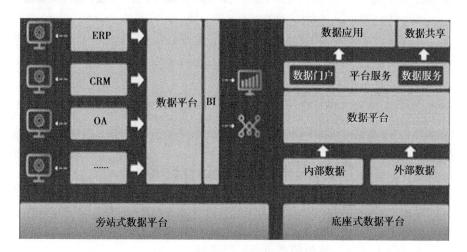

图 6-2　基于信息治理的数字化平台

在这一阶段下,数据中台(Data Center)成为信息治理的重要手段和企
业进行价值链数字化重组的重要支点。数据中台不是一套系统,也不是一
套产品,而是一种机制(刘淑梅等,2022)④。在传统物流信息系统架构中,

① 邢小强、周平录、张竹、汤新慧:《数字技术、BOP 商业模式创新与包容性市场构建》,《管理世界》2019 年第 12 期。
② 林木:《企业数据仓库平台的技术架构研究与设计》,《软件》2020 年第 12 期。
③ 史官清、欧阳天治、杜鑫可:《城市智慧物流大数据平台架构及数据系统研究》,《物流技术与应用》2022 年第 8 期。
④ 刘淑梅、杜彬、云桂桂、杨宏伟:《基于数据中台和流程平台的业务中台建设与实践》,《现代电子技术》2022 年第 20 期。

不同科层部门、不同业务系统会产生大量数据,这些数据如"烟囱"一样是垂直划分的,分散在企业资源计划(ERP)、客户关系管理(CRM)、办公自动化(OA)中的数据彼此独立,无法很好地支撑企业的经营决策,也无法很好地应对快速变化的前端市场业务。因此,需要通过信息治理形成一套机制,重组企业线上线下物流价值链上的信息流,整合各个分散在物流信息系统里的数据,为企业线上线下物流精细化运营提供支撑,这套机制就是数据中台。数据中台的价值在于通过信息治理向数据治理转变,形成业务数据化、数据资产化和资产价值化,如图 6-3 所示。

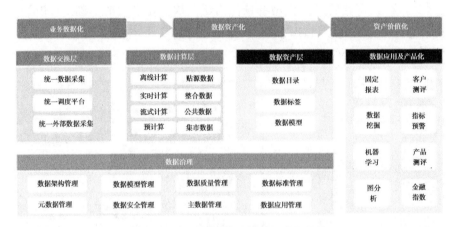

图 6-3   基于数据治理的数据中台架构

数据治理是企业数字化转型下的信息治理深入发展阶段,基于信息治理的数据中台将企业线上线下物流业务前台和后台的信息进行整合重组,为企业的线上线下物流价值链重组提供支撑。

三、重 组 内 涵

(一)基于数据中台的价值链重组

数据治理下的数据中台是一套可持续"让企业的数据用起来"的机制(印奇等,2021)[①],一种战略选择和组织形式,是依据企业的业务模式和组织架构,构建一套持续不断把数据变成资产并服务于业务的机制(见图 6-4(a))。数据中台通过把企业线上线下物流数据汇聚整合、提纯加工,形成服务可视,进而价值变现,不断迭代循环(见图 6-4(b))。

---

① 印奇、王绪洪:《基于数据和业务中台的数据治理技术应用》,《电子技术与软件工程》2021年第 10 期。

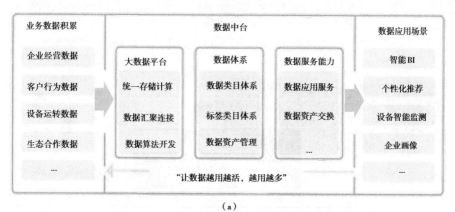

（a）

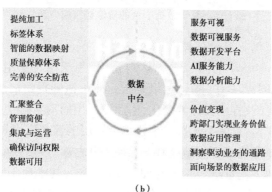

（b）

图6-4　数据中台的机制

以数据中台为企业线上线下物流价值链智能性内核的核心,通过把分散在物流信息系统中的数据整合在一起,形成业务数据化、数据资产化和资产价值化(李玮等,2020)[1]。如,根据某一个销售点销售数据变化的状况(业务数据化),分析和预测未来销量,进而分享到供应链上下游企业(数据资产化),从原材料的采购到工厂的生产,再到运输与仓储,对企业线上线下物流流程重组以实现供应链企业间的联动与协作(资产价值化)。这一过程中,数据中台支撑企业的线上线下物流价值链重组由"企业向消费者"的运营模式(B2C)转换为"消费者向企业"的运营模式(C2B),如图6-5所示。

---

[1]　李玮、熊文剑、刘鹏、朱志斌、赵永刚:《基于业务中台的信息化系统架构演进研究》,《电信工程技术与标准化》2020年第11期。

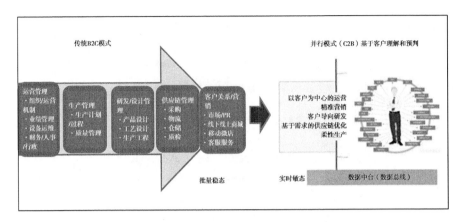

图6-5 基于数据中台的价值链重组内涵

（二）数字化物流价值链重组

重组（Reconstruction）可以分为产权重组、组织结构重组、管理重组等（芮明杰等，1999）[1]，其中，管理重组是指企业价值链重组活动涉及企业管理组织、管理责任及管理目标的变化，由此而产生的重新确立企业管理架构的一种重组形式，其目的是创造一个可持续发展的管理模式或机制，帮助企业在激烈的市场环境中更好地生存与发展（史志远，1998）[2]。企业线上线下物流价值链数字化重组即属于管理重组的范畴，其本质是数字化物流价值链重组，从企业物流链和供应链的角度来看，其重组方式主要分为水平数字化物流价值链重组和垂直数字化物流价值链重组两种。

1. 水平数字化物流价值链重组

对水平数字化物流价值链的优化，改变了企业中各环节的数字化物流投入比例，以及对部分环节进行了必要的精简或保留，因而必然要求对原有的企业线上线下物流流程进行重组。物流流程重组（Logistics Process Reconstruction）与前文提出的物流流程优化有所不同，物流流程优化侧重于对现有物流流程中的不合理物流环节或物流环节不合理排序进行改进，以确保物流功能水平的提升或物流成本的降低；而物流流程重组则侧重于对物流流程的整体进行重新设计和规划（许扬帆，2000）[3]。

2. 垂直数字化物流价值链重组

对垂直数字化物流价值链的优化，改变了企业供应链物流活动的价值

---

① 芮明杰，袁安照，潘科军：《企业管理重组论》，《中国经济问题》1999年第2期。

② 史志远：《企业重组中的管理重组》，《上海管理科学》1998年第4期。

③ 许扬帆：《物流信息化与物流流程重组》，《物流技术与应用》2000年第3期。

分配,因而必然要求企业原来构成的线上线下物流联盟进行重新组合,即物流联盟重组(Logistics Alliance Reconstruction)(田宇和朱道立,2000)[1]。物流联盟重组通过实体和虚拟组织体系的重组,将企业中的优势业务进行组合,促进企业之间形成更优的动态组织。

第二节　水平数字化物流价值链重组

水平数字化物流价值链重组主要针对企业内线上线下物流流程进行重组。

一、流程重组分析

企业线上线下物流流程重组不仅与流程本身有关系,还涉及人员、制度、支持保障,以及绩效测评等内容。企业线上线下物流流程重组需要考虑总体布局、实施者、负责人、支持体系和绩效测评五个方面,每个方面分别从战略层、策略层和作业层三个层面进行分析,如表6-1所示。

二、流程重组步骤

企业线上线下物流流程数字化重组主要经历以下步骤。

步骤1:制订流程重组计划。在最高层行政会议上对企业线上线下物流业务面临的现实和潜在的危机,以及线上线下物流流程数字化重组将带来的机遇作认真而明确的讨论,形成企业线上线下物流流程数字化重组计划。

步骤2:形成流程重组小组。在管理者达成共识的基础上,形成一个强有力的企业线上线下物流流程数字化重组领导小组,作出明确的分工。

步骤3:制订远景规划。确定企业线上线下物流流程数字化重组的目标,统一认识,并用以激励参与企业线上线下物流流程数字化重组的所有人员。

步骤4:流程重新设计。根据对企业现有线上线下物流流程的主要缺陷有了准确的理解之后,重新设计线上线下物流数字化流程。

步骤5:流程评估与试运行。新的线上线下物流数字化流程设计方案形成后,首先在小范围内进行试验运行和评估。通过发现运行中出现的问题,对新的流程方案进行再修改。

---

[1]　田宇、朱道立:《物流联盟形成机理研究》,《物流技术》2000年第2期。

表6-1　企业线上线下物流流程重组分析内容

企业线上线下物流流程重组		战略层	策略层	作业层
企业线上线下物流流程重组总体布局	目标	数字化物流价值的提升	企业线上线下物流流程整体进行重组 考虑与企业内其他流程和信息系统的匹配	考虑与客户/用户流程的匹配
	背景	对企业线上线下物流流程的输入、输出和客户/用户进行界定	了解客户/用户的需求并已达成共识 流程重组负责人与其他流程的衔接已成共识	企业线上线下物流流程组负责人与客户/用户衔接流程的负责人达成共识
	记录	企业线上线下物流流程重组绩效变化	流程重组全程记录 描述企业线上线下物流流程与其他流程的衔接状况	为环境变化和企业线上线下物流流程重组的分析提供依据
企业线上线下物流流程重组实施者	知识	指出企业线上线下物流流程绩效的关键衡量指标	描述企业线上线下物流流程的整个运行过程 熟悉企业线上线下物流业务概念和企业绩效的动因	熟悉企业所处的行业及其发展趋势,能够描述他们的工作如何影响跨流程重组绩效
	技能	具有运用解决问题和改进企业线上线下物流流程的方法	善于团队合作和自我管理 善于制定企业线上线下物流业务决策	管理和实施变革
	行为	实施者对企业线上线下物流流程重组负责	遵循流程重组方案,正确执行流程 确保企业线上线下物流流程产生预期结果,帮助企业实现目标	查找企业线上线下物流流程中出现的问题苗头,并提出流程改进方案

续表

企业线上线下物流流程重组		战略层	策略层	作业层
	身份	负责人是企业最高决策层的成员	设立正式的企业线上线下物流流程重组领导者担任；在时间分配、精力投入和个人目标上优先考虑流程	企业线上线下物流流程重组负责人以非正式的方式影响个人或群体
企业线上线下物流流程重组负责人	活动	企业线上线下物流流程重组能够界定记录流程并实施变革，并发起变革	推动企业线上线下物流流程重组活动，制订实施计划，确保流程按设计执行和其他流程负责人合作，整合所有流程，以实现企业目标	企业线上线下物流流程重组负责人为流程制订战略规划，并与客户/用户的流程负责人合作，发起跨企业间的流程重组活动
	权力	企业线上线下物流流程负责人强力推动部门间进行流程变革	组建一家企业线上线下物流流程重组小组并实施新的流程设计控制支持企业线上线下物流流程的信息系统以及任何会改变流程的项目	流程重组负责人控制流程预算并对人事任命和人员评估有很大的影响力
企业线上线下物流流程重组支持体系	信息系统	支持企业线上线下物流流程重组采用模块化架构，符合跨企业沟通的行业标准	构建基于各部门信息系统的整合体系，以支持流程运行	由信息系统支持流程运行
	人力资源	注重强化企业内部和跨企业的合作、个人学习和组织变革的重要性	企业线上线下物流流程重组决定了职责范围，工作描述和能力要求招聘、培养、奖励和认可制度都基于企业线上线下物流流程的需求和结果	对于流程重组中的行为进行激励

企业线上线下物流流程重组		战略层	策略层	作业层
企业线上线下物流流程重组绩效评测	定义	企业线上线下物流流程重组基本的成本和质量衡量指标	根据客户/用户要求，为整个流程以及跨流程制定衡量指标	根据跨企业流程目标来制定流程的衡量指标
	使用	利用企业线上线下物流流程重组衡量指标跟踪流程重组绩效	利用企业线上线下物流流程衡量指标对流程进行控制利用指标来引导和激励流程执行者，和流程的日常管理	定期评估和更新流程衡量指标和目标，并用于战略规划

步骤6:实施新的物流流程。经过反复的"修改—试验—修改"的过程,新的企业线上线下物流数字化流程逐渐趋于完善和合理,逐步实施新的流程。

步骤7:流程重组范围扩大。当小范围内的实施取得成效之后,将新的企业线上线下物流数字化流程应用范围扩大到整个企业的范围,并逐步使之制度化。

步骤8:流程重组实现。经历了以上步骤后,企业线上线下物流流程数字化重组小组开始对其他的传统流程进行研究,以完成全面意义上的流程数字化重组。

企业线上线下物流流程数字化重组的步骤如图6-6所示。

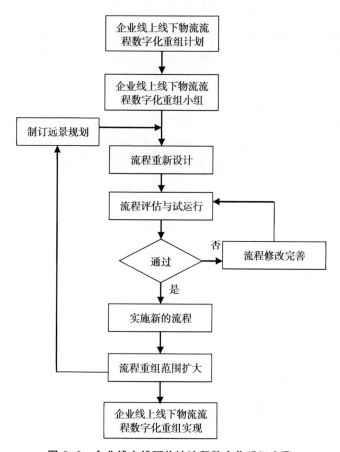

图6-6　企业线上线下物流流程数字化重组步骤

第三节　垂直数字化物流价值链重组

垂直数字化物流价值链重组主要针对企业间线上线下物流联盟进行重组。

一、物流联盟形式

（一）实体物流价值链联盟

实体物流价值链联盟主要有策略联盟（物流外包）、战略联盟和动态联盟等动态实体组织形式。

1. 策略联盟（物流外包）

利用企业内部闲置的线上线下物流资源,作为企业内部的核心竞争力,对其他缺少线上线下物流资源和资质的企业进行外包,是建立在合同授权或契约关系基础之上的物流策略联盟合作关系（韩立清,2003）[①]。

2. 战略联盟

针对企业内部之间和企业外部之间长期的合作关系,建立起企业线上线下物流战略联盟（Strategic Alliance）关系,强调企业之间的长期合作,着眼于企业未来战略目标的实现和可持续竞争优势的获取（王燕,2003）[②]。

3. 动态联盟

利用动态联盟（Dynamic Alliance）把企业内部或外部不同流程阶段的线上线下物流作业、市场营销和优势资源整合组成一个阶段性的联盟体,以迅速实现满足市场需求、应对市场挑战和联合参与竞争（温志桃等,2007）[③]。

（二）虚拟物流价值链联盟

虚拟物流价值链联盟主要有虚拟企业形式。虚拟企业（Virtual Enterprises）是由两个或两个以上的成员企业组成的一种有时限的、非固定化的、相互合作的动态虚拟组织（邵海静,2017）[④],其以较少的投入、较快的反应速度对市场机遇作出快速反应。

---

① 韩立清:《外包、供应链集成与第四方物流》,《数量经济技术经济研究》2003 年第 7 期。
② 王燕:《战略联盟:提升物流企业竞争优势的有效途径》,《中国流通经济》2003 年第 8 期。
③ 温志桃、董雄报:《基于项目管理的动态物流联盟构建研究》,《管理科学文摘》2007 年第 9 期。
④ 邵海静:《虚拟企业网络演化及其成员组之间知识转移机理的研究》,新华出版社 2017 年版,第 89 页。

1. 联盟组织特点

基于企业线上线下物流业务形成的虚拟企业作为一种无边界的虚拟物流价值链联盟组织形式(见图6-7),具有随机性和随时性,是一种动态的有自适应能力的组织。它的基础是企业的虚拟物流价值链网络,这种网络是一个边界极易变动的松散组织,其成员根据协议或合同连接在一起,以不同的形式再生和联动,用其高度的柔性和灵活性的优势来实现企业目标。

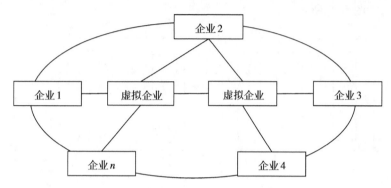

图6-7 虚拟物流价值链联盟组织形式

2. 联盟组织体系

基于企业线上线下物流业务形成的虚拟物流价值链联盟一般可以采取两层组织体系,分别由核心层和松散层构成(见图6-8)。核心层的企业是相对稳定的,其利益共享、风险共担,联系较为密切,一般结成战略联盟的关系;松散层的企业是动态变化的,与核心企业往往形成业务外包关系,一般结成策略联盟的关系。

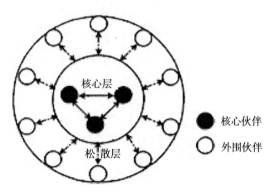

图6-8 虚拟物流价值链联盟组织体系

3. 联盟组织结构

基于企业线上线下物流业务形成的虚拟物流价值链联盟组织结构由两层构成,在战略层面上由核心团队和联盟委员会(Alliance Steering Committee,ASC)构成,负责联盟内部的协调工作;在策略层面的非核心团队成员按照工作任务分解(Work Breakdown Structure,WBS)建立面向企业线上线下物流流程的集成工作团队(Integrated Product-development Team, IPT),如图6-9所示。

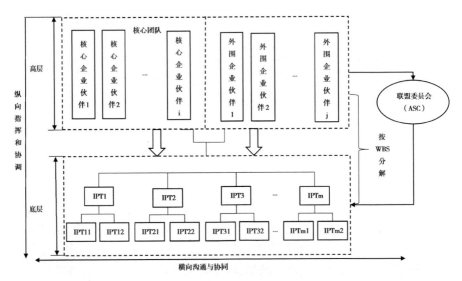

图6-9 虚拟物流价值链联盟组织结构

二、物流联盟形成

企业基于线上线下物流业务形成实体或虚拟物流价值链联盟的过程中,如何合理分配联盟取得的收益成为首先需要解决的问题(田宇和朱道立,1999)①。为此,运用合作博弈的理论与方法,通过分析由第四方物流企业主导的垂直数字化物流价值链中第四方物流企业与第三方物流企业,以及第三方物流企业之间的收益分配比例,建立一种收益分配博弈模型,以此作为数字化物流价值链联盟形成的基础。

(一)问题描述

假设市场上有3个第三方物流企业A、B、C,他们提供同一类数字化物

---

① 田宇、朱道立:《物流联盟与合作博弈》,《物流科技》1999年第4期。

流服务 1,第四方物流企业 D 购入 1 单位数字化物流服务 1,经过整合得到 1 单位数字化物流服务 2。博弈参与方为 $N=\{A,B,C,D\}$,设特征函数为 LR。数字化物流服务 1 的价格为 p_1,数字化物流服务 2 的价格为 p_2。A、B、C 分别能提供数字化物流服务 1 的数量为 a、b、c,不妨令 $a\geq b\geq c\geq 0$。第四方物流企业 D 对数字化物流服务 1 的最大需求量为 d_{max}。数字化物流服务 1 的成本为 c_1,D 的整合成本为 c_2。合作情况下,供求双方以最大化利润为目标。同时,垂直数字化物流价值链上下游企业间的合作还会带来诸如成本降低等额外收益,它由双方合作的密切程度、合作范围的大小、合作业务量等因素决定,假设额外收益是合作业务量的正比例函数,比例系数为 f, $f>0$。

设数字化物流服务 1 的需求函数是价格的线性函数,即:

$$d=d_{max}-k(p-p_{min}) \tag{6-1}$$

在完全信息下,$p_{min}=c_1$,即第三方物流企业愿意提供该种数字化物流服务的最低价格等于其成本。同样,设供应函数也是价格的线性函数:

$$s=k'(p_1-c_1) \tag{6-2}$$

上述两式中 k、k' 均为常数。为了便于分析,对物流市场作以下假定:

假设 6-1 数字化物流服务的供应量大于需求量,即买方市场。

假设 6-2 没有一个第三方物流企业能独立满足第四方物流企业的需求,垂直数字化物流价值链中第四方物流企业是主导企业(即核心企业)。

假设 6-3 缺少一个第三方物流企业时,剩余的第三方物流企业提供的数字化物流服务仍可以满足第四方物流企业的需求。单个第三方物流企业对数字化物流服务 1 的价格没有控制力,要想与第四方物流企业讨价还价必须结成联盟。

(二)模型建立

合作博弈的关键问题之一是参与方之间的收益如何分配,根据 Shapley 值的结果,要求得博弈的均衡解,首先必须确定各种联盟状态下的收益函数,也就是博弈的特征函数,这一过程也是数字化物流价值链联盟形成博弈模型的建立过程。为此,构建各种联盟状态下的收益函数。

1. 不结盟状态

由于买方垄断,只能被动接受第四方物流企业的价格,第四方物流企业则会按照自己利润最大化的原则确定数字化物流服务 1 的购买数量和价格。因而,第四方物流企业会尽量压低购买价格,$p_1=p_{min}=c_1$。此时,第三方物流企业收益趋于零 $LR(A)=LR(B)=LR(C)=0$,第四方物流企业获得垄断收益 $LR(D)=(p_2-c_2-c_1)d_{max}$。

2. 第三方物流企业结盟状态

(1)部分第三方物流企业结盟

此时,联盟不具备与第四方物流企业讨价还价的足够实力,但可以对第四方物流企业施加一定的压力。假设第三方物流企业 A、B 结盟,此时他们愿意提供的数字化物流服务数量为:

$$s = k'(p_1 - c_1), s \leq d_{max} - c \tag{6-3}$$

市场需求函数为:

$$d = d_{max} - c - k(p_1 - c_1) \tag{6-4}$$

此时,数字化物流服务 1 的均衡方程为 $d = s$,化简求得均衡价格和数量为:

$$p_1 = k'c_1 + kc_1 + d_{max} - c/(k + k') \tag{6-5}$$

$$s = d = k'(d_{max} - c)/(k + k') \tag{6-6}$$

对应的联盟收益为 $LR(A, B) = s(p_1 - c_1) = k'(d_{max} - c)^2/(k + k')^2$。

同理,可得到第三方物流企业 A、C 结盟时联盟收益 $LR(A, C) = k'(d_{max} - b)^2/(k + k')^2$,第三方物流企业 B、C 结盟时联盟收益 $LR(B, C) = k'(d_{max} - a)^2/(k + k')^2$。

(2)所有第三方物流企业结盟

此时就变成了一个第三方物流企业和一个第四方物流企业之间的讨价还价问题。此时供求方程分别为:

$$s = k'(p_1 - c_1), s \leq d_{max} \tag{6-7}$$

$$d = d_{max} - k(p_1 - c_1) \tag{6-8}$$

计算得到均衡价格和均衡数量:

$$p_1 = (d_{max} + kc_1 + k'c_1)/(k + k') \tag{6-9}$$

$$s = d = k'd_{max}/(k + k') \tag{6-10}$$

联盟的收益为 $LR(A, B, C) = k'(d_{max})^2/(k + k')^2$。

3. 部分第三方物流企业与第四方物流企业结盟

(1)单个第三方物流企业与第四方物流企业结盟

令 A 与 D 结盟,由于 B、C 是否结盟不能确定,而他们的结盟情况会直接影响联盟 $\{A, D\}$ 的收益。这里假设 B、C 结盟与不结盟的概率分布为 $(0.5, 0.5)$,并以此概率分布下联盟 $\{A, D\}$ 的收益的期望作为其收益。其他第三方物流企业也采取类似的处理方法。

若 B、C 不结盟,则联盟 $\{A, D\}$ 垄断数字化物流服务 1 的购买市场,联盟收益为 $LR(A, D) = d_{max}(p_2 - c_1 - c_2) + fa$;

若 B、C 结盟,则联盟 $\{A, D\}$ 和 $\{B, C\}$ 之间可以讨价还价,数字化物流服务 1 的均衡价格和均衡数量分别为：

$$p_1 = (k^{'}c_1 + kc_1 + d_{max} - a)/(k + k^{'}) \tag{6-11}$$

$$s = d = k^{'}(d_{max} - a)/(k + k^{'}) \tag{6-12}$$

联盟 $\{A, D\}$ 收益为 $LR(A, D) = \dfrac{k^{'}(d_{max} - a)}{k + k^{'}}(p_2 - \dfrac{k^{'}c_1 + kc_1 + d_{max} - a}{k + k^{'}} - c_2) + (p_2 - c_2 - c_1)a + fa$。

同样，B、C 分别与 D 结盟的联盟收益为：

A 与 C 不结盟时 $LR(B, D) = d_{max}(p_2 - c_1 - c_2) + f_b$；$A$ 与 C 结盟时 $LR(B, D) = \dfrac{k^{'}(d_{max} - b)}{k + k^{'}}(p_2 - \dfrac{k^{'}c_1 + kc_1 + d_{max} - b}{k + k^{'}} - c_2) + (p_2 - c_2 - c_1)b + fb$。

A 与 B 不结盟时 $LR(C, D) = d_{max}(p_2 - c_1 - c_2) + fc$；$A$ 与 B 结盟时 $LR(C, D) = d_{max}(p_2 - c_1 - c_2) + fc$。

（2）两个供应商与 D 结盟

假设 A、B 与 D 结盟，则联盟的收益为 $LR(A, B, D) = d_{max}(p_2 - c_1 - c_2) + fd_{max}$。

同样，可求得 B、C、D 结盟和 A、C、D 结盟时联盟分别收益为 $LR(B, C, D) = d_{max}(p_2 - c_1 - c_2) + fd_{max}$，$LR(A, C, D) = d_{max}(p_2 - c_1 - c_2) + fd_{max}$。

4. 所有成员企业结盟

所有成员企业结盟时，联盟总收益为 $LR(A, B, C, D) = d_{max}(p_2 - c_1 - c_2) + fd_{max}$。

（三）均衡解收益分配方案

令 $\psi(LR) = (\varphi_1(LR), \varphi_2(LR), \cdots, \varphi_n(LR))$ 为合作博弈的 Shapley 值，每个参与方的收益即 Shapley 指数由下式给出：

$$\psi_1(LR) = \sum_{S \subseteq T} Y_n(S)[LR(S) - LR(S - \{i\})], i \in U \tag{6-13}$$

式（6-13）中，$Y_n(S) = [(s - 1)!(n - s)!]/n!$，$U$ 为博弈所有参与方的组成集合，N 是任意有限载体，$|S| = s$，$|N| = n$。

联盟形成的博弈参与方 $n = 4$，设 Shapley 值为 $\psi(LR) = (\varphi_1[LR], \varphi_2[LR], \varphi_3[LR], \varphi_4[LR])$，以 A 作为关键参与方的联盟有：$\{A, B\}$，$\{A, C\}$，$\{A, D\}$，$\{A, B, C\}$，$\{A, B, D\}$，$\{A, C, D\}$，$\{A, B, C, D\}$。代入上述收益函数，可以得到 $\varphi_1[LR]$，同样的方法可以求出 $\varphi_2[LR]$、$\varphi_3[LR]$、$\varphi_4[LR]$，从而得到一个最优分配结构。此时，各个第三方物流企业获得收益分配比例为：$\varphi_1[LR] : \varphi_2[LR] : \varphi_3[LR]$。数字化物流服务 1 的总交易量为 d_{max}，交易价格为：$p_1 = (\varphi_1[LR] + \varphi_2[LR] + \varphi_3[LR])/d_{max} + c_1$。

　　对"互联网+物流"价值链进行组构,最后进行线上线下物流价值链重组。企业线上线下物流价值链是由相互有联系的一系列价值活动构成,其中的联系反映了实体物流价值链与虚拟物流价值链的融合。在企业线上线下物流智能性内核的支撑下,实体物流价值链与虚拟物流价值链可基于企业的物流信息系统进行融合,数字化平台则是为企业提供数字能力、应对不确定性的核心,是实现由信息治理向数据治理转变的重要载体。基于数据治理的数据中台将企业线上线下物流业务前台和后台的信息进行整合重组,为企业的线上线下物流价值链重组提供支撑。企业线上线下物流价值链重组即属于管理重组的范畴,其重组方式主要有水平数字化物流价值链重组和垂直数字化物流价值链重组。水平数字化物流价值链重组主要为企业线上线下物流流程重组,从总体布局、实施者、负责人、支持体系和绩效测评五个方面,分别从战略层、策略层和作业层三个层面进行,其步骤为:制订流程重组计划,形成流程重组小组,制订远景规划,流程重新设计,流程评估与试运行,实施新的流程,流程重组范围扩大和流程重组实现。垂直数字化物流价值链重组的核心是企业线上线下物流联盟重组,其中实体物流价值链联盟有策略联盟(物流外包)、战略联盟和动态联盟等实体组织形式;虚拟物流价值链联盟主要有虚拟企业形式。企业基于线上线下物流业务形成实体或虚拟物流价值链联盟的过程中,如何合理分配联盟取得的收益成为首先需要解决的问题。为此,运用合作博弈的理论与方法,通过分析由第四方物流企业主导的垂直数字化物流价值链中第四方物流企业与第三方物流企业,以及第三方物流企业之间的收益分配比例,建立一种收益分配博弈模型,以此作为数字化物流价值链联盟形成的基础。

第七章 案例研究:企业 B 物流 数字化转型路径分析

结合第四章线上线下物流价值链数字化分析、第五章线上线下物流价值链数字化优化和第六章线上线下物流价值链数字化重组,本章对企业 B 物流数字化转型路径分析进行案例研究(本案例经团队成员实地调研以及和企业 B 的管理层进行深度访谈获得一手资料,为避免引起商业秘密泄露,案例中的数据在不影响研究逻辑的前提下进行了修饰性处理)。

第一节 企业 B 数字化物流价值链分析

企业 B 的主营业务为面向 C 端的配送(线上线下物流为主)和面向 B 端的合同物流(线下物流为主),近年来,企业 B 的"互联网+物流"业务发展迅速,同时也在积极推动其线上线下物流向数字化转型发展。

一、价值链分析模型构建

结合线上线下物流价值链分析模型,首先进行企业 B 的配送价值链分析和合同物流价值链分析。

(一) 企业 B 配送价值链分析

由于企业 B 的配送业务主要面向 C 端,其核心竞争力是能够实施"客户/用户价值战略"。客户/用户价值战略是一种价值创造活动,它不是通过单纯提高服务功能或服务质量的技术竞争力,而是通过为客户/用户创造更多价值来获取企业的整体竞争力。企业 B 的配送价值链环节如图 7-1 所示。

企业 B 的配送价值链中,"收件—支线运输—分拣—干线运输—分拣—支线运输—派件"环节存在不同程度的价值增值,为此,构建企业 B 的配送价值链分析模型,如图 7-2 所示。

1. 基本活动

(1)收件

收件是企业 B 配送人员从客户/用户手中取走快件并通过干线运输送到收件地配送中心的过程。收件主要包括预约取件、收件准备、接收取件信

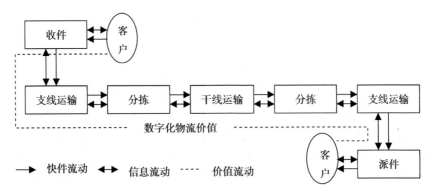

图 7-1　企业 B 的配送价值链

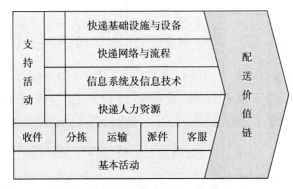

图 7-2　企业 B 配送价值链分析

息、验视快件、单据填写和快件包装等方面。收件过程中还涉及客户/用户的咨询。

（2）分拣

快件收取后会进入企业 B 收件地配送中心中转分拣，经过支线运输达到派件地后还需要在派件地配送中心再次中转分拣。分拣主要包括快件入仓、分拨、出仓、留仓件处理及快件操作信息上传等方面。分拣作为企业 B 运营中要求最高的环节，是快件快速而准确地传递的保证。

（3）运输

运输过程包括企业 B 收件后到收件地配送中心的支线运输、收件地配送中心到派件地配送中心的干线运输以及派件地配送中心到客户/用户的支线运输。运输是占快递成本最高的环节，也是配送中最重要的作业活动。

（4）派件

派件是企业 B 快递人员将快件从派件地配送中心送达客户/用户手中的过程。作为配送服务流程中的最后环节,派件是配送服务质量的重要体现。派件包括与客户/用户的信息沟通、客户/用户咨询等方面。

（5）客服

客户服务是企业 B 配送服务的延续,是保持或提高客户/用户可察觉收益的活动。包括接受客户/用户的咨询、查询、投诉以及定制化服务等。客户服务是衡量客户/用户满意度,对客户/用户满意度进行追踪调查和评估,及持续改善服务的关键。

2. 辅助活动

（1）配送基础设施与设备

包括企业 B 的组织机构、快递网点选址、分拣设备、运输工具等。配送基础设施条件与设备能力是快递效率的重要保障。

（2）配送人力资源

包括企业 B 人力资源计划、岗位人员配置、人员招聘、人员培训、绩效考核、薪酬制度等。配送人力资源是配送服务水平的重要保障。

（3）信息系统及信息技术

包括企业 B 的条形码系统、销售时点（POS）系统、数据库管理、呼叫中心等。信息系统及信息技术是配送流程顺畅的重要保障。

（4）配送网络及配送流程

包括企业 B 配送节点的合理布局,快件在寄送人和收件人之间的合理流动等。配送网络和配送流程互为作用,是配送成本和配送速度的重要影响因素。

（二）企业 B 合同物流价值链分析

企业 B 合同物流业务涉及市场、运营、财务三个部门,市场部开拓市场,运营部负责物品的运输及仓储,财务部负责与客户企业及外协单位的结算。企业 B 合同物流价值链如图 7-3 所示。

企业 B 的合同物流价值链中市场业务、仓储业务、结算业务环节存在不同程度的价值增值,为此,构建企业 B 的合同物流价值链分析模型,如图 7-4 所示。

1. 基本活动

企业 B 市场部负责合同物流业务的开发与拓展,运营部负责客户企业的合同物流业务运营,财务部负责业务运营费用结算,三个部门的主要活动构成了企业 B 合同物流价值链的基本活动。

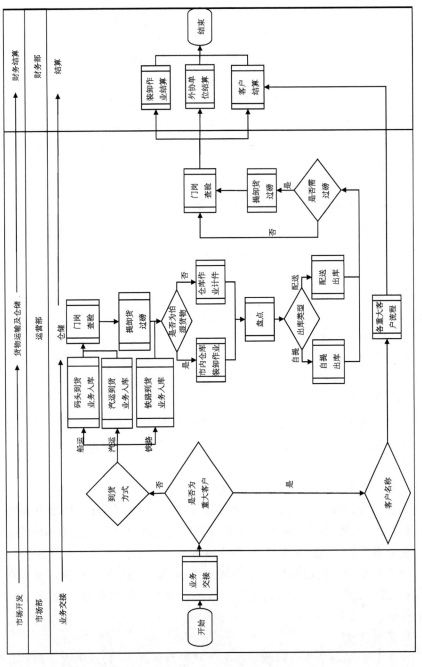

图7-3　企业B的合同物流价值链

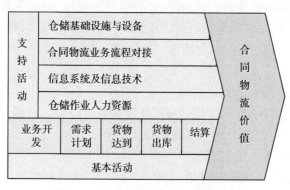

图 7-4 企业 B 合同物流价值链分析

(1)业务开发与拓展

包括完成客户企业开发及物流合同签署、合同物流风险控制分析、企业 B 与客户企业之间的物流业务交接等。

(2)需求计划

主要分为合同物流数据收集整理、生成客户企业物流需求计划、执行合同物流反馈三个阶段循环进行。在合同物流数据收集整理阶段,根据客户企业的物流实施情况收集最近 30 天的历史数据及合同要求,生成下个月的物流需求预测方案。如果该客户企业是新开发的,则用相关行业已有客户企业的合同物流数据进行预测。

(3)货物到达

当客户企业下达送货物流需求订单给企业 B 时,运营部根据客户企业提供的信息和需求,结合企业 B 的信息系统形成物流运营预报。货物到达企业 B 的仓储中心,需过磅货物,由门岗对过磅车辆进行拍照,并将过磅数据录入仓储管理系统(WMS)。过磅后安排卸货入库和登记台账,仓储管理员根据货物规格数量及相对应的客户企业信息进行验收,在仓储管理系统中录入数据。

(4)货物出库

当客户企业下达提货物流需求订单给企业 B 时,运营部根据客户企业提供的信息和需求,车辆到达核对无误后需过磅的进行空车过磅,仓储管理员在货现场安排装货。根据实际作业情况,仓储中心打印出库单,门岗对货物进行查验和对过磅车辆进行拍照,并将过磅数据录入仓储管理系统。

(5)结算

企业 B 的内部结算,根据实际作业情况,对运输、存储、装卸搬运等作业费用进行结算;企业 B 的外协单位结算,外协运输车队、装卸单位费用在每月合同约定的结算周期前进行结算;企业 B 的客户结算,根据合同约定、不同的客户以及业务类型,凭借客户签收单据进行结算。

2.辅助活动

(1)仓储基础设施与设备

包括企业 B 的仓库、货场、地磅、装卸搬运设备等。仓储基础设施条件与设备能力是企业 B 合同物流效率的重要保障。

(2)仓储作业人力资源

包括企业 B 人力资源计划、岗位人员配置、人员招聘、人员培训、绩效考核、薪酬制度等。仓储作业人力资源是企业 B 合同物流服务水平的重要保障。

(3)信息系统及信息技术

包括企业 B 的仓储管理系统、数据库管理、呼叫中心等。物流信息系统及信息技术是合同物流业务流程顺畅的重要保障。

(4)合同物流业务流程对接

企业 B 的物流流程与客户企业的物流流程对接,是货物在企业 B 和客户企业之间的高效流动,是物流成本和物流速度的重要影响因素。

二、数字化物流价值链分析

为了方便客户企业随时进行咨询和投诉,企业 B 建立了呼叫中心系统。呼叫中心系统通过对各类咨询和投诉进行归类、分析、处理,并制定有针对性的防范措施以避免同类投诉事件重复发生。以企业 B 的某呼叫中心为例,某月不同时段(08:00—12:00)的呼叫数量统计如表 7-1 所示。

表 7-1　企业 B 呼叫中心某月呼叫数量统计

时间段	呼叫类型	呼叫次数 (平均每天)	平均处理 时间(秒)
08:00—08:30	新客户需求	1230	77
	潜在客户业务咨询	375	100
	老客户需求与查询	2603	21
	客户催派/催收	350	48
	客户投诉	9	116

续表

时间段	呼叫类型	呼叫次数 (平均每天)	平均处理 时间(秒)
08:30—09:00	新客户需求	1726	106
	潜在客户业务咨询	673	68
	老客户需求与查询	2501	26
	客户催派/催收	619	48
	客户投诉	26	96
09:00—09:30	新客户需求	1140	119
	潜在客户业务咨询	589	59
	老客户需求与查询	2251	26
	客户催派/催收	956	51
	客户投诉	34	99
09:30—10:00	新客户需求	1337	120
	潜在客户业务咨询	823	76
	老客户需求与查询	2551	23
	客户催派/催收	487	46
	客户投诉	6	88
10:00—10:30	新客户需求	1162	103
	潜在客户业务咨询	660	67
	老客户需求与查询	2278	25
	客户催派/催收	131	58
	客户投诉	12	91
10:30—11:00	新客户需求	1326	93
	潜在客户业务咨询	598	60
	老客户需求与查询	1916	38
	客户催派/催收	144	59
	客户投诉	22	95
11:00—11:30	新客户需求	733	117
	潜在客户业务咨询	132	47
	老客户需求与查询	1557	24
	客户催派/催收	310	72
	客户投诉	4	107

时间段	呼叫类型	呼叫次数 （平均每天）	平均处理 时间（秒）
11:31—12:00	新客户需求	695	115
	潜在客户业务咨询	191	20
	老客户需求与查询	1550	27
	客户催派/催收	404	57
	客户投诉	12	91

资料来源:笔者根据企业 B 调研数据整理。

　　针对企业 B 配送业务的呼叫中心大数据分析表明,"新客户发件需求"和"老客户发件需求与查询"两个方面是客户服务中的关键环节,构建企业 B 数字化配送价值链分析模型,如图 7-5 所示。

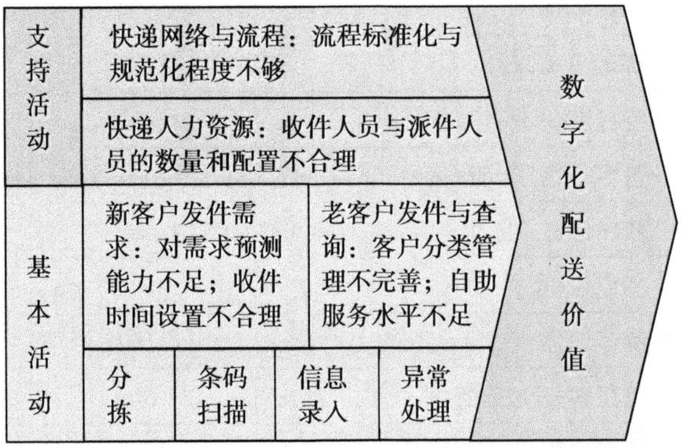

图 7-5　企业 B 数字化配送价值链分析模型

　　针对企业 B 合同物流业务的呼叫中心大数据分析表明,"新客户流程对接需求"和"老客户仓储需求与查询"两个方面是客户服务中的关键环节,构建企业 B 数字化合同物流价值链分析模型,如图 7-6 所示。

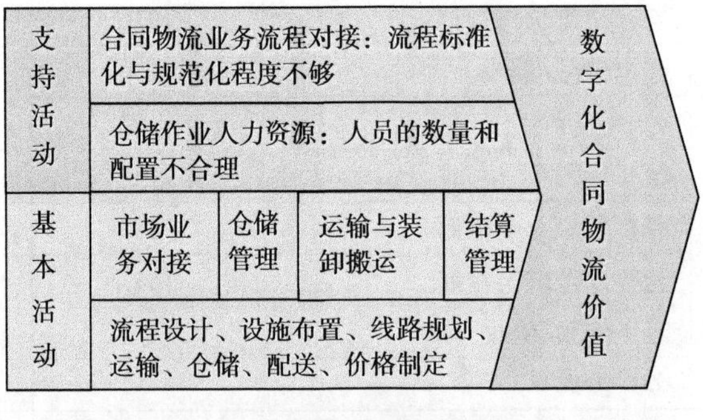

图 7-6　企业 B 数字化合同物流价值链分析模型

第二节 企业 B 数字化物流价值链优化

结合线上线下物流价值链优化模型,对企业 B 的配送业务和合同物流业务分别进行数字化物流价值链优化。

一、数字化物流投入优化

（一）企业 B 的配送业务数字化投入优化

根据企业 B 数字化配送价值链分析模型,对企业 B 配送业务中的分拣、条码扫描、信息录入、异常处理等环节的数字化物流投入进行优化。

1. 数字化物流功能值专家打分

6 名专家分别对企业 B 配送业务 4 个环节的功能值打分,得到表 7-2。

表 7-2 企业 B 配送环节功能值专家打分表

	分拣	条码扫描	信息录入	异常处理
专家 1	5	2	5	3
专家 2	4	1	5	2
专家 3	5	2	4	3
专家 4	5	3	3	3
专家 5	4	3	5	1
专家 6	4	3	4	3

2. 确定数字化物流功能权重

对表 7-2 中 6 名专家的打分值进行标准化处理,得到:

$$R = \begin{bmatrix} 1.0 & 0.5 & 1.0 & 1.0 \\ 0.0 & 0.0 & 1.0 & 0.5 \\ 1.0 & 0.5 & 0.5 & 1.0 \\ 1.0 & 1.0 & 0.0 & 1.0 \\ 0.0 & 1.0 & 1.0 & 0.0 \\ 0.0 & 1.0 & 0.5 & 1.0 \end{bmatrix}$$

根据 $f_{ij} = \dfrac{r'_{ij}}{\sum\limits_{j=1}^{6} r'_{ij}}$,得到:

$$f = \begin{bmatrix} 0.29 & 0.14 & 0.29 & 0.29 \\ 0.00 & 0.00 & 0.67 & 0.33 \\ 0.33 & 0.17 & 0.17 & 0.33 \\ 0.33 & 0.33 & 0.00 & 0.33 \\ 0.00 & 0.50 & 0.50 & 0.00 \\ 0.00 & 0.40 & 0.20 & 0.40 \end{bmatrix}$$

结合第四章中数字化物流功能分析部分式(4-8)和式(4-9)进而得到
$K = 1/\ln 4 = 0.721$；$H_1 = 0.975$；$w_1 = 0.016$；$H_2 = 0.457$；$w_2 = 0.349$；
$H_3 = 0.962$；$w_3 = 0.024$；$H_4 = 0.791$；$w_4 = 0.134$；$H_5 = 0.500$；$w_5 = 0.322$；
$H_6 = 0.761$；$w_6 = 0.154$。

得到 6 个权重值依次为 0.016、0.349、0.024、0.134、0.322、0.154。

3. 确定数字化物流功能系数

用各个专家的权重与其所打分数的加权平均作为企业 B 配送业务各环节的功能权重,结合式(4-10)得到 4 个环节的数字化物流功能系数如下：

$$DLFI_1 = 4.170/12.982 = 0.321; DLFI_2 = 2.259/12.982 = 0.174$$
$$DLFI_3 = 4.549/12.982 = 0.350; DLFI_4 = 2.004/12.982 = 0.154$$

比较这 4 个数字化物流功能系数表明,分拣与信息录入这两个环节对企业 B 配送业务活动的影响程度最大,条码扫描与异常处理这两个环节对企业 B 配送业务活动的影响程度则相对较小。

4. 确定数字化物流成本系数

结合式(4-13),企业 B 配送业务 4 个环节的数字化物流成本及成本系数 $DLCI$ 见表 7-3。

表 7-3　企业 B 配送环节数字化物流成本与成本系数

物流环节	数字化物流成本/元	数字化物流成本系数 $DLCI$
分拣	1781.2	0.372
条码扫描	797.5	0.167
信息录入	1324.7	0.297
异常处理	880.0	0.184
合计	4783.4	1.020

资料来源:笔者根据企业 B 调研数据整理。

5. 确定数字化物流价值系数

结合式(4-15),各环节数字化的数字化物流价值系数 $DLVI$ 计算结果见表 7-4。

表 7-4　企业 B 配送环节数字化物流价值系数

环节	数字化物流功能系数 *DLFI*	数字化物流成本系数 *DLCI*	数字化物流价值系数 *DLVI*
分拣	0.321	0.372	0.862
条码扫描	0.174	0.167	1.042
信息录入	0.350	0.297	1.178
异常处理	0.154	0.184	0.837

资料来源:笔者根据企业 B 调研数据整理。

根据表 7-4,条码扫描和信息录入这两个环节的数字化物流价值系数 *DLVI*>1,是保证企业 B 配送业务竞争优势的环节;而分拣和异常处理这两个环节的数字化物流价值系数 *DLVI*<1,说明该环节的功能与成本之间存在不匹配,需要进行改进。

6. 数字化物流投入优化

企业 B 在配送业务中投入数字化物流设备,通过引进智能化分拣系统,以提升数字化物流价值系数 *DLVI*<1 的分拣和异常处理环节的价值。

(1)设备采购费用

企业 B 引进的智能化分拣系统包括智能分拣机和智能叉车,其中,智能分拣机选择交叉带式高速包裹分拣机设备,适合不同类型物件,分拣效率可达 15000 件/小时,供包机效率≥2000 件/小时,条形码拒识率≤0.1%,整机运行噪声≤70 分贝,市场价格 2900000 元。在入库区和出库区各配备一辆智能叉车,平均单价为 200000 元/台。与智能叉车配合使用的托盘 20 个,单价为 40 元/个。

企业 B 的具体数字化物流投入(成本)的明细如表 7-5 所示。

表 7-5　企业 B 数字化物流投入(成本)测算

智能设备	数量	数字化物流投入(成本)(元)	维修费用(元)	使用年限(年)
交叉带式分拣机	1	2900000	10000	15
条码打印机	2	350×2 = 700	0	7
计算机	6	3000×6 = 18000	1000	7
输送带	8	500×8 = 4000	500	7
条码阅读器	3	360×3 = 1080	100	5

续表

智能设备	数量	数字化物流 投入（成本）（元）	维修费用 （元）	使用年限 （年）
智能叉车	5	200000×2＝400000	500	10
与智能叉车配合的托盘	20	40×20＝800	无	7
		合计：3324580	12100	合计：3336680
管理费用		60000		
操作费用		60000		
人工成本		80000		
改造费用		50000		
		合计：250000		
		总计：3586680		

资料来源：笔者根据企业 B 调研数据整理。

（2）功能区优化费用

由于企业 B 的配送业务通过在中转场大规模处理快件，因而在中转场设置了大客户处理区和特殊处理区，对原有中转场进行了变动，预计费用为50000 元。

（3）其他费用

包括管理费用、操作费用、人工成本等，约为 250000 元。

（4）投入分析。

企业 B 配送业务 5 年内现金流量如表 7-6 所示。

表 7-6　企业 B 配送业务现金流量表　　　　　（单位：元）

现金流量	期初	第 1 年	第 2 年	第 3 年	第 4 年	第 5 年
现金流出	3572800	212800	212800	212800	212800	212800
现金流入	0	2000000	3000000	4500000	6750000	10125000
净现金流量	−3572800	1787200	2787200	4287200	6537200	9912200
累计净现金流量	−3572800	−1785600	1001600	5288800	11826000	21738200

资料来源：笔者根据企业 B 调研数据整理。

投资净现值的表达式为：

$$NPV = \sum_{t=0}^{n} (CI - CO)_t (P/F, i_0, t)$$

式中,CI——现金流入,CO——现金流出,i_0——基准收益率(取 10%)。

代入相应数值,得到投资净现值为:

$$NPV = -3572800 + 1787200 \times 0.9091 + 2787200 \times 0.8264 + 4287200 \times 0.7513$$
$$+ 6537200 \times 0.6830 + 9912200 \times 0.6209 = 14195651.54$$

因投资净现值远大于 0,企业 B 的配送业务 5 年规划期内盈利能力好。

投资回收期:

回收期 = 累计净现金值出现正值年数-1+(未收回现金/当年现值)

$$T = 2 - 1 + 1785600/2787200 \approx 1.6 \text{ 年}$$

在 1.6 年后,企业 B 可在数字化物流投入(成本)不变的情况下提高配送效率(功能),实现企业 B 的数字化物流价值链优化。

(二) 企业 B 合同物流业务数字化投入优化

企业 B 为某汽车制造企业提供合同物流服务,包括流程设计、设施布置、线路规划、采购物流、零部件仓储等环节,如图 7-7 所示。

同样,通过对企业 B 合同物流业务中各环节数字化物流价值系数 $DLVI$ 的计算,$DLVI<1$ 的环节为零部件仓储、零部件配送、流程设计和整车配送客户企业;其他环节的 $DLVI \geq 1$。为此,需要围绕提升 $DLVI<1$ 环节的数字化物流价值对企业 B 合同物流业务数字化投入进行优化。

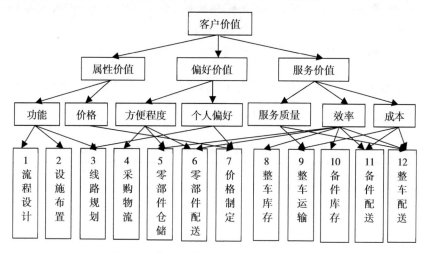

图 7-7　企业 B 合同物流价值链环节构成

1. 模型的建立

$T=5$(年),给定企业 B 合同物流价值链上每个环节第 0 年的数字化物流投入(成本)分摊值(元),以及 $\sum_{i=1}^{12} x_i^0 = 600$,$\sum_{i=1}^{12} x_i^1 = 8000$,$TC^5 = 18000$。

企业 B 合同物流业务数字化物流投入(成本)初始结构如表 7-7 所示。

表 7-7　企业 B 合同物流业务数字化物流投入(成本)初始结构

价值链环节	1	2	3	4	5	6	7	8	9	10	11	12
数字化物流价值系数	8.5	5.95	6.8	6.8	8.5	6.8	6.8	7.65	8.5	4.25	5.95	8.5
各环节价值活动成本分摊值(元)	600	600	1280	600	2600	2000	400	600	1300	1300	800	800

资料来源:笔者根据企业 B 调研数据整理。

则企业 B 合同物流数字化投入优化模型为:

$$\max f(X) = \max(8.5x_1^5 + 5.95x_2^5 + 6.8x_3^5 + 6.6x_4^5 + 8.5x_5^5 + 6.8x_6^5 + $$
$$6.8x_7^5 + 7.65x_8^5 + 8.5x_9^5 + 4.25x_{10}^5 + 5.95x_{11}^5 + 8.5x_{12}^5)$$

$$\text{s.t.} \sum_{i=1}^{12} x_1^5 \leq 16000$$

$$\sum_{i=1}^{12} x_i^5 \leq 18000$$

$$-x_i^5 \leq -x_i^0$$

$$x_i^5 \geq 0, i = 1, 2, \cdots, 12$$

经求解,得到各环节第 5 年的最优数字化物流投入(成本) x_i^5 及在最优数字化物流总投入(成本)中所占比例 $x_i^5 / \sum_{i=1}^{12} x_i^5$。企业 B 合同物流业务数字化物流投入(成本)最优结构见表 7-8。

表 7-8　企业 B 合同物流业务数字化物流投入(成本)最优结构

价值链环节	1	2	3	4	5	6	7	8	9	10	11	12
最优数字化物流投入(成本)(元)	1962.27	575	1255	575	3122.73	1975	375	575	1822.73	1275	775	1962.27
各环节成本占总成本比例(%)	12.08	3.54	7.72	3.54	19.22	12.15	2.31	3.54	11.22	7.85	4.77	12.08

将最优解代入目标函数,得到企业 B 合同物流最优数字化物流价值为 $\max f(X) = 121669$ 元,最优数字化物流总投入为 16250 元。

2. 结果分析

以"零部件仓储"这个数字化物流价值系数 $DLVI < 1$,且在数字化物流

总投入中所占比例的最大环节为例,经过对企业 B 在零部件仓储流程中的进一步深入调研发现,最耗时耗力的环节为仓储中心入库。企业 B 的门岗承担着车辆及人员进出场登记核验、货物核验称重的工作。这个岗位目前有 8 人,实行 4 班运转,人员进行 24 小时不间断作业。为此,企业 B 在仓储管理中可对仓储中心地磅系统进行数字化投入改进,主要为打造地磅全程无人值守模式,并结合智能门禁与自助终端服务,提升仓储作业效率。

(1)地磅数字化改进

通过对企业 B 的传统地磅进行数字化改造,各种物联网硬件与地磅直接互联互通,再在磅点设置中配置地磅通信参数,即可实现仓储管理系统直接获取地磅数据;同时在地磅上安装车牌识别光学字符识别(Optical Character Recognition,OCR)系统,自动记录车辆过磅流水单据。在车辆过磅称重的整个流程中能够做到自动控制、指挥、判断、称重,数据自动采集、处理、上传,提高称重作业的数字化程度,如图 7-8 所示。

图 7-8　企业 B 的仓储管理数字化投入

(2)门禁数字化改进

企业 B 仓储中心门禁采用高清摄像头拍摄车辆,利用图像识别技术智能识别车牌号等车辆信息,与业务单据相结合判断该车出入园区是否有业务指令、是否完成业务操作等,在符合业务单据条件情况下可自动抬杠,系统根据光学字符识别系统识别到的信息,自动生成车辆的出入企业 B 仓储中心流水报表。

(3)终端服务数字化改进

企业 B 自助终端服务系统是利用提前预录单据后,外协单位司机在终端机通过刷身份证方式,可直接在终端打印机上自动打印入库单、发货单、磅单等。一台车及货物进入企业 B 仓储中心的称重查验时间可从原来的

10 分钟缩短为 2 分钟。

二、数字化物流流程优化

（一）企业 B 配送业务数字化流程优化

围绕企业 B 配送业务中数字化物流价值系数 $DLVI \geqslant 1$ 的环节,对企业 B 配送业务进行数字化物流流程优化,具体分析如下。

1. 现有分拣流程

企业 B 配送业务中的分拣流程为:车辆到达企业 B 的中转场后,可移动伸缩式皮带机伸到车厢里,快件被放置在皮带上,汇流至主流水线,进入分拣大厅,员工站在流水线的两边,根据包裹运单信息把快件从皮带机上取下,属于同一区域的快件由操作人员根据运单上的详细地址,把快件按分部分成堆,在做完收件巴枪(即 PDA,Personal Digital Assistant,也叫盘点机、条码数据采集器等)后装车。在这一流程中,企业 B 的分拣流程如图 7-9 所示。

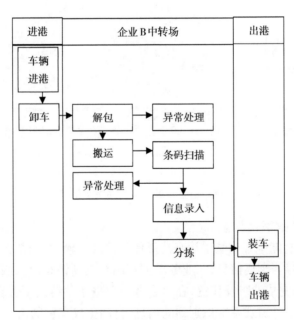

图 7-9　企业 B 的分拣流程

2. 数字化物流流程优化

企业 B 配送业务中的分拣环节平均处理时间均超过 2 个小时,是配送流程中耗时最长的环节。数字化分拣的基本工作方式为:通过数字化物流信息平台将分部和区部的快件信息传到处理中心,在快件经过卸车后,将贴有条形码的快件一面朝上。交叉带式分拣机配有自动称重、自动测量邮件尺寸以及固定式条码自动扫描装置。分拣机速度为 2 米/秒,分拣效率为 9600 件/小时。当快件进入分拣机后,由分拣机上方的条码阅读装置自动识别快件的条形码,然后分拣机根据条码信息,自动分拣系统根据物品编号与相关地区格口关联,按不同城市进行分类。优化后的企业 B 的数字化分拣流程如图 7-10 所示,具体为:

步骤 1:贴上条形码的快件通过传输带进入主流水线,进入分拣机。

步骤 2:分拣机上方的条形码阅读装置自动识别快件的条形码,然后分拣机根据条形码信息,由自动分拣系统根据托盘编号与相关地区格口关联,按不同城市进行分类。

步骤 3:从分拣系统下来的快件通过分支流水线格口进入待处理区,由相关城市负责人员进行再次扫描和封包处理,准备装车。

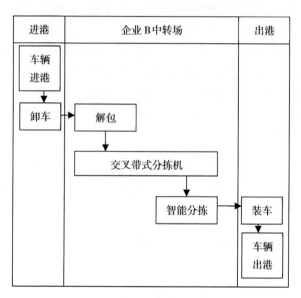

图 7-10　企业 B 数字化分拣流程

(二) 企业 B 合同物流数字化流程优化

围绕企业 B 合同物流业务中数字化物流价值系数 $DLVI \geqslant 1$ 的环节,对企业 B 合同物流业务进行数字化物流流程优化,具体分析如下。

1.优化目标

(1)打通内部及上下游业务环节

企业 B 合同物流业务内部环节包括方案规划、订单管理,能够对合同物流业务中的设施、设备、流程、成本等情况进行及时跟踪;外部与客户企业物流系统对接,与外协单位协同,支持在线下单及将签收单在线回传。

(2)业财一体化流程优化

企业 B 合同物流业务系统与财务系统对接,业务流程单据自动推送财务系统生成凭证,运费系统自动计算;实现在线计算成本和对账,并可以在线处理与客户企业、外协单位的结算;对接财务系统及开票系统,实现自动开票。

(3)数据分析智能化

企业 B 合同物流业务统计分析报表自动生成,并根据业务量、成本、利润等分析客户企业需求;能够实时统计库存,实现货物出入库作业智能化管理;库存物品相关费用自动统计计算,实现在不同作业流程、作业动作过程中进行精确统计发生的费用,并可生成人员工作量的统计。

(4)信息系统数字化

企业 B 的物流信息系统(包括仓储管理系统、运输管理系统、财务系统等)与地磅系统进行互通,实时跟踪车辆过磅信息;与门禁系统对接,实现车辆智能放行;外协单位司机通过自助终端机进行发货单、出门单打印,可直接通过支付宝、微信进行费用结算;客户企业通过数字化平台进行在线收货、发货、过户预报,同时客户企业可自行查询其名下物品出入库、库存、费用结算等情况。

2. 优化内容

具体而言,企业 B 合同物流业务数字化流程优化如图 7-11 所示。

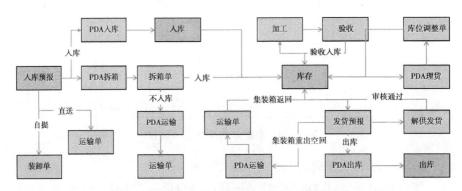

图 7-11　企业 B 合同物流业务数字化流程优化

(1)市场部业务流程数字化优化

当企业 B 与客户企业确定合作后,由市场部将合同审批数据导入物流信息系统,设定合同的到期时间、发货时间、供货周期等数据,各类日期到期前物流信息系统通知相关的办理业务的负责人;同时物流信息系统将合同中的关键信息和实际执行过程中的数据进行对比,如以重量的累计值与合同值对比,判断是否发送预警消息通知相关的业务人员。

(2)仓储管理业务流程数字化优化

企业 B 仓储管理人员在物流信息系统上接收到合同订单后,为客户企业提供仓储服务,分为入库管理、出库管理、过户管理、库内管理等几个环节。优化前的仓储管理都是相关业务人员将物流信息系统中的单据进行打印,并进行现场核对,同时进行登记,作业完成后交由单据处理人员进行录单操作。优化后,作业人员手持巴枪就可以完成上述作业,并自动登记在物流信息系统中。

(3)装卸/运输管理业务流程数字化优化

当客户企业的物品需要装卸/运输时,企业 B 相关的业务人员进行装卸及运输操作,其中分为装卸登记、运输登记、磅点管理三个环节。

装卸管理。优化前装卸流程为企业 B 装卸人员在现场填写纸质单据,然后每天定期交给相关的跟单人员在物流信息系统中进行登记记录。流程优化后现场操作人员使用巴枪进行操作,登记的信息第一时间传递到物流信息系统,方便现场人员进行核对和登记。

运输管理。对客户企业的物品不需入库场景,客户委托企业 B 进行运输或集装箱"重出空回"。和装卸管理类似,现场作业人员直接通过巴枪进行操作,物流信息系统将相关的信息推送给作业人员,作业人员按照任务单进行相应运输作业。

磅单管理。接入数字化地磅系统中的数据,对出入企业 B 仓储中心的物品进行自动称重,并自动记录在物流信息系统中。

(4)财务业务流程数字化优化

构建具备企业 B 合同物流风险管控体系、各业务板块数据互联分析的综合型财务中心,将合同物流业务系统与财务系统(企业 B 称之为 NC 系统)进行数据对接传输凭证,并在业务系统中自动生成各种财务相关报表供相关业务人员查看,同时财务系统与开票系统进行对接。流程优化后企业 B 合同物流财务数据均在作业的过程中通过现场巴枪和物流信息系统实时到达财务系统,并自动生成财务相关的数据。客户结算时,包括合同物流费用记录自动生成、合同物流收入与成本的结算单位判断、合同物流业务单据修改处理、客户企业合同过期处理、费用对账、非业务相关的费用生成、仓储费统计与结算等。优化后企业 B 合同物流财务数字化流程如图 7-12 所示。

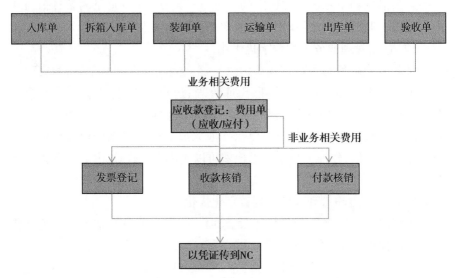

图7-12　企业 B 合同物流财务数字化流程

第三节　企业 B 数字化物流价值链重组

根据线上线下物流价值链数字化重组方式,结合企业 B 的数字化物流价值链优化内容,对其配送业务和合同物流业务进行数字化物流流程重组。

一、物流流程重组分析

（一）重组原则和思路

企业 B 数字化物流流程重组原则是让其配送业务和合同物流业务流程中的每个环节上的活动都尽量达到最优价值增值,通过降低人员的非必要性工作,从而降低非增值、重复、反复协调等工作,提升人员价值增值绩效;把配送业务和合同物流业务的审核和决策点置于企业 B 整个数字化物流流程的重组实施过程中,减少沟通的频次及时间,以便提升各业务环节的反应速度;同时使现场作业和流程之间做到"点到点"的接触,这样不但利于企业 B 配送业务和合同物流业务流程顺畅、权责明晰,同时也可以增加对企业 B 内外部的满意度,达到提高运营效率的目的。

基于上述原则,企业 B 数字化物流流程重组的思路为:首先,从面向"职能"到面向"流程"的转变,对企业 B 每个部门相同"流程"的业务根据业务流程管理的方法加以描述,改变烦琐业务流程为简单流程;其次,从

"流程"出发对企业 B 每个部门及岗位的职责和绩效考核指标按照流程进行设计;再次,通过 PDCA 循环(即 Plan、Do、Check 和 Act,计划、执行、检查、处理)对企业 B 的配送业务和合同物流业务运营流程进行事前计划、事中监测和事后分析及改善;又次,运用数字化信息技术将企业 B 配送业务和合同物流业务流程、物流信息系统与云计算、巴枪等数字化技术及装备相结合,构建数字化物流信息共享平台;最后,对企业 B 配送业务和合同物流业务流程、组织架构、管理责任等进行一系列改进。

（二）　重组目标和内容

根据企业 B 配送业务和合同物流业务需求,结合现有数字化技术和多年的信息系统建设经验,以精细化管理、集团化管控、数字化可视作为企业 B 业务数字化流程重组目标。具体而言,实现企业 B 配送业务与合同物流业务中仓储作业的线上管控,延伸对外物流服务能力,降低员工重复性工作;按业务为前沿、财务为规范,实现企业 B 的业务财务一体化;融合财务数据与业务数据,构建企业 B 的线上线下物流数字化价值链体系。

企业 B 业务数字化流程重组内容为:

1. 配送与仓储业务管理重组

包含分拣管理、合同管理、信息平台、仓储管理(预报管理、磅点管理、入库管理、出库管理、库内管理、过户管理、业务分析表)、财务管理、设备管理等,支持多客户、多品种、多业务模式、多结算方式管理。

2. 合同物流业务结算重组

包括企业 B 合同物流费用统计中心、应收应付统计中心、资金统计中心。以构建具备合同物流风险管控体系、各业务板块数据互联分析的综合型财务中心为目标,实现费用、应收应付、资金一体化集成、综合性分析、集团式管控。

3. 数据治理与信息系统重组

包括构建企业 B 合同物流承运商协同平台、客户企业远程协同平台、巴枪终端、数字化终端服务系统、数字化地磅、智能门禁、大数据分析管控平台等。通过物联网等数字化技术应用,提高与外协单位衔接效率,实现业务运营数字化管理。同时,企业 B 业务运营系统与财务结算系统对接。

二、数字化物流流程重组

（一）　重组思维模式

数字化物流流程重组的落地离不开企业 B 管理层的数字化思维与意识,为使企业 B 中高层管理者建立数字化思维模式,企业 B 成立了数字化物流流程重组领导小组,在会议上进行宣讲,举办相关的培训,同时召开座谈会收集各业务部门对目前流程中存在的问题,以及这些问题如何进行优化,是否可以通过数字化手段来优化流程等建议。

同时,企业 B 向行业标杆学习,高层管理人员分批到标杆企业进行考察学习,亲身体验流程数字化优化带来的好处。考察学习回来后让参与人员提交考察报告并召开研讨会,探讨标杆企业哪些经验做法可以直接学习应用,哪些存在的不足可以后续进行改进和优化。同时,企业 B 和行业内资深的咨询机构合作,定期送中高层管理者及骨干员工去参加培训,提升管理思维模式,促进管理者以数字化、流程化的思维指导工作。

（二）优化组织架构

为了使组织能跟上数字化物流流程重组,对企业 B 现有的组织架构进行优化,新增信息部、结算中心。信息部主要牵头负责企业 B 配送业务与合同物流业务数字化转型的总体规划,逐步建立企业数字化管理制度与之相关的标准规范;与各部门协调,为各部门提供数字化技术支持并对企业 B 的数字化资源进行统筹管理和控制。结算中心是将结算工作独立出来,负责对市场开发、业务结算及外协单位考评,负责客户企业的物流订单需求分析、预测,制订月度物流资源分配、库存计划、仓储管控并监督执行情况,跟进市场变化及供需情况及时调控,分析每月度、季度、年度企业 B 的实际收益情况及原因。企业 B 原有的市场部、运营部、财务部的职责不变。

（三）基于数据中台的数字化平台搭建

基于数据中台搭建符合企业 B 配送业务和合同物流业务运营的特点以及数字化需求的数字化平台,其架构如图 7-13 所示。同时,建立企业 B

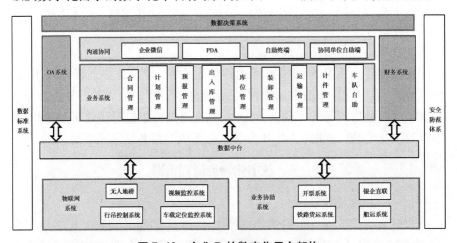

图 7-13　企业 B 的数字化平台架构

的配送业务与合同物流业务数据标准体系,搭建移动端业务系统;建设数据决策系统,抽取转换各类数据,根据业务模型,生成与各业务部门的管理报表并自动进行智能分析,供企业 B 管理者及各业务部门决策。

以企业 B 为背景,对企业 B 的"互联网+物流"价值链进行组构,从数字化物流价值链的分析、优化和重组方面分析企业 B 的线上线下物流数字化转型路径。企业 B 的主营业务为配送和合同物流,首先,分别构建企业 B 配送价值链分析模型和企业 B 合同物流价值链分析模型,分析表明,企业 B 配送价值链环节主要由分拣、条码扫描、信息录入和异常处理构成,企业 B 合同物流价值链环节主要由市场业务对接、仓储管理、运输与装卸搬运管理和结算管理构成,并进一步分解为流程设计、设施布置、线路规划、采购、运输、仓储、配送和价格制定等子环节。其次,对企业 B 配送业务,针对提升数字化物流价值系数 $DLVI<$ 1 的分拣和异常处理环节的数字化物流价值,对配送业务进行数字化物流投入优化,并以数字化物流价值系数 $DLVI \geqslant 1$ 的条码扫描、信息录入环节为基础,对配送业务进行数字化分拣流程优化;对企业 B 合同物流业务,针对提升数字化物流价值系数 $DLVI<1$ 的零部件仓储、零部件配送、流程设计和整车配送客户环节的数字化物流价值,对合同物流业务进行数字化物流投入优化,并以数字化物流价值系数 $DLVI \geqslant 1$ 的环节为基础,通过打通内部及上下游业务环节、业财一体化流程优化、数据分析智能化和信息系统数字化改进,对合同物流业务进行数字化物流流程优化。最后,根据企业 B 的配送业务与合同物流业务需求,结合数字化技术和信息系统建设经验,以精细化管理、集团化管控、数字化可视化为企业 B 业务数字化流程重组目标,实现企业 B 配送业务与合同物流中仓储作业的线上管控;以业务为前沿、财务为规范实现业务财务一体化,融合财务数据与业务数据,构建企业 B 的线上线下物流支撑体系。重点针对配送与仓储管理重组,业务结算中心重组以及信息系统重组,并从重组思维模式、优化组织架构和基于数据中台的数字化平台搭建三个方面进行企业 B 的数字化物流流程重组。

第八章 线上线下物流价值链
数字化战略分析

在确定线上线下物流数字化转型路径的基础上,对企业线上线下物流价值链数字化战略进行分析,探讨企业线上线下物流数字化转型战略内涵、规划和举措。

第一节 线上线下物流价值链战略内涵

线上线下物流价值链战略是基于实体物流价值链与虚拟物流价值链共生下对企业线上线下物流价值链的再构,是企业数字化物流价值链战略实施的顶层设计。

一、实体与虚拟物流价值链共生

（一）实体与虚拟物流价值链共生模式

企业线上线下物流价值链数字化战略是企业提升竞争力、获得竞争优势的保障,其本质是实体物流价值链与虚拟物流价值链共生(杨学成等,2015)[1]下的数字化物流价值链战略,其表现形式是实体物流价值链与虚拟物流价值链的整合与再构(厉无畏等,2001)[2],以提高企业竞争力、形成持久的不可模仿的竞争优势为目标的一系列行为的组合模式,如图 8-1所示。

（二）实体与虚拟物流价值链共生战略

1. 价值链再构

基于实体物流价值链和虚拟物流价值链的共生战略是企业得以可持续发展的基础,企业线上线下物流价值链的再构应基于企业可持续发展目标,否则构建的价值链是脆弱的,也就没有管理价值。企业线上线下物流价值链的再构和管理是具有战略意义的。

---

[1] 杨学成、陶晓波:《从实体价值链、价值矩阵到柔性价值网——以小米公司的社会化价值共创为例》,《管理评论》2015 年第 7 期。

[2] 厉无畏、王玉梅:《价值链的分解与整合——提升企业竞争力的战略措施》,《经济管理》2001 年第 3 期。

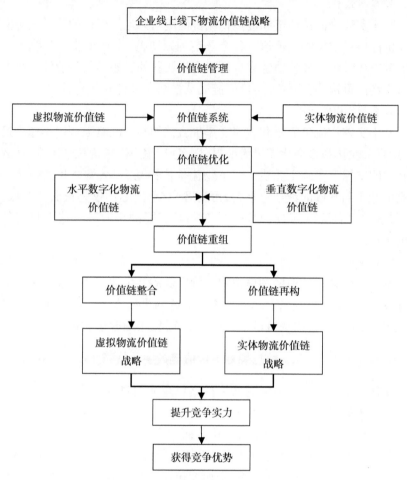

图 8-1　实体与虚拟物流价值链共生模式

2. 价值增值

基于实体物流价值链和虚拟物流价值链的共生战略以企业能否有效实现线上线下物流运营与管理的效率和效益为前提,即以实现企业线上线下物流数字化价值增值为其前提,包括实体物流价值和虚拟物流价值。其中,虚拟物流价值链的再构可能短期没有明显的价值增值,但具有长期价值(尹美群等,2005)①,尤其是虚拟物流价值网的再构。

①　尹美群、胡国柳:《虚拟企业、虚拟价值链及其与价值链的逻辑关系》,《海南大学学报(人文社会科学版)》2005年第2期。

3. 整体最优

基于实体物流价值链和虚拟物流价值链的共生战略目的是通过对实体物流价值链和虚拟物流价值链各个环节加以协调,实现企业线上线下物流价值链整体最优。各价值链成员是以合作共赢的思想参与企业线上线下物流价值链的再构,而不仅仅是价值链成员强调完善自身环节。

4. 客户/用户需求

基于实体物流价值链和虚拟物流价值链的共生战略强调以迅速满足客户/用户个性化和多样化需求为前提,以客户/用户需求为拉动因素,在数字化技术的支撑下实施企业线上线下物流价值链动态化、网络化的再构。一个高度共享和开放的数字化平台,可使客户/用户不仅仅是被服务对象,同时还是企业"雇员"(张玮,2011)[1],参与其需要的企业线上线下物流价值链的再构。

5. 适应性

基于实体物流价值链和虚拟物流价值链的共生战略要适应物流行业和企业发展的现实,企业线上线下物流价值链的再构需要着眼于未来的可持续发展,从完善企业内物流链到企业间供应链,不断改进和适应。

二、信息规划下价值链数字化战略

实体与虚拟物流价值链的共生战略以企业信息规划为基础,企业的物流信息规划则是在理解企业线上线下物流价值链数字化战略和评估企业信息化现状的基础上,结合物流信息化方面的实践和对数字化技术发展的认识,提出企业线上线下物流信息化建设的远景目标和战略,以及具体信息系统的架构设计、选型和实施策略,全面系统地指导企业信息化建设,满足企业可持续发展的需要(Fotis,2020)[2]。

传统的信息规划核心是基于企业当前和未来的运营与管理活动而建立必要的应用系统和基础设施战略部署,通常侧重于企业内部信息化基础设施的管理,对推动业务发展创新的影响有限(于秀艳等,2009)[3]。在某种程度上,传统的信息规划限制了数字化技术带来的以产品/服务为中心和以客户/用户为中心的机会,这些机会往往跨越企业边界。此外,传统的信息规

---

① 张玮:《动态虚拟价值链及其驱动因素》,《企业改革与管理》2011年第7期。

② Fotis K., Maria K., Michael A.M., Konstantinos F., Vicky M., "Information Systems Strategy in SMEs: Critical Factors of Strategic Planning in Logistics", *Kybernetes*, Vol.49, No.4, 2020.

③ 于秀艳、胡克瑾:《企业战略/IT战略整合能力评价指标体系的实证研究》,《情报杂志》2009年第9期。

划为企业提供了以信息系统为中心的技术使用路线图,但常常并不考虑产品/服务、流程和商业模式等方面的转型(Lin,2022)①。数字化转型战略的视角与传统信息战略不同,它系统关注对产品/服务和整个商业模式的变化和影响,要求企业整体战略、运营层面战略、功能层面战略之间保持一致性,在数字化转型战略、信息规划以及所有其他组织和职能战略之间取得密切配合(见图 8-2),企业需要基于信息规划形成数字业务战略(Digital Business Strategies)。

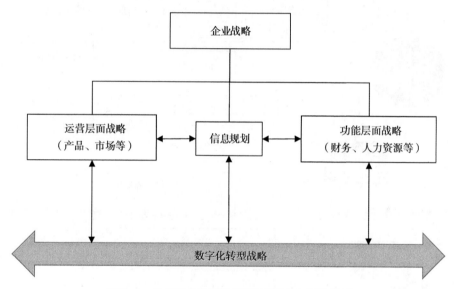

图 8-2　信息规划与数字化转型战略之间的关系

基于信息规划的企业线上线下物流价值链数字化转型战略,遵循的思路主要是从业务到技术、从流程到环节,围绕企业线上线下物流价值链分析、优化和重组,即企业价值链的解构、组构和再构的核心模型往前驱动。在这一背景下,企业信息规划的流程框架如图 8-3 所示。

具体而言,企业线上线下物流价值链数字化战略下的信息规划包括现状分析、差距分析、目标提出、蓝图规划、实施规划等几个关键步骤。

（一）现状分析

首先确定企业线上线下物流价值链战略目标、业务目标、业务子目标等;其次分析企业线上线下物流流程现状、信息化建设现状;最后识别企业

①　Lin Z.B.,"The Choices of Channel Structures and Information Strategies in a Supply Chain", *Journal of Management Science and Engineering*,Vol.7,No.3,2022.

线上线下物流价值链数字化战略制定的潜在问题：一是在当前目标和当前现状被识别后意识到的问题；二是对比业界标杆企业的数字化转型实践意识到潜在存在的问题。现状分析的顺序是从业务过渡到信息技术，包括以下内容（见图8-3）。

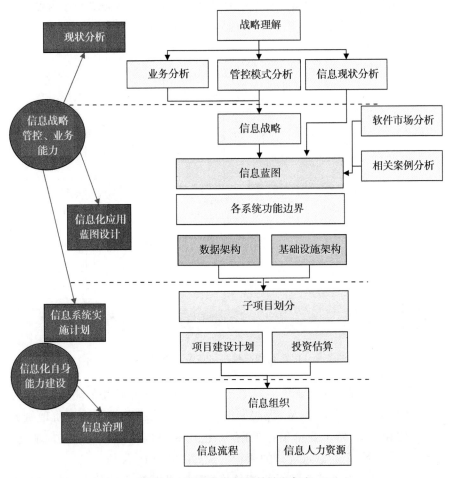

图8-3　企业信息规划的流程框架

1. 业务现状

企业线上线下物流业务现状分析重点在于业务流程和业务数据上，可采取"自顶向下"（企业从顶层设计到基层实施）对企业线上线下物流价值链进行逐层分解的方法，找到关键的"端到端"流程为主线进行逐层分解。分解时进行跨业务域的线上线下物流流程分析和梳理，不用考虑企业各个业务部门的隔离以及信息系统的约束。在企业线上线下物流流程分析和梳理的过程中进一步分析子流程和活动,业务组件和数据,跨业务域的协同和交互等一系列问题。分解的方法即前文提出的数字化物流价值链分析模型。

2. 信息化现状

企业信息化现状包括现有的应用系统现状和功能架构、信息化基础设施架构现状、信息系统对企业线上线下物流业务现状的支撑情况分析等。信息化现状分析的目的是为提出后续业务目标和信息规划建设目标打基础,明确了建设目标才能够真正为企业线上线下物流业务服务,体现业务价值。

(二) 差距和目标

差距分析包括了企业当前目标和当前现状间的问题和差距分析,标杆企业参考目标/最佳实践和企业当前现状下的差距分析,企业信息化现状对当前目标支撑的差距分析,企业信息化现状对标杆企业业绩标准的差距分析。差距分析可得到企业线上线下物流业务战略目标和业务子目标,由业务目标传递到对应的信息规划和建设目标,而后续的信息规划即解决两个问题:信息化建设解决当前业务和信息技术间的差距,信息化建设解决后续战略目标和信息技术间的差距的问题。

对于目标提出而言,有两个途径:一是直接提出企业线上线下物流业务目标和信息规划目标;其次是通过差距进一步细化目标和提出有针对性的目标,特别是信息规划目标的提出,必须进行差距分析,因为信息规划重点就是支持企业线上线下物流业务目标,那么所有现存的信息规划和应用架构中无法支撑的部分都是差距,信息规划就是要解决这些差距。

通过差距分析得出的目标是多个子目标,需要分步骤实现,最终才可能完成一家企业线上线下物流业务的整体目标。通过对目标分解和问题分解,目标和问题映射最终形成一个完整的解决方案,即信息规划中涉及组合管理和项目群管理——整体目标分解到子目标,子目标最终落实到具体的项目,进而通过项目规划和建设的方式推动企业信息规划实施。

(三) 蓝图规划

蓝图规划包括了企业线上线下物流业务架构、信息架构、应用架构、集成架构、技术架构等方面的内容。

1. 业务架构

企业线上线下物流业务架构重点考虑业务流程如何进行优化以及业务架构如何进行重新整合,以满足明确的业务目标。在这个步骤中,企业线上线下物流业务流程和活动、业务职能单元、组织岗位角色、业务核心单据和数据、业务协同等是需要考虑的问题。企业线上线下物流业务架构中需要融入部分面向服务的体系结构(SOA)的核心思想，即企业线上线下物流价值链是一个完整的有投入有产出的价值体系，价值的实现是通过企业内部一个个相互协同的业务功能职能单元提供的。

2. 信息架构

企业线上线下物流业务协同最终将体现到底层数据的关联关系和相互映射，底层数据模型出现问题直接影响高层业务协同。企业线上线下物流流程中的业务单据是信息架构的数据来源，采取"自顶向下"由概念模型到逻辑模型的思路，信息架构需要关注数据分域、主数据、跨业务模块的核心业务单据数据等。数据的问题最终都将对应到应用架构和信息架构，面向服务的体系结构解决的是企业线上线下物流业务集成和协同，而数据集成是有其他系统解决方案，包括商业智能、数据中台、移动设备管理(Mobile Device Management)系统等。其中，移动设备管理是企业由信息建设向移动互联网过渡的平台技术，帮助企业将信息管理能力从传统的 PC 端(即计算机端)延伸到移动设备甚至移动应用 App(即客户端)。随着时间的推移，移动设备管理逐渐扩展出移动应用管理(Mobile Application Management)、移动邮件管理(Mobile Email Management)和移动内容管理(Mobile Content Management)等更多功能。

3. 应用架构

在应用架构规划时，首先进行总体应用规划，使应用架构和企业线上线下物流业务架构对应。企业线上线下物流流程优化分析和业务架构不会考虑太多应用平台层面的内容，而应用架构必须考虑企业线上线下物流业务集中化和协同以及云计算和面向服务的体系结构等层面的内容，这些内容需要引入企业信息系统总体应用架构规划中。

4. 集成架构

集成架构包括了企业线上线下物流业务集成和数据的集成，也包括集成接口关系和集成逻辑模型等方面的内容。当前企业的物流信息系统通常是独立建设的，衍生了仓储管理系统、运输管理系统、订单管理系统、客户关系管理等多个业务系统，因此，多系统间的数据集成和业务协同等问题就必须在集成架构规划中进行分析和考虑。

5. 技术架构

技术架构描述企业开发、实施和管理应用系统和数据所需的信息技术和信息化基础设施，技术架构涉及云计算以及 IaaS 层(Infrastructure as a Service,基础设施即服务)规划等。技术架构规划属于企业线上线下物流信息平台层规划范畴,目的是通过后续数字化技术更好地支撑信息系统建设,加强复用化和平台化。

（四）实施规划

企业信息规划的实施主要进行组合管理和项目群管理,按照组合管理的目标,用最少的数字化投入创造最大的企业线上线下物流业务价值。按照项目群管理的目标,需要考虑规划建设哪些信息系统、如何分阶段建设、如何支撑企业线上线下物流业务流程、信息系统建设的协同关系、如何加强项目管理和管控、如何推进信息系统的建设、如何减少重复建设等关键信息。

综上所述,信息规划下的价值链数字化战略需要始终围绕业务和信息系统两条主线,业务包括了企业线上线下物流业务流程、业务数据、岗位组织和角色、业务管控体系;而信息系统包括了数据架构、应用架构体、技术架构和平台、基础设施建设。企业线上线下物流价值链数字化战略驱动企业信息规划,企业信息规划则经过转化,为企业线上线下物流价值链数字化战略形成支撑。

三、战　略　内　涵

（一）价值链战略

一般而言,价值链战略与企业寻求获取竞争优势的产业活动范围相结合,存在三种基本竞争优势战略（Porter,1998）[1]:成本领先（Overall Cost Leadership）、差异化（Differentiation）以及目标聚集（Focus,也称之为集中化战略）,可称之为基本价值链战略,如表8-1所示。

表8-1　三种基本价值链战略

战略目标范围	竞争优势战略	
	更低的成本	特别的功能
全局	成本领先	差异化
局部	成本聚集	差异性聚集

基于三种基本竞争优势战略而形成的价值链战略可以扩张企业的价值

① Porter M.E.,*The Competitive Advantage of Nations:With a New Introduction*,New York:The Free Press,1998.

链活动(冯海龙,2002)①,横向整合(即整合物流链)扩大企业线上线下物流业务规模,纵向整合(即整合供应链)则往往超出企业线上线下物流业务范围,沿行业价值链向前或向后延伸整合。

1. 价值链横向整合战略

从企业物流链战略的角度,价值链横向整合战略是指通过扩大企业的运营规模,使企业投入的分摊成本降低,从而形成基于规模经济效益的成本优势战略(叶广宇等,2012)②。一项价值活动的成本常受制于规模经济或规模不经济,规模经济并不意味着生产规模越大越好,因为规模经济追求的是能获取最佳经济效益的生产规模。一旦企业生产规模扩大到超过一定的规模,边际效益就会逐渐下降,甚至跌破趋向零,乃至变成负值,引发规模不经济现象。规模经济产生于以不同的方式和更高的效率来进行更大范围的活动能力,意味着满负荷运行的活动在较大的规模上效率更高。价值链横向整合扩大企业线上线下物流业务规模,规模与经济并不是正比例直线相关,随着规模的扩大,协调的复杂性和非直接成本的跳跃式增加,可能导致某项价值活动中规模的不经济。正确运用价值链横向整合战略,控制企业线上线下物流业务规模适度,可取得成本优势及最佳成本效益比。

2. 价值链纵向整合战略

从企业供应链战略的角度,价值链纵向整合战略是指企业通过对线上线下物流业务价值链的分解,将其具有相对独立的并且具有一定比较优势的增值环节加入其他企业价值链中,形成一个具有整体优势、协调有效的完整价值链系统,实现更高的增值效益(里昕等,2006)③。企业线上线下物流价值链的纵向整合的程度也会影响其成本,如有关"自营还是外包"的决策就涉及整合战略的选择问题。企业线上线下物流价值链纵向整合可以带来联动协作的经济性,从多方面降低成本。纵向整合不可避免地会有成本支出,同时也存在预期的利益,在任何战略成本决策中,成本和收益都是必须同时考虑的。由于资源条件的限制,或更加有利可图、更加容易实现时,也可采用有限整合或准整合战略(史戈,2022)④。

① 冯海龙:《价值链战略管理模式研究》,《经济管理》2002 年第 16 期。
② 叶广宇、蓝海林、李铁瑛:《中国企业横向整合管理模式研究及其理论模型》,《管理学报》2012 年第 4 期。
③ 里昕、揭筱纹:《我国产业纵向整合新形式:基于产业链的战略联盟》,《求索》2006 年第 12 期。
④ 史戈:《战略整合理论的建立和基本方法学》,《现代工业经济和信息化》2022 年第 2 期。

3. 价值链战略的特征

无论是价值链横向整合战略还是价值链纵向整合战略,均具有以下特征。

动态性。当内外部环境变化,企业进行线上线下物流价值链战略目标调整,根据企业现有内部职能,若解除或部分解除这些职能,整合时能够降低价值链活动成本而又较少影响企业收益时,整合就是一种可供选择的方案。这种整合战略充分体现了企业线上线下物流价值链战略管理的动态性的要求。

全面性。企业线上线下物流价值链其实是一群企业所构成的企业网络,每家企业都是这张网的一个节点,且介于完全垂直集成和各企业完全独立工作之间的虚拟化、动态化组织,这种特征充分体现了企业线上线下物流价值链战略管理的全面性要求。

系统性。企业注重内部的运营连续性和有效性的管理,如把企业线上线下物流价值链看成一个完整的运作过程并对其进行集成管理,就有可能用更少的投入实现增值。这种集成性充分体现了企业线上线下物流价值链战略管理的系统性要求。

（二）企业线上线下物流价值链战略

企业线上线下物流价值链战略同样基于三种基本竞争优势战略而形成,是实体物流价值链与虚拟物流价值链通过横向和纵向整合形成的数字化物流价值链战略,主要包含以下内容。

1. 发展理念

企业线上线下物流价值链战略需要以客户/用户需求为"主导者",从外部需求"倒逼"内部变革,相应地,企业线上线下物流数字化转型发展的价值观和战略导向要从过去运营驱动型转变为数据驱动。

2. 领导力

企业决策者要成为企业线上线下物流价值链战略的"引领者",决策观念要从经验判断向"数据说话""智慧决策"转变。

3. 组织结构

破除传统上业务与信息技术之间存在的界限和"鸿沟",构建数字化平台作为企业线上线下物流价值链战略实施的"推动者",实现"融合创新",再构企业的线上线下物流业务组合、协同方式和管理层级。

4. 运营管理

以推动企业线上线下物流业务的数字化为目标,打通"横向、纵向和端到端"三大数据流,实现从规划到服务、从客户到用户、从前端到后端的"数据互联互通"能力。

5. 技术能力

推进数字化技术的应用,把"云计算"作为重要的基础设施,为企业线上线下物流价值链战略实施提供强有力的"支撑者"角色。

6. 外部合作

从控制和占有实体物流资源转变到共享"数字"、共创"数字生态"等虚拟物流资源,为企业线上线下物流价值链战略实施的外部合作提供基础。

（三）企业线上线下物流价值链战略思维

企业线上线下物流价值链战略中,管理者思维的转型极为重要,其引领企业线上线下物流数字化转型发展的方向。这些思维包括以下几个方面。

1. 战略思维

适应企业线上线下物流价值链数字化转型需要,拓展变革思维的视野,从单一性的技术思维、运营思维向数据思维、智慧思维的全局性复合型思维转变。

2. 产业思维

适应企业线上线下物流核心业务数字化转型的需要,管理者需要从技术专家向跨界专家转变。

3. 商业思维

适应客户/用户服务"平台化"转型的需要,企业线上线下物流价值创造从面向企业内部向面向社会转变。

4. 管理思维

适应企业线上线下物流运营流程优化、业务逻辑转变和商业模式升级的需要,助力企业线上线下物流业务运营平台化、模块化、虚拟化转变。

5. 数字思维

适应"数字化企业"的转型需要,技术服务更敏捷、更简化,从功能构建的适能者向线上线下物流价值实现的赋能者转变。

（四）企业线上线下物流数字化转型战略目标

企业线上线下物流数字化转型一方面是对现有业务的优化,利用数字化手段降本增效,提高运营能力;另一方面是利用数字化提高客户/用户价值,发展新的业务模式,开辟新的收入来源。同时,一些企业开始将环境、社会和治理（Environment Social Governance, ESG）作为数字化转型的重要目标

（Zhang 等,2022）①,以推动企业高质量、可持续发展。总体而言,企业线上线下物流数字化转型战略在三种基本竞争优势战略下的目标可分解为:

1. 提高效率

效率是企业的一项关键竞争指标。因此,提高效率是企业线上线下物流数字化转型的重要目标之一。效率主要包括运营效率和决策效率两个方面,运营效率通过企业线上线下物流价值链的数字化转型提升各个业务环节的效率,是相对较容易达成的、也是效果显现最快的,因此提高运营效率一般作为企业线上线下物流数字化转型的首要目标。在经营环境复杂多变的今天,企业的各项决策变得更频繁,灵活、快速、精准地响应和决策成为常态,企业需要通过数据可视化、人工智能算法等数字化手段,实现数据驱动的科学、精准、快速决策,缩短决策链条,减少决策时间,从而及时应对外部环境变化。因此,提升企业决策效率也成为企业线上线下物流数字化转型的目标之一。

2. 降低成本

依靠成本领先,可给企业带来竞争优势。但随着各种要素成本的上升,企业线上线下物流数字化转型的另一大重要目标就是降低企业的成本。通过数字化转型削减不必要的开支,降低成本。

3. 提高客户/用户价值

如何改善客户/用户体验、提高客户/用户满意度,最终提高客户/用户价值是企业线上线下物流数字化转型的长期目标之一。提高客户/用户价值指的是通过加深与现有客户/用户的关系,创造盈利性收入增长,这能使企业提供更多的现有服务或额外的服务。

4. 价值增值

利用数字化技术和积累的数据资产实现创新、价值增值是企业线上线下物流数字化转型的另一个长期目标。企业的价值增值指的是增加收益,创造新的盈利模式甚至是商业模式。企业通过开发数字化、智能化的线上线下物流服务,或对现有企业线上线下物流服务进行数字化改进,使其具有数字化特性,或提供基于客户/用户个性化需求的定制化服务,进而改变原有的商业模式,为企业带来新的机会。

5. 环境、社会和治理(ESG)目标

企业将环境、社会和治理纳入数字化转型的战略目标中,更强调商业价

---

①　Zhang C., Jin S. Y., "What Drives Sustainable Development of Enterprises? Focusing on ESG Management and Green Technology Innovation", *Sustainability*, Vol.14, No.18, 2022.

值和社会价值的统一。通过数字化技术的赋能降低碳排放,有效改进运营流程、提高设备运转效率、提升过程管理的精准性,实现线上线下物流运营效率和碳减排的提升。

（五）企业线上线下物流数字化转型战略的维度

企业线上线下物流数字化转型战略必须密切协调四个不同的维度（见图 8-4）,即技术的使用、价值创造的变化、组织变革和财务支撑。

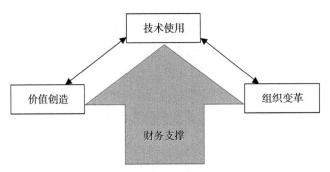

图 8-4　企业线上线下物流数字化转型战略的四维度

1. 技术的使用

技术的使用解决了企业线上线下物流数字化转型战略中对数字化技术的态度以及利用这些技术的能力。企业需要决定是想成为数字化技术使用方面的市场领导者,并有能力创建自己的技术标准,还是更愿意求助于成熟的标准并将数字化技术视为实现自身业务运营的手段。虽然成为技术市场领导者可以带来竞争优势,并可以创造其他企业依赖于一个技术标准的机会,但它可能风险更大。

2. 价值创造的变化

数字化技术的使用意味着企业线上线下物流数字化价值创造的变化,关注数字化转型战略对企业线上线下物流价值链的影响,如新的数字化活动与传统的核心业务变化,这样可为扩大和丰富当前的企业线上线下物流服务提供机会。企业线上线下物流数字化转型战略可以实现企业的商业模式升级,甚至调整企业的业务范围。

3. 组织结构的调整

数字化技术的使用和价值创造的变化,通常需要进行企业组织结构变革为企业线上线下物流数字化转型战略的实施提供充分的保障。如果企业组织结构变革的程度有限,将新业务整合到现有企业结构中可能更合理,而对于特别重大的变化,可以考虑在企业内创建单独的子公司去推动。

4. 财务的支撑能力

财务的支撑能力包括企业为线上线下物流业务数字化转型提供资金的能力,如果企业面临的财务压力较低可能会降低实施企业线上线下物流数字化转型战略的紧迫性,同时,面临财务压力的企业可能缺乏外部途径来为企业线上线下物流数字化转型战略的实施提供资金。因此,企业应该面对进行数字化转型的战略机遇期,积极寻求财务上的支撑。

第二节　线上线下物流价值链战略规划

一、战略难点分析

立足于企业线上线下物流价值链战略规划的特点,针对企业线上线下物流价值链战略规划的难点,是企业线上线下物流价值链战略规划的基础。

（一）企业线上线下物流价值链战略规划的特点

1. 优势性

企业线上线下物流价值链战略的本质是基于三种基本价值链战略优势下的数字化物流价值链战略,其特点主要体现在以下几个方面。

首先,企业实施线上线下物流价值链战略不需要有太多的自身改造过程。企业在逐渐发现线上线下物流价值链中附加值较高的环节后,往往将企业资源重心运用于某一个或几个固定环节进行数字化转型,实施这样的战略就不会受到企业内部太多的抵触,战略转换成本相对较低。

其次,企业导入线上线下物流价值链战略在时机上几乎没有什么要求,无论企业的线上线下物流业务发展方向是什么,线上线下物流价值链战略总是具有天然迎合的特质,往往不会对企业发展方向形成阻力或限制。

再次,企业实施线上线下物流价值链战略一般不会要求对企业战略目标作出较大修正,不像成本领先战略那样,只能实现较高市场占有率等相对较为固定的几个目标。

最后,为线上线下物流价值链战略匹配的企业成长战略(常见的企业成长战略分为单一化成长战略,一体化成长战略和多元化成长战略)选择范围广,大部分的企业成长战略几乎都可以与数字化转型战略相匹配,并取得战略上的协同效应。

2. 合成性

数字化物流价值链战略对各种基本价值链战略目标都具有一定的支撑作用。企业线上线下物流价值链战略的合成性是指其可以与企业制定的线上线下物流业务相关竞争战略共同发挥作用,可以与三种基本价值链战略同时实施,且会相互强化各自的竞争优势。

3. 延展性

企业线上线下物流价值链战略的延展性是当企业所专注的经营环节因客观环境变化或内部驱动等因素,保留了向价值链上下延伸的空间。企业尽管可能只重视线上线下物流价值链中的某一个环节,但一旦外部环境发生突变或企业遇上大的变故,企业会有向价值链上下延伸的欲望或动力,而数字化物流价值链战略为这些突发情况留有经济性的延伸空间。

4. 适应性

企业线上线下物流价值链战略的适应性是指企业可以随着外部环境变化不需要很大的付出就能很快适应这些变化。企业线上线下物流价值链的价值重心会因环境和产业的变化而变化,当企业在线上线下物流价值链的某一个价值环节精心经营时,会逐渐发现这个环节不再有价值或变得更有价值,此时企业会向富有价值的环节拓展,而企业线上线下物流价值链战略就具有一定的适应性,这种适应性主要体现在企业为了向价值链上下方向移动而不必有太多的内部调整。

5. 选择性

企业线上线下物流价值链战略的选择性是指企业可以自由选择线上线下物流价值链中任一环节作为企业的经营重心,选择空间来源于价值链环节的多与少、价值的高与低,以及价值环节的价值增值程度。

(二) 企业线上线下物流价值链战略规划的难点

首先,在企业线上线下物流价值链中不乏最有价值的经营环节,这些环节往往带有一定的隐蔽性,外人难以窥视和领悟。而在此行业多年经营的企业可能早已发现,并在有意识地加以侧重。但是,将其上升到战略的高度却需要企业持续地加以研究和挖掘。

其次,将这种选择性经营行为上升到企业战略的高度,也非一蹴而就的事情。企业线上线下物流数字化转型战略是企业纲领性的发展方略,它规划了企业从生存到永续经营的过程,并且贯穿至企业经营的整个层面。尤其是企业现在已经在沿用其他战略,转换战略措施最大的挑战莫过于对企业决策层和管理层观念的重新转变,因而企业会花费一定的时间、精力和财力来进行观念更新。

最后,在企业线上线下物流数字化转型中价值链位移也是常有的事,所谓价值链位移就是有比较价值的环节会随着时代的变化、经济的发展和创新、产业的升级、新兴行业的出现等表现出一定的变动性,为此,需要集中企业已有资源优势始终选择最能为企业创造价值的环节进行数字化转型,并保持价值链位移的适应空间。

在企业当前进行线上线下物流数字化转型战略规划的探索与实践中,具体存在以下难点。

1. 企业线上线下物流数字化转型战略的定义

这是企业推进线上线下物流数字化转型战略面临的第一个难点。典型的问题是,数字化转型战略和信息化战略的区别体现在事实层面具体是什么。是不是包括业务模型变革?企业线上线下物流数字化转型战略的定义不清、理解不一,导致分工不明、合作不畅,企业无法将所有力量聚集在一起解决问题?

2. 企业线上线下物流数字化转型战略的目标

传统经济下企业制定业务发展目标,要考虑的市场边界相对固定,自身能力也比较清晰。但考虑数字化转型发展目标时,企业对数字化技术的能力并不清楚,担心失去转型机遇,对要考虑的市场边界也是模糊的。因此很难确定企业线上线下物流数字化转型战略的目标。

3. 企业线上线下物流数字化转型战略的切入

企业数字化转型的切入点众多,如图8-5所示,横向沿着企业价值链每个环节,纵向沿着不同技术,每个交叉单元格都可以是数字化机会点。企业还有不同业务线,存在的数字化机会点可能多达几十个,在有限的资源里,企业线上线下物流数字化转型战略从哪个机会点切入是难点。

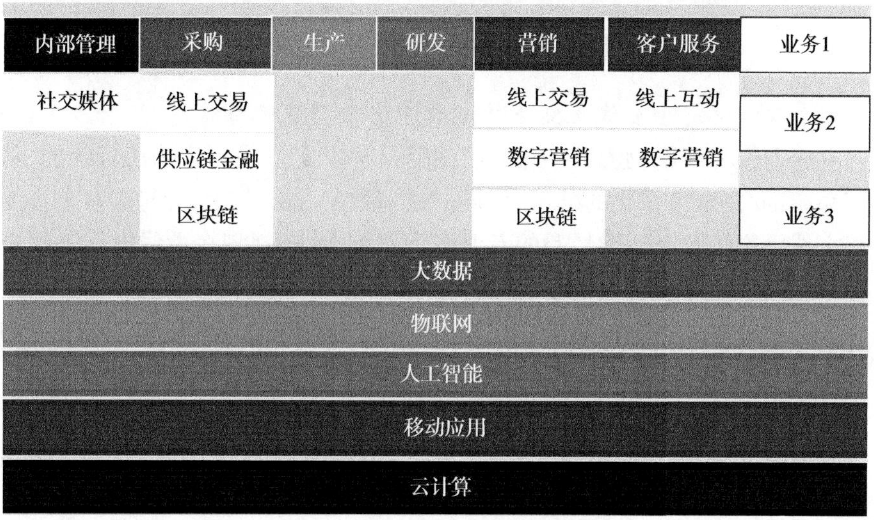

内部管理	采购	生产	研发	营销	客户服务	业务1
社交媒体	线上交易			线上交易	线上互动	业务2
	供应链金融			数字营销	数字营销	
	区块链			区块链		业务3
大数据						
物联网						
人工智能						
移动应用						
云计算						

图8-5 数字化转型的"机会点"

4. 企业线上线下物流数字化转型战略的实施

传统企业条块划分的运作机制并不适合推动数字化转型,牵头部门选择、组织机制协同、信息系统和业务分工、数字化转型部门设立等都是企业线上线下物流数字化转型战略实施时要考虑的内容。数字化技术的大量涌现,即便是专业信息服务供应商,也少有能掌握全部领域。企业理解并掌握这些技术较困难,难以形成企业线上线下物流数字化能力,给企业线上线下物流数字化转型战略的实施带来困难。

二、战略机会分析

(一) 界定企业线上线下物流数字化转型战略含义

企业线上线下物流数字化转型战略与企业信息化战略对比,有 6 点主要不同(见图 8-6)。企业可以对线上线下物流数字化转型战略有不同的定义,重要的是了解三者间的关系:数字化和信息化的关系,数字化转型和业务模式变革的关系(具体见绪论中的论述)。

战略	传统信息化	数字化转型
定位	支撑业务,由业务给出明确需求	驱动和引领业务,与业务共同创造企业价值
技术	ERP、OA、BI 等传统的信息技术	包括各种新兴数字技术,包括互联网、大数据、云计算、移动应用、人工智能等,也包括传统信息技术
抓手	技术	技术应用和业务模式变革双轮驱动
持续性	阶段性升级	随技术更新,持续发生
范围	以企业内部管理为主	涵盖所有对内对外业务和运营领域
主要特征	流程驱动	以客户为中心,数据驱动,面向场景

图 8-6　传统信息化与数字化转型的区别

(二) 设定企业线上线下物流数字化转型战略目标

企业线上线下物流数字化转型战略目标设定方式不宜采用传统的、基于系统的/完全可量化的分析,可通过邀请数字化技术专家,与具有丰富的线上线下物流业务运营经验的专业咨询机构合作,规划企业线上线下物流数字化转型战略蓝图(见图 8-7)。

企业线上线下物流数字化转型是考虑企业数字化转型发展"动因""动力",通过数字化物流价值链分析、优化、重组而形成的为客户/用户提供更为优质的服务、更具可持续发展性的一种竞争战略。企业线上线下物流数字化转型战略以服务、成本、质量、环境等的整体最优化为目标,如图 8-8 所示的 $TQCSE$ 模型描述(其中,T:时间和技术;Q:质量;C:成本;S:服务;E:可持续性)。

图 8-7　企业线上线下物流数字化转型战略规划"蓝图"

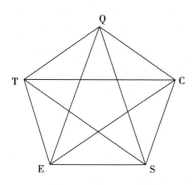

图 8-8　企业线上线下物流数字化转型战略目标模型

企业线上线下物流数字化转型战略目标模型中：T 有两个方面的含义，一是指采用数字化技术，实现企业线上线下物流的快速响应能力；二是提高物流效率。Q 的含义是通过运用数字化技术提高和保证企业线上线下物流服务质量。C 的含义是运用数字化技术以有效降低成本,提高经济效益。S 也有两个方面的含义,一是利用数字化技术,更好地做好物流服务功能;二是利用数字化技术,替代或减轻物流作业员工的体力和脑力劳动,直接为物流人员服务。E 是指采用数字化物流模式有利于充分利用资源,减少环境污染,能最大限度地消除环境负影响,进行可持续性发展。$TQCSE$ 之间相互关联,构成了一家企业线上线下物流数字化转型战略目标的有机体系。

（三）选择企业线上线下物流数字化转型战略切入点

企业采纳"自上而下"的顶层规划和"自下而上"的局部尝试并行,不同的局部尝试发生冲突时,遵循直接客户/用户相关的解决方案优先、客户/用户体验优先,以及信息系统架构前瞻性优先原则。在切入点的考虑上,优先考虑推进企业线上线下物流业务和管理的线上化。

（四）企业线上线下物流数字化转型战略实施保障

建立能保证企业线上线下物流数字化转型战略实施工作有效推进的机制,包括:转型战略实施的最高推动者需要是企业一把手,从战略高度制定转型的目标并解决跨部门资源协调和配合的问题;转型战略工作推进的具体执行人/牵头人,可以是首席信息官(CIO),也可以是其他背景人员,比如首席财务官(CFO)等,关键是有创新精神以及在企业内能调动资源;转型战略实施的组织机制初期可以采用联合项目组,但需要建立明确的项目制,有目标、有节点、有时间;转型战略实施的奖惩机制,鼓励数字化转型工作的实施,避免企业被既有关键绩效指标(Key Performance Indicator,KPI)过度抢占资源。

依据企业对线上线下物流数字化转型战略推进的不同阶段,转型战略实施可采用"探索式""协调式""集中式""嵌入式"四种方式,如图8-9所示。企业线上线下物流数字化转型战略推进初期,企业尚未确立整体推进方案,但局部试点的条件还是具备的,这时采取探索式,鼓励各业务部门局部尝试;之后,随着企业对线上线下物流数字化战略的深入实施,跨部门的协调需求不断增加,企业线上线下物流数字化转型战略向着协调式、集中管理式过渡。最终,企业线上线下物流数字化转型战略实现的是嵌入式管理,全企业在顶层规划下进行数字化转型。

同时,企业线上线下物流数字化转型战略实施中需要对内实施信息整合、信息治理和信息规划,可借助专业咨询机构的力量,通过合作加快企业线上线下物流数字化转型战略的推进,并向外界学习数字化能力,强化企业的数字化建设。

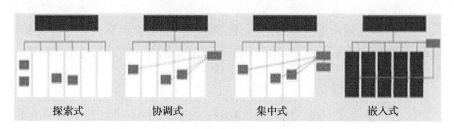

探索式　　协调式　　集中式　　嵌入式

图8-9　企业线上线下物流数字化转型战略实施方式

三、战略规划框架

根据企业线上线下物流数字化转型战略难点和机会分析,结合物流产业数字化转型的现状和发展需要,以企业高层领导的支持、业务部门的充分参与为保障,以提升外部客户/用户体验、提升内部运行管理智慧化程度、促进企业物流链和供应链信息协同为价值导向,制定企业线上线下物流数字化转型战略规划框架,如图8-10所示。

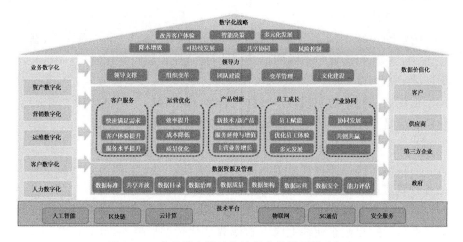

图8-10　企业线上线下物流数字化转型战略框架

企业线上线下物流数字化转型战略框架包括数字化战略、业务数字化、领导力、数字化赋能、数据资源及管理、技术平台、数据价值化等部分。

（一）数字化战略

数字化战略是企业线上线下物流资源和各种数字化技术应用的发展方向,与企业的职能战略、业务战略及产品/服务战略等有机融合,有效支撑企业线上线下物流数字化转型战略总体规划。主要有以下几方面。

1. 改善客户/用户体验

实现客户/用户的实时感知、分析和预测。整合企业线上线下物流服务渠道,建设敏捷响应的客户/用户服务体系,实现从订单到交付全流程的按需、精准服务。

2. 智慧决策

从之前企业线上线下物流经营和管理决策以经验为主、数据辅助决策,转换到数据说话、用数据决策、用数据分析管理问题,及时提出新的解决方案。

3. 多元化发展

基于数字化技术的应用和数据价值发挥,产生基于现有企业线上线下物流业务的延伸和新服务的创造。

4. 降本增效

通过数据的流动,减少信息的不对称,优化企业线上线下物流资源配置。同时通过数字化技术实现客户/用户需求的快速响应和服务质量的全生命周期监控。

5. 可持续发展

企业通过线上线下物流数字化转型构建核心优势,建立新模式、新业态、新生态,从而形成生态圈的良性循环,使企业得以可持续发展。

6. 共享协同

依托数字化平台实现客户/用户以及合作伙伴的广泛链接和智能交互,使所有成员围绕企业线上线下物流数字化生态圈共同受益。

7. 风险控制

通过数字化技术识别对企业线上线下物流作业、业务流程改造过程中的各种风险和潜在风险,并提供解决策略。

（二）业务数字化

业务数字化是企业线上线下物流数字化转型战略实施的基础,是通过数字化技术手段加强对于客户/用户数据的采集,实现各类业务的线上化处理,加强企业对于客户/用户的感知能力和业务过程的监控能力。

1. 资产数字化

面向经营性资产管理、无形资产管理及多种类型资产管理,兼顾项目管理、财务管理在内的信息系统,充分融合企业线上线下物流业务协同和数据共享理念。

2. 营销数字化

对企业线上线下渠道实行统一管理,对人流、信息流、资金流统一掌控,最终实现以客户/用户为核心整合营销渠道,主导经营方向。

3. 运维数字化

通过数字化平台来实现面向企业线上线下物流业务资源集中监控,提前发现问题,结合运维的职能特点,优化运维管理能力以提升运维的效率。

4. 客户数字化

通过大数据全方位感知勾勒客户/用户画像,场景化感知客户/用户需求,与客户/用户建立更高频的互动,让客户/用户作为主体更多地参与到企业线上线下物流价值的创造中来。

5. 人力数字化

构建统一的人才评测体系包括人才招聘、培养、配置、选拔等,刻画人才特征,分析人才的能力状况,并指导企业线上线下物流数字化转型人才未来的发展。

6. 财务数字化

充分与企业线上线下物流业务系统融合,实现业财一体,统一财务数据核算标准、实现企业统一管控,消除财务数据、业务数据在部门、时间上的差异,对财务数据价值的挖掘,对管理及决策的支撑等。

（三）领导力

领导力是企业线上线下物流数字化转型战略实施的保障,是对企业传统业务模式的优化创新,是对员工业务系统的改变。

1. 领导者支撑

需要企业高层领导者加强对于企业线上线下物流数字化转型战略规划的重视和参与,明确专人分管,统筹规划、科技、信息化、流程等管控条线,协调解决转型战略规划中的重大问题。

2. 组织变革

打破企业以往的科层制管理体制、管理模式,重构去中心化、去中介化的动态组织体系,借助数字化技术实现减少层级、提升效率、降低成本、快速应对外界变化的企业管理目标。

3. 团队建设

建立企业线上线下物流数字化转型战略规划推进组织,协同各业务部门一起推动数字化转型战略规划工作的开展。

4. 变革管理

企业线上线下物流数字化转型过程中需要重点加强变革管理,对整个数字化转型战略规划过程进行监控和管理,调整变革措施。

5. 文化建设

企业线上线下物流数字化转型过程中需要不断培养数字化文化理念，激发个体活力，为员工营造良好的数字化战略转型氛围。

（四）数字赋能

通过数字化技术对企业线上线下物流价值链中各个环节的支撑，对客户/用户服务、运营优化、服务创新、员工成长、产业协同等方面产生重大影响。

1. 客户/用户服务

优化客户/用户洞察，建立动态的客户/用户画像，基于实时大数据把握个性化客户/用户体验，挖掘客户/用户需求和潜在客户/用户，提升客户/用户满意度。

2. 运营优化

基于传统企业线下物流存量业务，价值创造和传递活动主要集中在企业线上线下物流数字化运营中，价值获取主要来源于数字化物流业务规模经济和范围经济。

3. 服务创新

主要专注于拓展基于传统线下物流的延伸服务，价值创造和传递活动沿着企业价值链，开辟业务增量发展空间，价值获取主要来源于已有企业线上线下物流数字化转型下的价值增值。

4. 员工成长

通过企业线上线下物流数字化转型战略提高员工的工作效率，帮助员工培养良好表现和适应未来所需的心态和能力，不仅深化专业技能，也向多技能转变。

5. 产业协同

建设数字化平台，推动企业的物流链、供应链数据贯通，资源共享和业务协同，提升企业线上线下物流价值链资源优化配置和动态协调水平。

（五）数据资源及管理

数据资源及管理是企业线上线下物流数字化转型战略规划的核心，是对企业各类数字资源的汇聚、整合和管理，从而挖掘数据价值。

1. 数据标准

数据标准是企业数据中的基准数据，为企业各个信息系统中的数据提供规范化、标准化的依据，是企业线上线下物流数据集成、共享的基础和重要组成部分。

2.共享开放

按照统一的管理策略对企业线上线下物流数据进行有选择的对外开放,同时按照相关的管理策略引入外部数据供组织内部应用,实现数据价值最大化。

3.数据目录

梳理企业各信息系统的数据资产,形成系统级数据目录和企业级数据资源目录,为企业线上线下物流数据共享提供基础。

4.数据治理

数据治理是对数据资产管理行使权利和控制的活动集合,涉及企业线上线下物流数据管理的组织、标准规范、流程、架构等方面,数据治理是信息治理在高层次上制定、执行数据管理的制度。

5.数据质量

数据质量主要是从数据的准确性、及时性、完整性、唯一性、一致性和有效性等方面对企业线上线下物流数据的分析、监控、评估和改进的过程。

6.数据架构

数据架构是用于定义企业线上线下物流数据需求、指导对数据资产的整合和控制、使数据投资与业务战略相匹配的一套整体构件规范。通过数据模型定义与规范企业线上线下物流业务经营、管理和决策中的数据需求,通过数据分布确定各类数据资产的合理部署,通过数据集成与共享实现数据资产的整合,通过元数据管理对企业线上线下物流业务进行元数据创建、存储、整合与控制。

7.数据运营

数据运营是数据能力对外提供的统一门户,把企业线上线下物流数据资源目录、数据质量、数据资产价值管理的各项能力以可视化的方式提供给业务人员、管理人员,方便各参与方更快速地查询数据、理解数据、使用数据,提升数据工具对于业务的支撑,实现数据管理的闭环。

8.数据安全

数据安全主要包括数据安全策略、数据安全管理和数据安全审计三个过程域,从制度、管理和审计三个方面来提升企业线上线下物流数据的安全性。

9.能力评估

开展数据管理能力评估,深入了解、发现企业线上线下物流数据管理能力建设方面的现状以及存在的问题,为未来数据管理能力建设提供理论依据。

（六）技术平台

技术平台是企业线上线下物流数字化转型战略规划的重要保障，需要充分应用人工智能、区块链、云计算、大数据、物联网、5G 通信、安全服务等数字化技术。

1. 人工智能

人工智能为企业线上线下物流数字化能力的重要实现技术。在大数据、云计算、机器视觉、深度学习日趋成熟的情况下，人工智能已经成为企业线上线下物流数字化转型战略规划中信息规划需要考虑的重要技术。

2. 区块链

未来的基于区块链的交易模式、可信机制与现在的方式可能并不完全一样，区块链交易网络的去中心化意味着对企业线上线下物流数字化转型战略规划中的信息规划带来重大变革。

3. 云计算

云计算是从物联网到企业数字化平台的主流技术选择，云 ERP 应用与云数据库、云安全及云基础设施服务是企业线上线下物流数字化转型战略规划中信息规划的技术基础。

4. 物联网

物联网是实现对设备、物质进行数字化赋能的关键技术，物联网是在企业线上线下物流数字化转型战略规划中信息规划的应用，从单纯的设备与设备连接（M2M），发展到具有泛在感知、认知计算、预测分析等功能的端到端（E2E）。

5. 5G 通信

5G 通信传输峰值速率达到10Gbps，时延低至 1 毫秒，能够实现每平方千米 100 万的海量链接。5G 是数字化世界的信息连接平台，是企业线上线下物流数字化转型战略规划中信息规划的"中间件"。

6. 安全服务

对网络安全、终端安全、应用安全、数据安全、业务安全等全方位的防护，将为企业线上线下物流数字化转型战略规划中的信息规划提供坚实的安全底座，进一步增强数字信任。

（七）数据价值化

数据价值化是企业线上线下物流数字化转型战略规划的重点，是通过对数据的统一加工和分析，提供跨领域、跨行业的数据服务，对内提升企业的效益，对外更好地服务客户/用户。其中，针对客户/用户，为客户/用户提供数据资源和数据能力服务，产生新价值增长点；针对合作伙伴进行信息共享,通过协作实现优化和共赢;针对物流产业生态,基于数字化平台实现线下物流产业链和生态链的协同创新。

四、战略规划过程

信息规划是配合企业线上线下物流数字化转型战略规划的信息化战略,是企业线上线下物流价值链数字化转型战略的重要支撑。企业的信息规划中,典型的如 ISSP(Information System Strategic Planning,即信息战略规划)方法(Soohyun,2020)[①],其一般过程如图 8-11 所示。

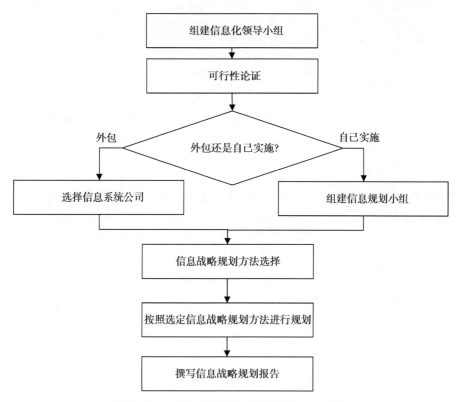

图 8-11　信息规划(信息战略规划)一般过程

在传统的信息规划中,企业在选择信息战略规划方法时对选择不同方法的最终效果无法进行程序化的预测,没有确定的依据可以说明某种方法

---

① Soohyun J., Insoo S., Jinyoung H., "Exploring the Role of Intrinsic Motivation in ISSP Compliance:Enterprise Digital Rights Management System Case", *Information Technology and People*, No.5,2020.

优于另一种,因而通常采用专家打分法进行主观判断(Neeta Baporikar,2013)①。在信息战略规划方法选择过程中,不同组织和人员都可以作为某方面的专家提出自己的意见,采取专家打分为基础的主观方法因缺乏基本的客观依据,最终信息战略规划方法的选择由权力群体之间的妥协结果来决定。而基于信息系统定量分析与虚拟仿真(以及数字孪生)的方法可以将信息战略规划一般过程进行改造和重组,形成信息战略规划二次选择规范过程——企业线上线下物流信息战略规划过程,如图8-12所示。

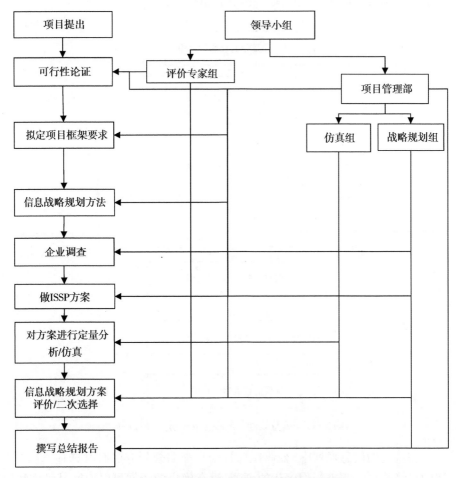

图8-12　企业线上线下物流信息战略规划过程

① Neeta B., "CSF Approach for IT Strategic Planning", *International Journal of Strategic Information Technology and Applications*, Vol.4, No.2, 2013.

　　企业线上线下物流信息战略规划过程包括形成信息战略规划方案和报告的过程以及建立企业信息系统组织机构的过程。形成信息战略规划方案的过程使用了多个方法竞争的思路,并让它们在实际企业环境中进行竞争,这种竞争通过虚拟仿真(以及数字孪生)基础上的综合评价来完成。因此,首先进行一次信息战略规划方法预选,信息战略规划预选是通过定性研究确定可能较为适合企业实际情况的方法,这要依靠专家对企业实际情况进行研究,从几类方法中选出几种有代表性的方法或其组合;其次,按照预选出的方法分别作出信息战略规划方案,由虚拟仿真(以及数字孪生)小组对该方案所形成的信息战略规划进行量化分析,得到分析结果后比较按照不同方法下的信息系统及关键子系统在企业中部署后的运营效率;最后,结合不同信息战略规划方案中信息系统预计的设备、开发、部署等费用预算,以及对不同信息战略规划方案之间实施难度、风险等因素的综合考虑,选择其中的一种方案作为最终方案。

第三节　线上线下物流价值链战略举措

一、战略支撑举措

　　在三种基本价值链战略下,数字化原生企业、商业模式数字化投入、数字化转型成熟度和数字化转型组织架构是企业线上线下物流数字化转型战略举措的主要支撑,其中,数字化原生企业和数字化转型组织架构可用于差异化型价值链战略的支撑,商业模式数字化投入可用于目标聚焦型价值链战略的支撑,数字化转型成熟度可用于成本领先型价值链战略的支撑。这些战略举措之间可以交互,共同支撑企业进行线上线下物流价值链战略的规划。

　　(一)　数字化原生企业

　　在任何一个行业中,优先进行数字化转型对于保持企业核心竞争力至关重要,随着数字化转型迈向纵深,成为"数字原生企业"成了企业数字化转型发展的主要目标。建立数字化原生企业(Digital Native Enterprise)战略,即掌握数字经济的特征并将其融入企业线上线下物流业务运营和企业文化的核心。技术驱动、数据指引是数字原生企业的核心,这与传统企业形成了本质区别(徐语聪,2021)[①],数字化原生企业具有以下核心特征(见图

---

　　①　徐语聪:《企业数字化转型将走向"数字原生"新阶段》,《数据》2021年第5期。

8-13）：以互联网平台为核心载体,企业线上线下物流全周期的运营、客户/用户信息感知等供需两侧数据均由互联网平台作为统一入口,为数据流通提供基础载体；以获客数量和规模为核心战略,大体量的获客数量能够为企业线上线下物流价值链优化提供更精准的数据样本,增强获客提升——数字化物流服务优化的良性循环；以服务客户/用户为核心竞争力,将客户/用户的需求、体验和忠诚度作为企业线上线下物流业务最重要的竞争力,由追求短期利益向商业长期主义过渡；以快速迭代试错、持续出新为核心手段,依靠数字技术降低探索和创新的试错成本,加速企业线上线下物流业务敏捷实现数字化物流服务的优化迭代；以人力和算力为企业线上线下物流业务的核心资源,将数字化人才、信息化基础设施、数字化技术体系、数据资产和算法作为企业的战略资产,持续开发、优化上述资产；以企业线上线下物流生态的拓展维护为核心能力,不断整合外部资源,提供新的服务,确保客户/用户的多元需求得到满足,增强客户/用户的黏性和忠诚度；以多维数据整合作为核心知识,将企业线上线下物流数据的分析处理,异构数据的整合、分析与决策支持能力和人工智能技术的应用作为企业数字化转型战略的关键支撑。

图 8-13　数字化原生企业战略的核心特征

（二）商业模式数字化投入

企业线上线下物流数字化转型战略让企业传统的信息技术无论在效率上还是成本上都无法满足企业的发展需要。企业需要寻求数字化技术来解决线上线下物流数字化过程中的信息系统日益复杂、运维效率低下等问题，与此同时，物联网、云计算、人工智能等技术的发展，催生了云管理、边缘计算、基于算法的信息技术运维（Algorithmic IT Operations）等新的市场（胡锦绣等，2021）①，将数字化技术的构成不断衍生并带入更多的应用场景（见图8-14）。其中，边缘计算（Edge Computing）是指在靠近物或数据源头的一侧，采用网络、计算、存储、应用核心能力为一体的开放平台，就近提供最近端服务。其应用程序在边缘侧发起，产生更快的网络服务响应，满足行业在实时业务、应用智能、安全与隐私保护等方面的基本需求；基于算法的信息技术运维是由高德纳（Gartner）定义的新类别，源自业界所提出的信息技术

图8-14　数字化技术的构成及应用场景

---

① 胡锦绣、钟书华、柳婷:《国外 ICT 产业智慧专业化评价研究回顾与展望》,《科技进步与对策》2021 年第 18 期。

操作与分析(IT Operations and Analytics),其利用数据科学和机器学习来推进日益复杂的企业数字化进程。这些市场通过数字化投入,扩展了企业线上线下物流服务类别,并用数字化服务替代原有服务并创造新的数字化服务。

面向企业线上线下物流数字化业务的数字化技术需要打造一个基于全链接的数字化物流价值链体系,来重新定义商业模式、数字化技术的价值以及数字化技术的基础设施。具体而言,重新定义商业模式,就是使用数字化技术来改造企业,使企业更直接地面向客户/用户及合作伙伴;数字化技术的价值在于未来让人与人、人与物、物与物之间实现全面互联,成为支撑企业线上线下物流业务运营的数据系统;数字化技术的基础设施需要更大的能量、更快的速度、更广泛的连接和接入及更好的体验来促进企业线上线下物流生态圈成员间更好地沟通(尹巍巍等,2020)①。

（三）数字化转型成熟度

企业线上线下物流数字化转型成熟度量化评估可以从总体数字化转型、领导力转型、全方位体验转型、信息与数据转型、运营模式转型、工作资源转型六个维度展开(见图8-15)。其中,总体数字化转型可以分为服务创新率、客户/用户价值主张、数据的资本化、流程服务有效性、工作和劳动力供给等;领导力转型可以分为数字化智商、服务创新率、生态系统建设、数字化风险承受能力、核心业务数字化转型份额等;全方位体验转型可以分为客

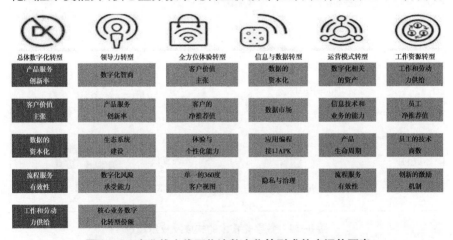

图8-15　企业线上线下物流数字化转型成熟度评估要素

<hr/>

① 尹巍巍、王立平:《基于ICT行业智慧供应链协同体系研究与实践》,《物流技术》2020年第12期。

户价值主张、客户的净推荐值、体验与个性化能力、单一的360度客户/用户视图等;信息与数据转型可以分为数据的资本化、数据市场、应用编程接口、隐私与治理等;运营模式转型可以分为数字化相关的资产、信息技术和业务的能力、产品生命周期、流程服务有效性等;工作资源转型可以分为工作和劳动力供给、员工净推荐值、员工的技术商数、创新的激励机制等。通过这些评估,确定企业线上线下物流数字化转型发展的差距和未来的方向。

（四）数字化转型组织架构

支持企业线上线下物流数字化转型战略的组织架构主要有四种类型（见图8-16）:数字化转型特别项目组,目标是探索与发现,然后定义企业线上线下物流数字化转型的远景和使命;数字化转型办公室,目标是建立治理结构,同时确定企业线上线下物流数字化转型的优先次序;嵌入式数字业务组,目标是加速推进,实施覆盖企业线上线下物流业务整体范围的数字化转型;数字化业务单元,目标是优化创新,创造数字化物流服务及商业模式。

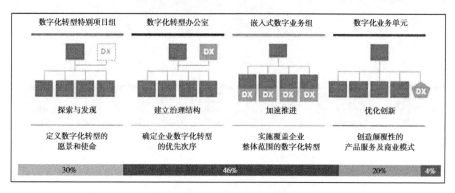

图8-16　支持企业线上线下物流数字化转型的组织结构

二、战略实施方向

在上述战略支撑举措下,企业线上线下物流数字化转型战略实施方向主要有基于数字孪生的物流数字化转型、基于数字供应链的物流数字化转型、基于区块链的物流数字化转型和基于数字控制塔的物流数字化转型。其中,数字孪生可用于企业成本领先型、目标聚焦型价值链战略实施,数字供应链和区块链可用于企业差异化型价值链战略实施,数字控制塔可用于企业差异化型、目标聚焦型价值链战略实施。同时,这些战略实施方向之间是可以交互的,共同支撑企业进行线上线下物流价值链战略的实施。

（一）基于数字孪生的战略实施方向

数字孪生（Digital Twins）是真实物体的虚拟表示，旨在优化资产运营或业务决策，包括模型、数据、与对象的一对一关联以及监视的能力、实体或系统（罗均梅等，2022）[①]。基于数字孪生，结合企业信息战略规划，可为企业线上线下物流数字化转型提供应用场景。图 8-17 描述了数字孪生的架构和应用场景。

数字孪生的去物质化和虚拟化特征是企业线上线下物流数字化转型的主要驱动力，数字孪生在企业线上线下物流数字化转型的应用可体现在以下几个方面。

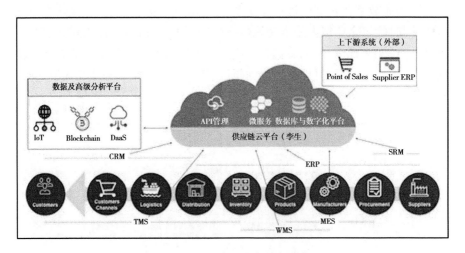

图 8-17　数字孪生架构与应用

1. 运输数字孪生

从供应地到需求地的运输取决于多个要素的协调，包括运输工具和设备、订单和信息系统，应用数字孪生来提升运输的数字化水平将有助于减少差错，提高运营效率。通过大数据分析，也有利于发现在运输过程中哪个地方最容易发生事故，从而有针对性地进行改善。

2. 物流园区数字孪生

对物流园区内资源的最优配置，数字孪生技术提供了重要的资源管理及能效优化的决策依据。随着物流设备的智能化，企业将更快地进入虚拟空间信息数据生产领域，而数字孪生技术就是通过在虚拟空间构建一个与

[①]　罗均梅、徐翠丰：《数字孪生如何影响商业生态系统构建——基于前瞻资源化视角的案例研究》，《中国海洋大学学报（社会科学版）》2022 年第 6 期。

物理世界相匹配的孪生物流园区,以数字为基础,对物流园区进行运营、决策。

3. 仓储数字孪生

仓储数字孪生可以支持仓储设施的设计和布局,并模拟物品、人员和仓储设备的移动,助力企业优化仓储空间利用率。在仓储作业期间,数字孪生可以不断更新数据,这些数据是从各种智能仓储设施与设备中获得的,以提供实时的仓储状态,并通过大数据分析向仓储管理人员提供优化决策。在仓储系统中,将仓库的三维(3D)模型与库存和运营数据结合起来,对库存或配送作出预测和自主决策。

4. 包装数字孪生

借助三维(3D)扫描成像工具,能快速建立物品外包装(如集装箱、托盘等)的数字孪生,通过和预先设定的标准模型进行对比,迅速识别包装物是否存在潜在问题,再结合大数据分析,提供包装物何时应该修理或进行报废处理的决定。

(二) 基于数字供应链的战略实施方向

数字供应链是在整个供应链管理中应用数字技术,并根据实时条件而不是预定义的工作流程主动响应,实现整个供应链的可视化(唐隆基等,2022)[①]。近年来,诸如新冠疫情带来的运输管制以及自然灾害等"黑天鹅"事件不断发生,让供应链的运营变得更为复杂,传统供应链无法适应当前环境,而云计算、人工智能、物联网、互联网等数字技术快速普及应用,这一切都预料着未来供应链将朝着数字供应链的方向发展(宋华,2022)[②]。传统供应链向数字化供应网络转变如图 8-18 所示。

数字供应链的去中心化特征和虚拟化特征是企业线上线下物流数字化转型的主要驱动力,构建数字供应链在企业线上线下物流数字化转型战略中具有以下优势。

1. 灵活性强且降低成本

企业可以使用实时数据对某一类高需求或潜在高需求服务进行目标聚集,减少或消除低需求服务来降低成本。

2. 提高供应链服务效率

使用数字供应链能够更好地了解客户/用户需求,并确保服务能力满足

---

① 唐隆基、潘永刚、余少雯:《数字供应链孪生及其商业价值》,《供应链管理》2022 年第 2 期。

② 宋华:《建立数字化的供应链韧性管理体系——一个整合性的管理框架》,《供应链管理》2022 年第 10 期。

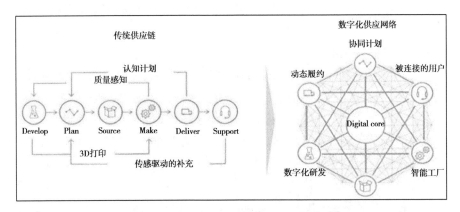

图 8-18　传统供应链向数字化供应网络转变

预测需求,缩短交货时间,更好地控制供应链。

3. 提高客户/用户满意度

增强对供应链各个方面的可见性可以提高客户/用户满意度,因为企业可以将这种可见性传递给客户/用户。

4. 简化运营

企业基于数据进行数字化转型,所以数据在运营中变得越来越可用,而通过数字供应链可以将这些数据应用变得更加简单,既能避免了以往的失误,又可以提高执行力度。

5. 透明度

由不同信息系统和数字化技术组成的集成网络使透明度成为可能,使供应链中的多个利益相关者受益。这种透明度带来了一系列有吸引力的可能性,包括发现以前看不见的低效率,改善不同利益相关者之间的关系。

6. 消除信息孤岛

通过数字供应链能够消除企业多个部门为不同目的重复输入类似数据的工作量,让员工更好地利用时间并降低成本。

7. 敏捷

通过数据和算力进行实时自主决策,这对于在需要敏捷性的商业运营中提供竞争优势至关重要。

(三)基于区块链的战略实施方向

区块链作为数字经济的关键底层技术和可信基础设施,对要素配置的优化、差异制度的融合、商业模式的创新、服务效率的提升等,均具有现实价值(宋立丰等,2019)①。区块链是一种分布式账本,它有望通过实现信任,提供供应链透明度和减少企业线上线下物流业务生态系统间的摩擦,从而降低成本。区块链有可能用于构造可信任的数字化物流价值链,带来实际的数字化价值。企业价值链上的区块链应用,根据它们的复杂性和采用级别进行细分,如图8-19所示。

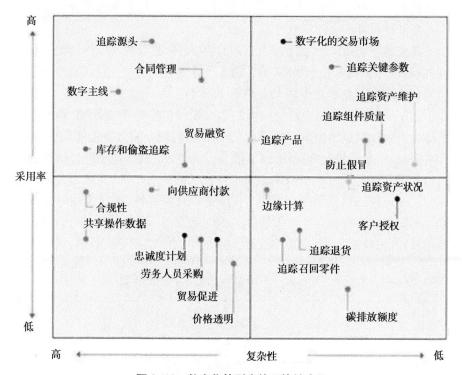

图8-19　数字化转型中的区块链应用

区块链的去中心化特征和虚拟化特征是企业线上线下物流数字化转型的主要内外驱动力,区块链对企业线上线下物流数字化转型的作用在于以下几点。

1. 提高信任程度

去中心化的区块链可以使物流信息透明化、公开化,能够在智慧物流中提高交易双方的信任程度,使每个节点都能够像主体一般完成信息的自我管理、验证和传递(潘海洪,2022)②,从而实现交易双方资源的有效整合。

---

① 宋立丰、祁大伟、宋远方:《"区块链+"商业模式创新整合路径》,《科研管理》2019年第7期。

② 潘海洪:《从物流区块链到物流数字经济》,《中国物流与采购》2022年第16期。

2. 促进智慧物流发展

区块链的应用能够在一定程度上实现物流的智能化,也能将智慧物流的信息进行共享和更新。

3. 多业态融合

区块链在物流行业应用主要集中在货物、追溯、智能合约等场景,在数字化技术与数字化产业、产业数字化变革下,进一步与多业态融合。

4. 多技术融合

区块链可与 5G、大数据、人工智能等技术融合应用,特别是"区块链+大数据""5G+工业互联网"等在物流行业的落地。

（四）基于数字控制塔的战略实施方向

数字控制塔提供供应链网络的整体可视与供应链绩效管理、销售与运营衔接企业战略战术决策流程,为企业提供协同统一的数字化信息平台,提升对客户/用户的快速响应能力(唐隆基,2020)[1]。数字控制塔提供整个供应链的端到端可视性——特别是对不可预见的外部事件,其能力有三个层级(见图 8-20):第一层级为早期 360 度全视野可视性,在正确的时间共享来自不同信息系统和业务流程的信息;第二层级为认知计算引擎,监测和分析信息,利用分析工具协助决策;第三层级为协作/协同响应机制,供应链网

图 8-20　数字控制塔不同层级能力

---

① 唐隆基:《数字化供应链控制塔的理论和实践》,《供应链管理》2020 年第 2 期。

络中的不同功能通过业务流程管理协调工作。数字控制塔帮助企业更好地预测中断、提高弹性、管理异常情况并应对计划外事件,其根本价值在于,它能够连接不同的信息系统,并进行可视化的数据显示。

　　数字控制塔的去中介化特征和平台化特征是企业线上线下物流数字化转型的主要驱动力,数字控制塔在企业线上线下物流数字化转型战略中的作用在于通过数字化技术规划物流仓储网络、监控订单履行状态、实时追踪货物,为企业提供端到端的、可视化的供应链物流服务。要实现物流数据的端到端可视,首先要解决的就是数据的互联互通。从业务层面上看,在整个企业线上线下物流价值链中,涉及的企业/部门和环节众多,数据复杂,每家企业/部门和环节的数据系统、数据体系各不相同,信息整合有一定难度,需要上下游企业或部门开放共享数据,共同发挥数据价值。从技术层面上看,通过搭建数据集成平台,对接各企业的企业资源计划、运输管理系统、仓储管理系统等信息系统(见图8-21),打通企业内部不同信息系统之间数据壁垒,为客户/用户提供涵盖物流、信息流和资金流的全面可视化服务。基于数据的互联互通,进一步沉淀企业线上线下物流数据分析经验,降低对人的依赖。企业不再需要做过多的数据处理工作,便可直接查看数据分析结果,找到企业运营中存在的问题并能够自动预警,从而提升效率。

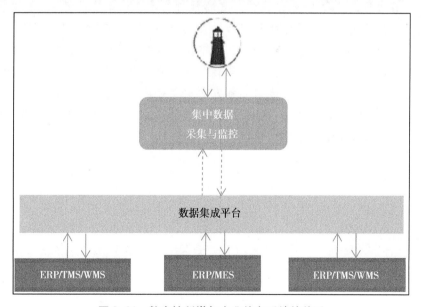

图8-21　数字控制塔与企业信息系统的关系

　　为了对"互联网+物流"价值链进行再构,基于实体物流价值链与虚拟物流价值链共生构建企业线上线下物流价值链数字化战略。实体物流价值链与虚拟物流价值链共生,其表现形式是实体物流价值链与虚拟物流价值链的整合与再构,以提高企业竞争力、形成持久的不可模仿的竞争优势为目标的一系列行为的组合模式。实体与虚拟物流价值链共生战略以企业信息规划为基础,企业线上线下物流价值链数字化转型战略下的信息规划是在理解企业发展战略和评估企业信息化现状的基础上,结合物流信息系统建设和对数字化技术发展的认识,提出企业线上线下物流信息规划的远景、目标和战略,以及企业线上线下物流信息规划的架构设计、选型和实施策略,满足企业可持续发展的需要。基于成本领先、差异化和目标聚集三种基本价值链战略,企业线上线下物流价值链战略是实体物流价值链与虚拟物流价值链通过横向和纵向整合形成的,企业线上线下物流价值链战略主要包含发展理念、领导力、组织结构、运营管理、技术能力、外部合作。企业线上线下物流价值链战略的特点表现为优势性、合成性、延展性、适应性和选择性等方面。信息规划是配合企业线上线下物流价值链数字化转型战略的重要支撑,基于信息系统定量分析与仿真的方法可以将信息战略规划一般过程进行改造和重组,形成信息战略规划二次选择规范过程——企业线上线下物流信息战略规划过程。在三种基本价值链战略下,数字化原生企业、商业模式数字化投入、数字化转型成熟度和数字化转型组织架构是企业线上线下物流数字化转型战略举措的主要支撑。企业线上线下物流数字化转型的战略实施方向主要有基于数字孪生的物流数字化转型、基于数字供应链的物流数字化转型、基于区块链的物流数字化转型和基于数字控制塔的物流数字化转型。

第九章　线上线下物流价值链数字化战略管理

结合线上线下物流价值链战略举措,研究区块链、控制塔、数字孪生和数实共生等数字化管理思维与企业线上线下物流价值链融合下的战略管理,以实现对"互联网+物流"价值链的再构。

第一节　基于区块链的线上线下物流价值链战略

区块链技术的出现为企业线上线下物流价值链数字化战略提供了可选方案,其去中心化的特征具有解决企业线上线下物流活动中交易信息失真、供需配对失效、交易溯源困难等问题的可行性(潘海洪,2022)①。区块链的这种特性,在融入企业线上线下物流价值链后将更加凸显价值链(尤其是虚拟价值链)的独特性(或称之为异质性)特点,基于区块链的企业线上线下物流价值链战略可用于配合企业差异化型价值链战略实施。

一、基于区块链的战略内涵

（一）服务价值

基于区块链的数字化物流信息平台,创建企业线上线下物流价值共创区块链架构,实现信息安全稳定的对接,这一架构下的区块链可由服务层、应用层与基础层三个部分构成,如图9-1所示。

区块链基础层处于企业线上线下物流价值共创服务底层,以区块链核心技术实现去中心化的分布式记账功能,区块链应用程序可以完成企业线上线下物流价值链中的知识对接,并完成区块链技术的数据存储、查询、追溯与检索;区块链应用层进行企业线上线下物流数据存储、数据查询、数据追溯和数据索引;区块链服务层对外服务主要是数据服务、应用程序编程接口(Application Programming Interface, API),其中应用程序编程接口主要是用于客户/用户,实现对数据与运营体系的实时监管。

企业与客户/用户之间形成线上线下物流价值共创的核心因素是双方

---

① 潘海洪:《从物流区块链到物流数字经济》,《中国物流与采购》2022年第16期。

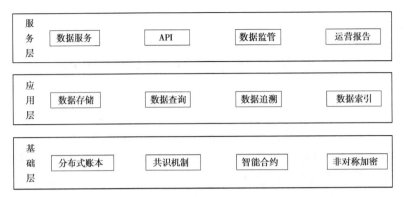

图 9-1 企业线上线下物流价值共创区块链架构

之间的信任感,基于两者之间的信任感实现信息共享合作模式。客户/用户将不断收集各种信息以此增强信息感知,确保双方进一步提升价值共创的高效化发展。信任感知与信息感知作为实现价值共创的核心点,同时也是客户/用户选择合作企业的主要参考点(杨继,2021)。[1] 当企业与客户/用户之间形成线上线下物流价值共创关系时,通过基于区块链的数字化物流信息平台进行高效的信息交流,在进行信息共享的过程中提升自身价值。企业在该阶段中需要实现预期目标并对现有资源进行整合,对市场的发展环境进行准确把控,以便于顺利开展各项活动。基于区块链的数字化物流信息平台对企业线上线下物流流程进行优化,以满足更多客户/用户的需求,企业也可以通过平台中提供的数据信息分析他们自己的潜在的客户/用户,根据这些潜在的客户/用户的需求实现服务的优化,加强自身竞争力。

(二)信息共享

企业与客户/用户实现线上线下物流价值共创的核心是加强信息共享管理。为了保证数据对接的准确性,企业与客户/用户之间进行信息共享可以区块链技术为支撑,建立起低风险、高交互的信息共享流程(梁雯等,2019)[2],规避信息共享在经历多个环节的过程中可能存在的数据窃取风险。一般而言,企业与客户/用户可对自身的商业机密数据加密,并存储在各自的管理层级中。而对于两者之间的共享数据可以单向三列形式通过加密放置在区块链网络中,企业与客户/用户可以通过索引的方式实现数据提取。基于区块链技术实现客户/用户与企业数据共享,其基本原则是不实现

① 杨继:《区块链、互联网信任与制度设计》,《上海经济研究》2021 年第 6 期。

② 梁雯、司俊芳:《基于共享经济的"区块链+物流"创新耦合发展研究》,《上海对外经贸大学学报》2019 年第 1 期。

原始数据的共享,进而防止核心数据被其他方面所盗取(王利朋等,2022)。① 基于区块链的企业线上线下物流信息共享体系如图9-2所示。

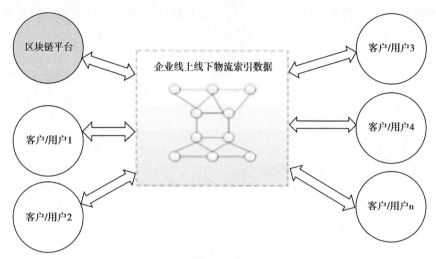

图 9-2　区块链下的企业线上线下物流信息共享体系

客户/用户为进一步获取企业线上线下物流相关信息,可以通过基于区块链的数字化物流信息平台固有的密码实现信息检索,在确定所需要获取的信息后将自己的公钥直接发送到平台中,平台得到公钥后自动进行信息整理,并且对于客户/用户所需的信息进行公钥加密后发送回客户/用户。当客户/用户得到其检索的信息后,可用公钥验证并以自己私钥解密以使用该信息。客户/用户获取企业线上线下物流信息流程如图9-3所示。

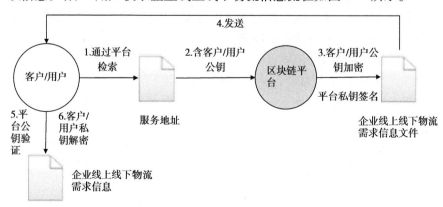

图 9-3　客户/用户获取企业线上线下物流信息流程

① 王利朋、关志、李青山、陈钟、胡明生:《区块链数据安全服务综述》,《软件学报》2022年第11期。

　　客户/用户在基于区块链的数字化物流信息平台中获得所需的企业线上线下物流信息时,以客户/用户密钥进行信息检索,待平台获得相应的信息地址后以公钥发送信息请求文件,企业在收到请求文件后用自己的私钥解密使用。企业获取线上线下物流信息流程如图9-4所示。

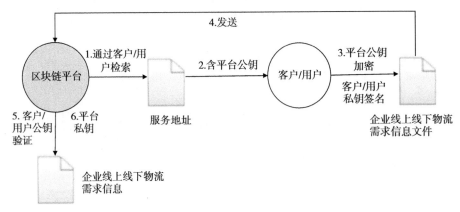

图9-4　企业获取线上线下物流信息流程

(三) 信息交易服务

1. 信息交易服务的内容

　　企业线上线下物流信息交易由两个部分组成:一是信息共享体系中客户/用户完成信息服务获取请求,随后企业会根据所需求的信息服务收取相应的费用。二是企业和客户/用户在实现信息共享时需要不断加强数据储备,当储备的数据满足信息共享中的客户/用户需求,企业就可以向客户/用户提供信息服务。基于区块链的数字化物流信息平台还可以进行信息服务监督,并为客户/用户开放投诉通道。

2. 信息交易服务的流程

　　客户/用户可通过基于区块链的数字化物流信息平台的密文实现企业线上线下物流信息的查询检索,通过检索后获取到信息网址直接发送到平台上,然后平台对其地址用公钥加密后再发送给客户/用户,待对方收到信息后对其信息进行解密后使用。若是平台接收到客户/用户的信息获取请求口令时,则在数据库中进行信息的提取,对所提取到的信息进行公钥加密并私钥签名,随后将所形成的信息整合成文件形式发送给客户/用户,客户/用户以公钥签名、私钥解密使用;如果企业不同意客户/用户申请,则整个信息交易服务失败。这一流程如图9-5所示。

3. 信息交易服务的价值

　　企业为了获得更多客户/用户,可根据自身的需求进行企业线上线下物

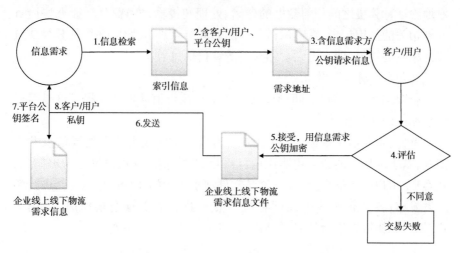

图9-5　企业线上线下物流信息交易服务流程

流数据库的开发,但是在对数据库开发过程中,最大的问题是数据的真实性。当基于区块链的数字化物流信息平台实现信息辅助服务时,平台承担监督职责,当所提供的信息出现质量问题时则可以进行责任的判定与损失弥补。一般来讲,基于区块链的数字化物流信息平台中所提供的信息均是企业与客户/用户在企业线上线下物流信息共享体系下产生的,所以其信息日志将会在区块链技术下进行存储,若是所产生的信息具有质量问题则将会被记录。从价值链层面进行分析,在区块链、数据挖掘与数据分析等技术的支持下,企业线上线下物流价值共创体系扩展到更大范围时,其通过数据库所产生的价值将会更多。此时,基于区块链的数字化物流平台实现信息交易后的价值将会进一步提升,为企业线上线下物流数字化发展提供支撑。

（四）信任体系构建

1.分布式信任

企业与客户/用户之间建立信任关系时,信任数据不仅包含了客户/用户的信用信息,而且也与平台的信用数值有着必然的联系(杨继,2021)。[①]在信任体系中,企业和客户/用户之间拥有相应的权限,两者都不具有擅自修改数据库中信用数据的权限,信用数据是以分布式账本形式进行数据录入。所录入的信用数据都需要进行非对称加密认证,对于认证通过信息需对其操作进行记录,并且在数据库中以分布式方式完成存储。对于认证后的每一项数据以默克尔树(Merkle Trees,是区块链的基本组成部分,可以高

① 杨继:《区块链、互联网信任与制度设计》,《上海经济研究》2021年第6期。

效地验证计算机之间任何数据的存储、处理和传输)实现存储,能够快捷查询到相关的信用记录,默克尔树节点随着叶节点进行变化,最后从其根节点找到相应的结果,即查询到主体有关的评价信息。

2. 信用主体认证流程

企业与客户/用户之间形成线上线下物流价值共创的前提条件是需要完成相应的认证操作。

首先,企业信用认证(见图9-6):当出现企业线上线下物流信息共享指令,基于区块链的数字化物流信息平台自动向客户/用户发送需求信息;在客户/用户完成信息交互后,签名文件和平台中的评价信息用私钥进行签名并发布;各家企业线上线下物流节点在进行相关信息解密时,先用客户/用户私钥取得平台签名,然后再通过平台公钥进行解密。

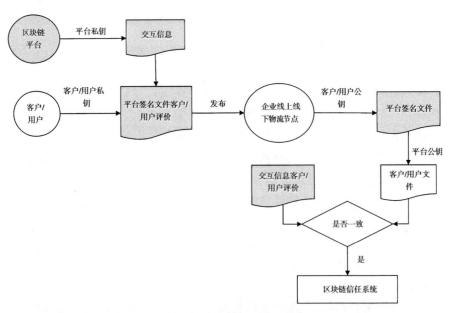

图9-6　企业信用认证流程

其次,客户/用户的信用认证(见图9-7):当发现企业线上线下物流信息共享指令,客户/用户可自动向基于区块链的数字化物流信息平台发送所需信息,平台完成信息交互,其签名文件和客户/用户评价信息以私钥签名并发布;各家企业线上线下物流节点在进行相关信息解密时可先用平台公钥解密,再取得客户/用户签名,然后再通过客户/用户公钥进行解密。

3. 区块链信任体系的价值

企业与客户/用户之间形成线上线下物流信息共享,其中双方的信用信

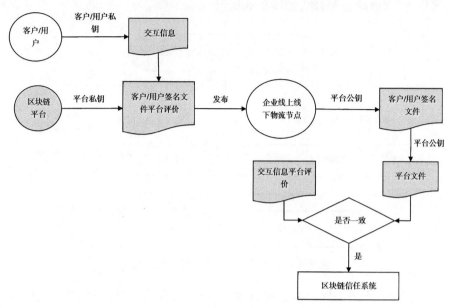

图 9-7　客户/用户信用认证流程

息均由信任系统进行收集,这样可以极大降低信用评价的总体成本,并实现信用评价体系的优化,保证信用市场评价的稳定性。从信息交易角度来讲,公平的信任体系可以实现客户/用户准确选择相应的合作企业。同时,在信用评定机构中若是出现不良信用时,同样也会纳入信用数据库中并不能进行修改,这样会对企业造成运行压力,从而使企业具有较高的信用登记成本。此外,基于区块链的数字化物流信息平台中的信息质量随之增强,从而提升平台信息服务整体价值。

二、线上线下物流双链融合战略

(一) 双链融合战略下的应用架构

企业与客户/用户之间需要信息交互以及企业内外部信息链接,需要企业物流链和供应链价值环节之间的协作,而在协作中彼此可能因不具备信任关系而降低运营效率。因此,在企业线上线下物流价值链战略中引入区块链技术,利用区块链"智能合约"及信任机制构建企业与客户/用户间的信任关系,基于区块链的多价值链协同数据共享方法(张今等,2022)[1],从

---

① 张今、顾复、顾新建、纪杨建、李琳利、郑范瑛:《基于区块链的多价值链协同数据共享方法》,《计算机集成制造系统》2022 年第 7 期。

而形成"双链融合"战略,如图9-8所示。

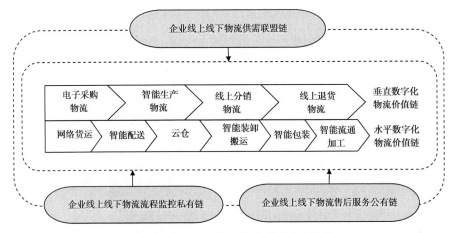

图9-8　企业线上线下物流双链融合战略

　　企业线上线下物流双链融合战略下,企业与客户/用户的交易具有交易对象特定性,可构建联盟链;企业内部流程不对外,具有私密性,可构建私有链;售后服务面向全体客户/用户,开放的公有链体系可以扩大企业知名度,树立良好的品牌形象。在企业线上线下物流价值链的每个具体环节上,针对价值增值的方式不同,结合区块链的智能合约、共识机制、加密算法、时间戳、分布式账本等特点构建的体系又有所不同。基于区块链的技术架构,搭建符合企业线上线下物流价值链战略的应用架构,如表9-1所示。

表9-1　企业线上线下物流双链融合战略下的应用架构

层级		应用项目
基础协议层		基础协议、匿名技术、区块链硬件
技术扩展层		智能合约、快速计算、信息安全、数据服务、SaaS 解决方案、防伪溯源
行业应用层	金融	支付功能、数字票据、物联网
	数字货币	数字钱包
	运输	网络货运
	仓储	云仓、智能装卸搬运、智能包装
	配送	智能配送

（二）双链融合战略下的应用内容

企业线上线下物流双链融合战略下的应用架构中，在基础协议层，代表了提供区块链底层的必备协议代码和基础硬件配置，基础协议通常是一个完整的区块链产品，类似于计算机的操作系统，它负责维护网络节点；技术扩展层类似于计算机的驱动程序，用于完善区块链产品，其核心代表是智能合约；行业应用层将直接应用于企业线上线下物流价值链上的各个环节，为优化企业管理、降低成本、提高资源利用效率提供支持。具体应用如下。

1. 企业线上线下物流供需联盟链

企业线上线下物流供需联盟链主要记录企业与客户/用户之间的交易往来，可将企业线上线下物流信息接入"供需联盟链"，再通过授权接入银行信用系统，将企业信用接入联盟链体系，使客户/用户了解企业的信用水平。同时客户/用户将自己信息接入联盟链，通过在联盟链里的筛选标准"智能合约规则"对企业的信用、交货时间等进行筛选，最终选定合适的企业签订合同。企业线上线下物流供需联盟链的优势在于全程不受交易各方的主观影响，不掺杂主观判断，所有的交易真实地记录在区块链上，并在联盟链内被各区块真实记录和验证。如图9-9所示。

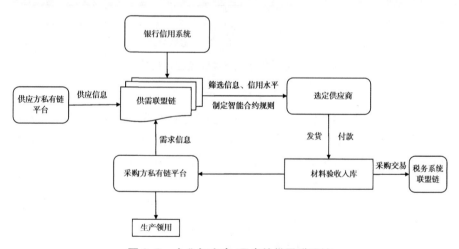

图9-9 企业与客户/用户的供需联盟链

2. 企业线上线下物流流程监控私有链

企业线上线下物流流程监控私有链在企业内部物流链和供应链上构建从订单至交付的全流程数据体系，将全部数据数字化管理，每一环节设定标准并生成智能合约，当该环节完成标准设定时触发合约生效，否则不能进入下一阶段。该设定保证流程中以既定的标准进行而不受外力干扰,形成去中心化管理。同时,根据实时数据进行企业线上线下物流流程的适时调整优化,如图 9-10 所示。

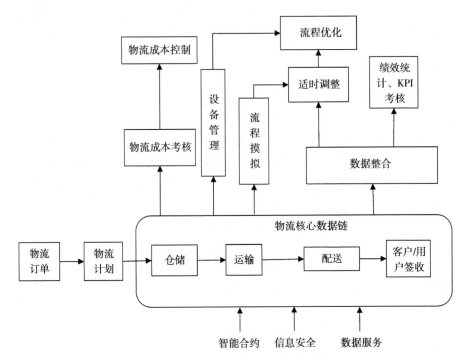

图 9-10 企业线上线下物流流程监控私有链

3. 企业线上线下物流售后服务公有链

企业线上线下物流售后服务公有链面向所有客户/用户,利用区块链智能合约技术、激励等手段优化售后服务等内容,提高客户/用户二次购买率。企业线上线下物流售后服务公有链以交易记录为起点,客户/用户通过智能合约验证身份,并自动加入公有链平台,客户/用户需要服务时可在平台提出申请,区块链将结合该客户/用户的交易区块记录自己匹配相关服务。客户/用户使用相关服务后,可利用区块链激励机制鼓励客户/用户公开反馈服务体验等,产生推广效应,进一步提升企业的影响力。如图 9-11 所示。

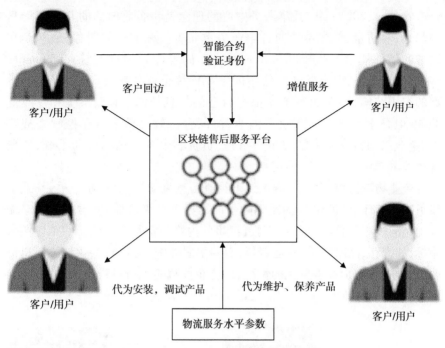

图 9-11　企业线上线下物流售后服务公有链

第二节　基于控制塔的线上线下物流价值链战略

　　物流或供应链控制塔(Logistics/ Supply Chain Control Tower)由一系列管理流程和工具组成,可通过数字化技术,规划仓储网络、监控订单履行状态、实时追踪货物,为企业提供端到端的、可视化的线上线下物流运营与管理决策支持(唐隆基,2020)。[1] 控制塔的这种特性,在融入企业线上线下物流价值链后能够对实体物流资源和虚拟物流资源进行灵活性、便捷性的集约化管理和优化配置,将更加凸显价值链(尤其是虚拟价值链)的灵活性特点,基于控制塔的企业线上线下物流价值链战略可用于配合企业差异化型、目标聚焦型价值链战略实施。

一、基于控制塔的战略内涵

　　控制塔是在共享服务中心(Share Service Center)的组织结构下的一

----

　　① 唐隆基:《数字化供应链控制塔的理论和实践》,《供应链管理》2020 年第 2 期。

个产物(Jim,2021)。① 共享服务中心的理念是将企业内部的共用职能集中起来,高质量、低成本地向各个业务单元提供标准化的服务,最初是在财务和信息技术(Information Technology,偏硬件)/信息系统(Information System,偏软件)职能里推广使用的。在传统企业战略下,企业采用分散型的组织结构,各个业务单元都有自己的信息技术/信息系统和供应链职能,但是业务单元之间缺少沟通,协同合作效率低下。在控制塔战略下,企业采用共享服务中心组织结构,负责制定统一的标准和系统,协调各个业务单元。

　　企业物流链控制塔下,线上线下物流信息流动为,每个业务单元(线上线下物流链环节)的供应链经理除了向总经理汇报以外,还需要向共享服务中心的供应链总监(虚线)汇报,汇报的内容包括每个月运营的关键绩效指标,如库存、准时交货率、运费等,而共享服务中心(以数字化物流信息平台为支撑)会根据业务单元的情况,结合企业战略,制订持续改善的行动计划,并配合业务单元一起实施。如图9-12所示。

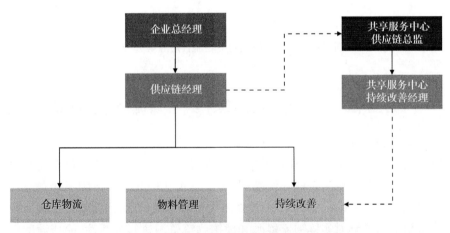

图 9-12　企业物流链控制塔下的信息流动(虚线)

　　企业供应链控制塔下,基于"硬件+软件"的数字化平台,连接供应链内外的各种数据源、数据/大数据分析系统,智能设备、可视化显示装置、合作伙伴系统、内部系统、云系统(云系统是指构架于服务器、存储、网络等基础硬件资源和单机操作系统、中间件、数据库等基础软件管理,海量的基础硬件、软资源之上的云平台综合管理系统)等,控制和管理整个供应链(采购、

① 　Jim T.,"Control Towers Integrate Digital Supply Networks",*Industrial and Systems Engineering at Work*,Vol.53,No.7,2021.

生产、交付等)或跨多个供应链——供应链网络,包括供应链网络中的业务流、信息流、产品流(包括物流)、资金流,提供供应链端到端整体可见性和近实时的信息决策(吴诗滢,2021)。[①] 企业供应链控制塔处于客户/用户驱动的供应链网络中,基于人工智能的数字化供应链控制塔,可协同共享信息,自主反应与机器学习,通过交互式学习的方式让分析能力逐步成长、逐步提高,分析大数据并从数据中提取供应链的商业价值(汪传雷等,2019)[②],以便作出最优运营决策(见图9-13)。

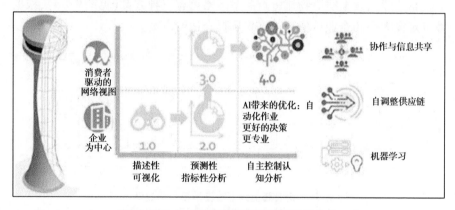

图9-13　企业供应链控制塔下的信息决策

二、线上线下物流控制塔战略

(一) 企业物流链控制塔战略

1.功能

建立物流链控制塔可以对企业线上线下物流活动进行可视化管理,根据规模效应来实现物流费用的节省,制定统一的考核标准来监控物流服务水平(Michael Rölli,2021)。[③] 企业线上线下物流链控制塔的主要功能如下。

规划物流仓储网络。通过收集现有的运输/配送路线和仓库位置等信息,汇总"AS-IS"(现状流程),在数字化技术帮助下,根据现有线路的货量,优化物流运输和仓储配送网络。

---

① 吴诗滢:《供应链控制塔赋能企业数字化转型》,《中国储运》2021年第5期。
② 汪传雷、胡春辉、章瑜、吴海辉、陈欣:《供应链控制塔赋能企业数字化转型》,《情报理论与实践》2019年第9期。
③ Michael R.,"Der Supply Chain Control Tower zur Steuerung des Transport-Managements", *Wirtschaftsinformatik & Management*,No.1,2021.

跟踪订单履行状态。从订单确认开始,跟踪订单履行状况,定期回顾未交付订单,确保在到货期之内把货物交付给客户/用户。如果客户/用户需求出现了波动,判断是否需要采取空运来满足客户/用户。

运输管理。管理运输活动,保障供应链的可视化,实时监控货物所处位置和到达各个运输节点的精确时间,通过运输管理系统实现运输成本的节省。

2. 方案

企业建立线上线下物流链控制塔战略可有三种方案(见图9-14),根据业务规模大小和企业价值链战略来选择合适的方案。

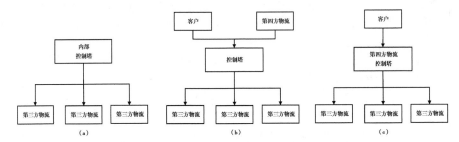

图9-14　企业线上线下物流链控制塔战略方案

(a)方案为内部管理。这种模式的优点是对企业的线上线下物流活动进行直接控制,防止核心商业信息泄露。缺点是成本高,当经济下滑时可能会是企业的负担。适用于物流业务规模较小的企业,不太依赖专业软件进行线路优化或管理的商业情景。

(b)方案为与第四方物流企业协同管理。在这种模式下,企业既可以保留对线上线下物流活动的控制,又可以获得专业的第四方物流企业的支持。

(c)方案为全权委托第四方物流企业管理。企业把管理权限交给第四方物流企业,同时把所有的线上线下物流规划和运营也都交给第四方物流企业来负责。

3. 实施

企业线上线下物流链控制塔战略的实施,以上述第三种模式为例,建立第四方物流控制塔的过程就是一个项目管理的过程。实施企业线上线下物流控制塔战略需要经过前期的调研,中期的项目实施,最后上线,并且不断优化。其实施过程如图9-15所示。

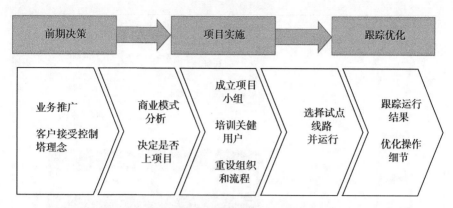

图9-15 企业线上线下物流链控制塔战略实施过程

(二) 企业供应链控制塔战略

企业线上线下供应链控制塔战略可按供应链管理的需求分为运营型控制塔、分析型控制塔和"决策+运营"型控制塔三大类,如表9-2所示。

表9-2 企业线上线下供应链控制塔战略类型及特征

类型	运营型控制塔		分析型控制塔	"决策+运营"型控制塔
	物流链控制塔	供应链控制塔		
特征	专注于企业物流链,针对企业线上线下物流,数据来自物流系统及物流设施,具有管控物流活动的能力(如订单处理,信息追踪,成本控制,异常处理等)	专注于企业供应链,确保内部和外部端到端流程的可见性和可控性。除企业线上线下物流外,还与客户/用户和合作伙伴进行更全面、实时的协作	一些第四方物流企业将他们的业务分析解决方案称为控制塔。业务分析解决方案使企业线上线下物流流程具有可见性,有助于企业线上线下物流价值链数字化战略规划	兼有供应链分析、预测及决策,和运营管控的功能。通过企业内部和外部、结构化和非结构化的各种数据,提供企业线上线下物流决策与运营支持

企业线上线下供应链控制塔战略的实施分为三个层次,如图9-16所示。

1. 可见性

第一阶段将企业线上线下物流数据层与供应链内部和外部的各种系统的数据源(内部包括来自客户/用户、合作伙伴的数据,外部包括政治、气候、灾害等数据)和从物联网的实时的数据源(如车联网等)连接,并获取实时数据,经加工后显示于仪表盘屏幕(仪表盘是一种形象的说法,控制塔是

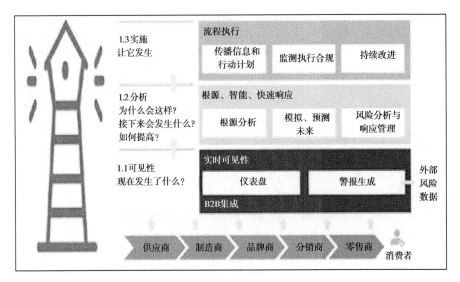

图 9-16　企业线上线下供应链控制塔战略实施过程

一个物理或虚拟的仪表盘,用于提供来自组织内部和跨组织及服务运营供应链的准确、及时和完整的事件和数据),并对外部风险数据生成供应链预警,告诉企业管理者现在发生了什么,以提供实时的可见性。

2.分析

第二阶段根据获取的企业线上线下物流实时数据集对现在发生的事件进行分析。这包括异常事件根源分析,用供应链优化模型模拟,并通过当前和历史数据预测未来需求;还包括风险分析和响应管理,从而告诉企业管理者为什么当前状态会这样,接下来会发生什么,并且提供如何提高当前供应链计划及运营的决策性意见。

3.实施

第三阶段根据上一阶段的企业线上线下物流数据分析所提供的决策意见,启动和优化企业线上线下物流流程执行,包括传播信息和行动计划、监测执行合规以及供应链计划和运营的持续改进。

第三节　基于数字孪生的线上线下物流价值链战略

数字孪生作为一个数字化变革和创新的工具,把人们从物理世界的认识扩展到一个互联互动的物理和虚拟的多维空间(陶飞等,2018)。数字孪生的这种虚拟与现实之间的映射特性,使其在与企业线上线下物流价值链结合后能够以较低的成本和风险,对待实施的实体物流和虚拟物流流程进行优化,将更加凸显价值链(尤其是虚拟价值链)的非物质性特点。基于数字孪生的企业线上线下物流价值链战略可用于配合企业成本领先型、目标聚焦型价值链战略实施。

一、基于数字孪生的战略内涵

(一)数字孪生实践

数字孪生是物理世界中的事物及其发展规律被软件定义后的一种结果(庄存波等,2017)[①],数字孪生与信息技术中的计算机辅助软件发展关系密切。如,用计算机辅助设计(Computer Aided Design)软件模仿产品的结构与外观,计算机辅助工程(Computer Aided Engineering)软件模仿产品在各种物理场情况下的力学性能,计算机辅助制造(Computer Aided Manufacturing)软件模仿零部件和夹具在加工过程中的刀轨情况,计算机辅助生产/工艺规划(Computer Aided Product Planning/Computer Aided Process Planning)软件模仿工艺过程,计算机辅助测试(Computer Aided Testing)软件模仿产品的测量/测试过程,办公自动化(Office Automation)软件模仿行政事务的管理过程,制造执行系统(Manufacturing Executive System)软件模仿车间生产的管理过程,供应链管理(Supply Chain Management)软件模仿企业的供应链管理,客户关系管理(Customer Relationship Management)软件模仿企业的销售管理过程,维护、维修和运行(Maintenance,Repair & Operations)软件模仿产品的维修过程管理,等等。此外,通过 VR/AR(Virtual Reality,虚拟现实;Augmented Reality,增强现实)技术还可以创造性地模拟未知的、未体验过的事物。

因此,可以认为数字孪生是一个对物理实体或现实流程的数字化镜像,在由数字虚体构成的虚拟世界中,在物理世界无法体验和重复的场景可以在数字空间得以实现。物理世界和虚拟世界的这种虚实对应和虚实融合,反映的是物理空间中的实体事物与数字空间中的虚拟事物之间可以连接数据通道、相互传输数据和指令的交互关系(陶飞等,2018)[②],在这样的背景下"数字孪生"概念应运而生。数字孪生作为一种基于信息技术视角的新型理念,在工业生产、运营管理、体验服务等现实场景中具有较大的推广应

①　庄存波、刘检华等:《产品数字孪生体的内涵、体系结构及其发展趋势》,《计算机集成制造系统》2017 年第 4 期。

②　陶飞、刘蔚然、刘检华:《数字孪生及其应用探索》,《计算机集成制造系统》2018 年第 1 期。

用价值。

（二）数字孪生的内涵

数字孪生的本质是集成人工智能、机器学习和传感器数据，建立一个可以实时更新的、现场感强的"真实"模型，用来支撑物理产品、现实服务等生命周期各项活动的决策（戴晟等，2018）。[①] 因此，数字孪生强调"一切可以数字化的事物"，通过在数字空间中创建的虚拟事物与物理实体空间中的现实事物形成虚实映射关系（刘大同等，2018）[②]，让事物的物理实现能够通过数字孪生体进行预演和反馈——这对于企业信息战略规划方法的选择具有极大的应用价值，对于企业线上线下物流价值链战略规划无疑也具有极佳的参考价值。

数字孪生对复杂的企业物流链、供应链来说是一个新兴的概念，它给企业物流链、供应链所带来的好处及潜在的商业价值是不言而喻的。可以认为构建企业线上线下物流数字孪生战略实质上是企业物流链、供应链的"新基建"，实体物流价值链和虚拟物流价值链共生下的企业线上线下物流价值链战略规划可以借助数字孪生的力量，支撑企业线上线下物流数字化转型战略的实施。

二、线上线下物流数字孪生战略

（一）企业物流链数字孪生

企业线上线下物流价值链涉及的环节众多，构建企业线上线下物流链数字孪生体系需要考虑"3MF"要素（见图9-17）。具体包括：

1. Mod（细粒度低成本建模能力）

Mod 即"Modification"的缩写，意为"模组"，是一种修改或增强程序。粒度（Granularity）定义为一个处理元素在不得不与其他处理元素进行通信或同步之前可以执行的工作量（或任务大小），粒度越小所需的算力资源越多。企业线上线下物流链数字孪生体系需要比传统计算机仿真及虚拟现实（即去物质化发展进程的前两个阶段）更低成本，包括虚拟传感器与执行器、带有执行逻辑的装备与人员系统，通过更多具有数字孪生技术能力的人员参与，通过参数化建模，以实现更细粒度的企业线上线下物流链数字孪生模型构建。

---

① 戴晟、赵罡、于勇、王伟：《数字化产品定义发展趋势：从样机到孪生》，《计算机辅助设计与图形学学报》2018 年第 8 期。

② 刘大同、郭凯、王本宽、彭宇：《数字孪生技术综述与展望》，《仪器仪表学报》2018 年第 11 期。

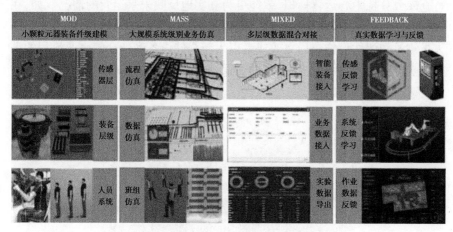

图 9-17　企业线上线下物流链数字孪生体系

2. Mass(大规模系统仿真能力)

借助云计算技术以及图形图像技术,构建满足企业线上线下物流设施、设备、物品信息点与众多人员智能体进行混合仿真的能力。

3. Mixed(多维度的业务与物联网数据混合对接能力)

通过 5G 通信及数据总线技术,融合企业的仓储管理系统、仓储控制系统(Warehouse Control System,WCS),基于多维仿真体数据、人员交互与数据等构建企业线上线下物流链数字孪生体系的数据基础。

4. Feedback(大数据挖掘与反馈学习技术)

通过历史数据与多变量调节的仿真数据进行虚实交互学习,提供企业线上线下物流链数字孪生体系运行的基础机制。

(二) 企业线上线下物流链数字孪生应用

企业线上线下物流链数字孪生的实施场景中,典型的有仓储、包装、运输等数字化物流价值链环节,通过对这些环节的数字孪生投入而获得数字化物流价值增值(即前文数字化物流价值链投入产出分析及数字化物流价值链价值增值途径中所提出的价值增值方式)。

1. 仓储——仓库或分拣中心的数字孪生

仓库或分拣中心数字孪生以 3D 模型为基础,搭载物流信息系统(如仓储管理系统、仓储控制系统)收集的物联网数据、实时库存和运营作业产生的数据(如物品的大小、数量、位置、需求等),利用这些实时信息的映射(见图 9-18 仓库或分拣中心的热成像地图)帮助仓储管理者更快更全面地掌握仓库或者分拣中心的运营情况。在这些数据累积到一定程度后,再来进行仓库或分拣中心运营模拟,就能更为真实地反映未来运营的情况。如,在进行仓库或分拣中心设施规划前,应用数字孪生系统进行模拟,可以使管理人员测试和评估设施布局更改或者引入新仓储设备和新仓储作业流程的潜在影响,从而帮助企业作出正确的决策,在保持仓库或分拣中心运营功能的同时减少不必要的成本。

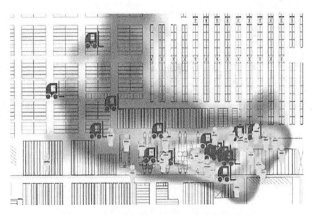

图9-18　仓库或分拣中心的热成像地图

在仓储作业中,数字孪生还可以装备到员工,借助可穿戴设备部署虚拟现实工具,提高仓储作业效率,如,识别二维码或条形码显示货物信息［见图9-19(a)］;基于大数据计算最佳前往路线并以增强现实(Augmented Reality,AR)的形式呈现［见图9-19(b)］;在物品的拣取或装卸搬运场景,增强现实眼镜会自动扫描物品外包装箱上的条形码或二维码,完成拣取或装卸搬运确认［见图9-19(c)］。

在物流园区、物流中心等物流枢纽中(这些物流枢纽一般是物品状态及运输方式转换的场所,主要进行集货、分货、存储等仓储作业,故将其作为仓储环节来看待),物流活动的众多要素都杂糅在一起,如,运输工具、人员、订单和信息等,产生的大量数据涌入、多方利益交融时,现有的信息系统难以快速响应,会影响物流枢纽的运作效率,造成错误和延迟。对物流枢纽运作的数字孪生可以有效解决这些问题,如,港口集装箱码头的数字孪生,可以为船舶选择最佳的停泊位置、制订最优装卸计划等(即在现有功能水平上减少这些价值环节的成本,从而提升物流数字化价值)。

2.包装——物品外包装的数字孪生

实体物流活动中的物品通常有外包装(主要针对通用包装,而非一次性包装或专用包装),小件货物会集中放入一个更大更坚固的包装物(如集

（a）AR眼镜自动识别条形码

（b）AR眼镜视角下的路线指引

（c）完成货物拣选

图 9-19 仓库的 AR 使用

装箱、托盘、周转箱等集合包装，也称为通用包装）里来满足运输、仓储、配送、装卸搬运中的标准化管理，如适用于国际物流活动的集装箱，适用于工厂间运输零配件的板条箱等。通过扫描外包装上的条形码或二维码来追踪物流活动轨迹，再通过记录使用时长和日常检查来判定该外包装能否继续使用。数字孪生可以帮助缩短这一判断时间,并提供更科学的方案。借助3D扫描成像工具,能快速建立外包装的数字孪生。通过和预先设定的符合标准的模型进行对比,迅速识别这些外包装是否存在凹痕和裂缝等潜在问题。再结合历史信息,提供有关何时应该对这些外包装进行修理或进行报废处理的决定。除此之外,通过汇总历史数据,也有利于发现在运输、仓储、配送、装卸搬运过程中哪个环节最容易发生外包装损坏,从而有针对性地对这几个地方进行改善(即增强这些价值环节的功能),减少物流活动中的货损货差(即减少这些价值环节的成本)。

3. 运输——运输过程及地理信息的数字孪生

在实体物流活动中,运输敏感的高价值产品,如取款机、变压器等精密设备以及药品和电子元器件,通常会在外包装上加带一个能监测冲击和振动、温湿度变化的传感器,这些传感器提供的数据点,可以在运输过程中进行连续的数据传输,同时也让端到端的信息可追溯、可共享。在运输过程的数字孪生中,可以根据历史数据让运输过程可视化,根据可视化的结果进行运输线路优化和运输计划完善,避免运输中可能存在的隐患,实现更安全的运输送达与交付。地理信息的数字孪生很大程度上是基于 GIS(Geographic Information System,地理信息系统)系统展开的,地理信息系统可以合并动态数据,如,物流路径中有关道路交通拥堵情况、道路封闭以及由于特殊原因导致的停车限制信息等,地理信息系统还可以集成特定人员和车辆的实时位置信息。地理信息系统已被物流行业广泛采用,如使用它来计划运输/配送路线,并根据实时交通拥堵情况以及港口、机场和边境口岸的已知延误来预测到达时间。地理信息的数字孪生也将帮助企业优化其常规物流网络,如,通过使用收货方位置、需求模式、送达时间等丰富数据来规划送货路线(即增强这些价值环节的功能,提升客户/用户价值)。

(三) 企业供应链数字孪生

企业线上线下物流价值链涉及的环节众多,因此企业供应链数字孪生是具有动态性的供应链,是为了解决供应链不确定性体现供应链战略性技术趋势的数字化供应链平台(杨洋,2019)[1],如图 9-20 所示。

考虑企业基于数字孪生的线上线下物流价值链战略,可借鉴标杆企业的经验,通过构建基于数字孪生的供应链平台、基于数字孪生的供应链网络、基于数字孪生的供应链控制塔等方式构建企业供应链数字孪生。

---

① 杨洋:《数字孪生技术在供应链管理中的应用与挑战》,《中国流通经济》2019 年第 6 期。

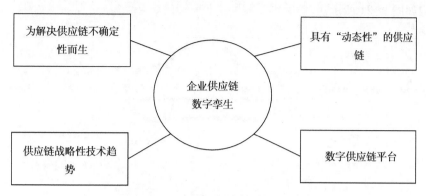

图 9-20　企业供应链数字孪生的概念

1. 基于数字孪生的供应链平台

可供借鉴的典型案例如 E2open Harmony 数字化供应链平台和 Tools-Group 数字化云供应链生态系统。

美国 E2open 是一个基于云计算的供应链解决方案供应商,包括思科、戴尔、联想、华为、波音以及横跨多行业的大品牌制造商和物流运营商使用 E2open 网络和平台来协调他们的全球供应链,从而提高效率。E2open Harmony 数字化供应链平台由四个层次组成:统一分析和单一界面上的协作工作流,所有参与者都可以基于角色访问底层应用程序和数据源;全方位的互联、人工智能驱动的算法应用,以关联数据、简化流程并推动更好的决策;从实时来源提取并由内部和外部各级合作伙伴根据角色共享统一和同步的决策级数据;与物理供应链中的内部和外部数据源和交易系统的可重用连接,多个需求、供应和物流网络参与者。E2open Harmony 数字化供应链平台是物理供应链的数字表示,并且是物理供应链的决策大脑,因此它是一个数字供应链孪生。

荷兰 ToolsGroup 是一家面向需求波动的供应链规划软件供应商,其构建的数字化云供应链生态系统,是企业供应链当前状态(事件、库存、未结订单、发货、计划、场景等)的数字表示,可满足企业知晓供应链将如何响应某些事件和决策。ToolsGroup 数字化云供应链生态系统利用 Azure 这样的云环境(Azure 是微软开发的一个云计算平台,可提供企业虚拟运行其全部或部分计算操作所需的一切,它允许组织、开发人员、政府机构和信息技术专业人员构建、部署和管理应用程序,只要具有互联网连接,就可以无须依赖任何物理硬件),它的 PaaS(Platform as a Service,平台即服务)提供了可伸缩性、互操作性、一致性和安全性。ToolsGroup 数字化云供应链平台的架构如图 9-21 所示。

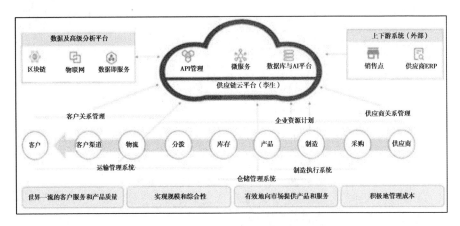

图 9-21　ToolsGroup 数字化云供应链平台架构

2. 基于数字孪生的供应链网络

企业数字供应链孪生网络由物理的数字化供应网络和它的镜像——虚拟的数字供应链孪生网络组成,包括数字计划孪生、数字客户孪生、数字制造孪生、数字供应孪生、数字开发孪生、数字履约孪生等内容(余浩曦,2022)[1],如图 9-22 所示。

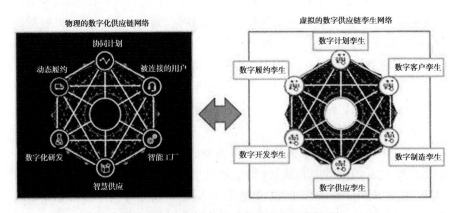

图 9-22　企业数字供应链孪生网络的构成

基于数字孪生的供应链网络可以实现企业供应链上下游全过程实时、可视与协同,通过仿真模拟低成本、高效率地获得企业运营中的最优预测和

---

① 余浩曦:《面向数字孪生网络的多维网络模型研究与应用》,电子科技大学 2022 年博士学位论文。

决策,支持企业动态作出全局优化预测和决策方案(唐隆基等,2022)。① 数字孪生供应链网络面向企业线上线下物流价值链战略,提供了一个数字化、智能化建设的思路和框架。

(1)局部环节数字孪生

具有数字化实践经验并具备数字能力的企业,可率先基于最切实的企业线上线下物流痛点需求,建立起局部环节数字孪生。

(2)系统孪生

企业逐步完善局部环节数字孪生形态,打通企业线上线下物流价值链各环节的数据孤岛,构成孪生系统。

(3)过程孪生

基于系统孪生,对企业线上线下物流价值链决策过程模型化、决策程序数字化和孪生系统优化现实决策过程,构成过程孪生。

(4)生态孪生

逐步积累数据和模型,逐步拉通企业线上线下物流价值链上下游生态相关链路,并滚动形成企业数字孪生供应链网络。

3. 基于数字孪生的供应链控制塔

基于数字孪生的供应链控制塔是一家企业的虚拟决策中心,是企业物理供应链神经中枢(Patsavellas,2021)②,它提供对供应链的实时、端到端可视性和数据驱动的供应链洞察力。基于数字孪生的供应链控制塔利用供应链的实时和分时的运营数据,可以为企业线上线下物流运营提供端到端的实时可见性和对企业外部的风险数据生成预警,提供决策意见和优化的行动方案,如图9-23所示。

在企业线上线下物流价值链战略中,运输成本、排放计划、核算和库存管理之间的平衡是复杂的挑战,可供借鉴的案例是毕博Log360的数字化供应链控制塔的解决方案。毕博(Bearing Point Inc.)前身为毕马威咨询,是世界上具有影响力的商业咨询、系统集成和管理外包服务提供商之一。Log360把数字供应链孪生作为其控制塔的核心,提出了一种解决减碳(CO_2)、成本、库存和时间之间的折中方案。Log360创建企业的线上线下物流网络视图,通过合并所有相关的关键绩效指标,识别低效率并支持快速透明的决策过程。这种方法可让企业及早发现并分析是否及何时何地预算不足。

---

①　唐隆基、潘永刚、余少雯:《数字供应链孪生及其商业价值》,《供应链管理》2022年第2期。

②　Patsavellas J., Kaur R., Salonitis K., "Supply Chain Control Towers: Technology Push or Market Pull-An Assessment Tool", *IET Collaborative Intelligent Manufacturing*, Vol.3, No.3, 2021.

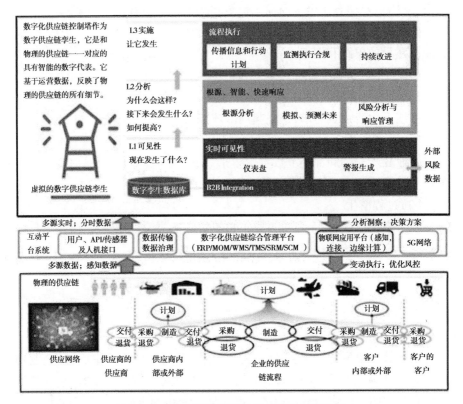

图9-23　基于数字孪生的供应链控制塔模型

Log360为企业提供直到SKU(Stock Keeping Unit,即库存进出计量的基本单元)最小的细节,从而帮助企业找到关键问题的答案,如,实际和计划的运输成本之间存在差异的原因是什么,企业高库存成本的来源是什么,企业的减碳目标是否包括物流流程,等等,计算和分析上述问题的答案提高了数据处理效率并加快了企业决策过程。

第四节　线上线下物流"数实共生"发展战略

数字化通过数字化技术将物理世界的实际运作过程转变为数据,再对这些数据进行处理和分析,在这个过程中,现实的物理世界和数字世界相互影响,并走向"数实共生"(李晖,2022)。① 数实共生是企业线上线下物流价值链数字化转型过程中实体物流价值链向虚拟物流价值链转换、融合后

---

① 李晖:《数字中国建设着力点:挖掘"数实融合"新动能》,《中国经营报》2022年10月24日。

达到共生——这是一种均衡状态,即实体物流价值与虚拟物流价值在企业线上线下物流价值链中均处于最优,即对实体物流环节进行数字化投入的边际技术替代率为 0 的理想状态(具体见前文数字化物流价值链投入产出分析)。企业线上线下物流数实共生将更加凸显价值链(尤其是虚拟价值链)的持久性(或称之为可持续性)特点,基于数实共生的企业线上线下物流价值链战略可用于配合企业全部类型价值链战略的实施。

一、基于数实共生的战略内涵

数字经济是随着数字化技术的发展产生的一种新型经济形态,数字经济是数字技术和实体经济深度融合的产物,因此数字经济既有属于虚拟经济的部分,也有属于实体经济的部分,数字经济的主体属于实体经济(陈晓红等,2022)[①],它也是一种融合性经济(田秀娟等,2022)[②]。同时,数字经济的发展离不开实体经济,推动数字经济与实体经济深度融合,在数字经济与实体经济之间形成"你中有我,我中有你"的数实共生模式(徐向梅,2022)[③],成为数字经济创造价值的最优路径,也是企业线上线下物流价值链数字化战略的基石。

(一)数实共生的含义

从国家层面看,数实共生推动数字技术和实体经济深度融合、共同发展,不断夯实数字产业化基础,加速产业数字化步伐,提升整体经济运行效率与质量,不断优化产业结构(刘阳等,2022)。[④] 从产业层面看,数实共生推动形成数字化产业链,传统产业要通过数字技术改进设计、研发、生产、制造、物流、销售、服务,创造新业态、新模式,实现产业结构调整和创新升级。从企业层面看,数实共生是企业数字化转型,从文化、客户、智能、运营、工作五大方面打造以业务应用场景为核心的数字化转型路线图。从客户/用户层面看,数实共生贯穿工作、生活、社交等方面,是以人为中心的数字化真实体现。

(二)数实共生的特点

数字经济和实体经济融合发展中,实体经济向以数字经济为重要内容

---

① 陈晓红、李杨扬、宋丽洁、汪阳洁:《数字经济理论体系与研究展望》,《管理世界》2022 年第 2 期。

② 田秀娟、李睿:《数字技术赋能实体经济转型发展——基于熊彼特内生增长理论的分析框架》,《管理世界》2022 年第 5 期。

③ 徐向梅:《推动数字经济和实体经济深度融合》,《经济日报》2022 年 9 月 23 日。

④ 刘阳、修长百:《数实融合对产业结构转型升级的研究》,《科学管理研究》2022 年第 3 期。

的新经济转变(欧阳日辉,2022)①,连接、规模、速度、弹性是数实共生的特点。

1. 连接

连接是数字经济的特征,也是实体经济的需求。客户/用户之间的连接,企业之间的连接,甚至国家、区域之间的连接都在深刻地改变经济运行方式。数实共生形成多维度、多层次的立体网状组合连接方式,让信息交互、数据共享更加通畅,打破实体经济和数字经济之间的边界,更好地进行融合发展。

2. 规模

随着连接广度和深度的扩展,经济发展规模效益不断扩大。数实共生下企业的成本领先战略、差异化战略以及目标聚集战略可以兼容,大批量定制和个性化诉求都能在企业价值链上迅速传播,从而能形成"蝴蝶效应"下的规模效应。

3. 速度

数字化技术加速信息、物流和资金流甚至是人才流的传播速度,数实共生下多维度多层次的信息传递,让员工和管理者的业务效能不断提速,加快了企业发展步伐。数字技术在企业运营及管理方式的深入应用,加快了企业的新旧动能转换,提升了企业的发展速度。

4. 弹性

数实共生使企业的发展更具弹性,随着数字化技术对企业运营和管理方式的优化升级,企业的经营方式更加灵活,供应链也将更加快捷和强韧,以客户/用户为中心提供实体或虚拟或既有实体又有虚拟的个性化、定制化产品/服务成为可能,客户/用户的需求将得到进一步促进和释放。

二、线上线下物流数实共生战略

企业线上线下物流价值链数字化是数字化技术在企业物流链、供应链全过程的运用,构建一个可感知、全链接、全场景、全智能的数字化物流价值链,从而解构、组构和再构企业线上线下物流价值链,这一过程中,会有一个实体的物流世界和对应的数字物流世界相互作用和影响,通过实体物流价值链和虚拟物流价值链共生形成企业线上线下物流数实共生。

企业线上线下物流数实共生战略可依托区块链、控制塔、数字孪生等数字化技术实现,在基于区块链的线上线下物流价值链战略、基于控制塔的线

---

① 欧阳日辉:《数实融合的理论机理、典型事实与政策建议》,《改革与战略》2022年第5期。

上线下物流价值链战略和基于数字孪生的线上线下物流价值链战略的基础上，通过"上云"（即企业通过高速互联网络，将企业的基础设施、平台、业务等部署到云端，利用网络便捷地获取计算、存储、数据、应用等各种服务资源，有利于降低企业信息化建设成本，提升实体经济与数字技术融合发展水平）构建或租用云系统实施。具体而言，企业线上线下物流数实共生战略的实施分为第一阶段的云平台战略、第二阶段的云管理战略和第三阶段的云开发战略。

（一）云平台战略

数实共生第一阶段，随着"互联网+物流"的发展成熟，大中型企业的数字化进程已经开始，但中小企业等数字化资源和能力不足，导致了数字鸿沟（Digital Divide）加大的压力。数字鸿沟是指在数字化进程中，不同国家、地区、行业、企业、社区之间，由于对信息、网络技术的拥有程度、应用程度以及创新能力的差别而造成的信息落差及贫富进一步两极分化的趋势。由于规模小、资金以及技术人才短缺等问题，部分企业难以仅依靠自身投入来进行数字化，在企业线上线下物流数字化进程中容易"掉队"。因此，可通过云平台降低技术应用门槛，以减少数字鸿沟。传统上，企业在采用数字化技术时需分别对软件、硬件进行采购，对口不同的软件供应商及硬件供应商的同时还需要考虑信息整合、治理与规划，以及后续的运维和管理等工作。而云平台模式更加灵活实惠，可采取更为灵活多样的方式来满足不同企业进行数字化转型的需求。

（二）云管理战略

数实共生第二阶段，企业往往会选择来自多个数字化服务提供商的云平台服务，多服务商、公有私有混合的云管理需求与日俱增。云服务中底层的基础架构类型不断向多样化发展，不同云环境之间的数据和应用程序的互操作性变得越来越重要。其中混合云作为整合和集成了多种模式云资源的云服务方式，能充分复用已有的信息资产并保障核心业务与数据安全，同时能有效利用公有云资源提升效率、降低成本（寇涵映，2020）[①]，成为企业实现渐进式线上线下物流数字化转型的首选方式。数实共生下公有云是一种经济与高效的承载方式，能有效解决企业线上线下物流数据互联互通、应用无缝迁移、计算存储等资源整合和统一管理等问题，帮助企业更容易利用数字基础设施和平台来开展运营管理工作。

---

① 寇涵映：《4 个需要更新混合云战略的迹象》，《计算机与网络》2020 年第 20 期。

（三）云开发战略

数实共生第三阶段,在云平台战略和云管理战略的基础上,对企业线上线下物流云平台进行二次开发,形成互补或增值的企业线上线下物流服务以实现价值增值。数实共生形成前的云平台主要侧重在企业线上线下物流数字化转换方面,主要解决从实体到虚拟的问题,通过将信息和服务从线下向线上转换,由实体物流价值链向虚拟物流价值链迁移的过程(即应用云平台战略和云管理战略阶段);数实共生形成后的云开发需要重点解决从虚拟到实体的问题(陈威如等,2021)①,让虚拟空间的内容与现实世界融为一体,完全实现企业线上线下物流数实共生。

　　为了对"互联网+物流"价值链进行再构,可从区块链、控制塔、数字孪生及数实共生四个方面进行线上线下物流价值链数字化战略管理。具体而言,(1)区块链融入企业线上线下物流价值链后将更加凸显价值链(尤其是虚拟价值链)的独特性(或称之为异质性)特点,基于区块链的企业线上线下物流价值链战略可用于配合企业差异化型价值链战略实施。区块链战略为企业线上线下物流价值链数字化战略的再构提供了可选方案,其不可篡改、不可复制、智能合约和去中心化的四大特征具有解决企业线上线下物流价值链中交易信息失真、供需配对失效、交易溯源困难等问题的可行性。企业与客户/用户之间需要信息交互以及企业内外部信息链接,需要物流链和供应链价值环节之间的协作,而在协作中彼此可能因不具备信任关系而降低运营效率。因此,在企业线上线下物流价值链战略中引入区块链,利用区块链技术"智能合约"及信任机制构建企业间的信任关系,帮助企业提高运营效率。将区块链与价值链结合,形成"双链融合"战略。(2)控制塔融入企业线上线下物流价值链后能够对实体物流资源和虚拟物流资源进行灵活性、便捷性的集约化管理和优化配置,将更加凸显价值链(尤其是虚拟价值链)的灵活性特点,基于控制塔的企业线上线下物流价值链战略可用于配合企业差异化型、目标聚焦型价值链战略实施。控制塔由一系列管理流程和工具组成,可通过数字化技术,规划仓储网络、监控订单履行状态、实时追踪货物,为企业提供端到端的、可视化的企业线上线下物流运营与管理决策支持。物流链控制塔战略有内部管理、与第

---

①　陈威如、王节祥:《依附式升级:平台生态系统中参与者的数字化转型战略》;《管理世界》2021 年第 10 期。

四方物流企业协同管理和全权委托第四方物流企业管理三种方案,根据其业务规模大小和供应链战略来选择合适的方案;供应链控制塔战略的实施分为可见性、分析和实施三个阶段。(3)数字孪生在与企业线上线下物流价值链结合后能够以较低的成本和风险,对待实施的实体物流和虚拟物流流程进行优化,将更加凸显价值链(尤其是虚拟价值链)的非物质性特点。基于数字孪生的企业线上线下物流价值链战略可用于配合企业成本领先型、目标聚焦型价值链战略实施。数字孪生是一个对物理实体或流程的数字化镜像。创建数字孪生的过程,集成了人工智能、机器学习和传感器数据,以建立一个可以实时更新的、现场感极强的"真实"模型,用来支撑物理产品生命周期各项活动的决策。企业线上线下物流数字孪生战略主要有基于数字孪生的供应链平台战略、基于数字孪生的供应链网络战略和基于数字孪生的供应链控制塔战略。(4)数实共生是企业线上线下物流价值链数字化转型过程中实体物流价值链向虚拟物流价值链转换、融合后达到的均衡状态(即实体物流价值与虚拟物流价值在企业线上线下物流价值链中均处于最优,即对实体物流环节进行数字化投入的边际技术替代率为0的理想状态),将更加凸显价值链(尤其是虚拟价值链)的持久性(或称之为可持续性)特点,基于数实共生的企业线上线下物流价值链战略可用于配合企业全部类型价值链战略的实施。企业线上线下物流数实共生战略可依托区块链、控制塔、数字孪生等数字化技术实现,主要有云平台战略、云管理战略和云开发战略,对应数实共生最终形成所需要经历的三个阶段。

第十章　案例研究:企业 C 物流数字化转型战略分析

结合第八章线上线下物流价值链数字化战略分析和第九章线上线下物流价值链数字化战略管理,对企业 C 物流数字化转型战略分析进行案例研究(本案例经团队成员实地调研以及和企业 C 的管理层进行深度访谈获得一手资料,为避免引起商业秘密泄露,案例中的数据在不影响研究逻辑的前提下进行了修饰性处理)。

第一节　企业 C 物流数字化转型战略分析

企业 C 是一家主营网络货运(线上物流)、仓储和物流园区(线下物流)业务的"互联网+物流"企业,在现有线上线下物流业务布局基础上,企业 C 通过整合基础设施资源、客户/用户资源、人力资源、数据资源、组织资源,积极实施数字化转型战略。

一、战略机会分析

根据价值链理论中的三种基本竞争战略,对企业 C 的数字化转型战略制定与选择进行全面分析,为其可持续发展选择最佳路径。

（一）成本领先战略分析

在资本市场的推动下,"互联网+物流"行业竞争格局不断变化,一些同行企业采用低价、补贴的"烧钱"战略来抢占市场,带来激烈的竞争,而价格战就成了各企业竞争的最直接武器。企业 C 是原生型物流企业,企业治理结构决定了在现行环境中不宜采用融资方式来抢占市场,由此分析,成本领先战略不能作为企业 C 的主要竞争战略。

（二）差异化战略分析

数字化转型、商业模式升级是企业战略的重要内容,对于物流企业而言,除了物流基础服务价值外,产业认知、新技术、互联网应用情况等物流增值服务价值也成为影响企业竞争力的主要因素。因此,企业 C 抓住数字化转型的窗口期,积极创新线上线下物流价值链,采用差异化竞争战略,为客户/用户提供供应链一体化的解决方案。

(三) 目标聚焦战略分析

企业 C 通过已有物流市场资源,在其业务相对成熟的领域渐进式进行数字化转型布局,以最熟悉的业务领域为切入点集中运用各种资源,开发数字化项目并不断提高项目的服务水平、服务能力,提升项目竞争力,以获取更大的市场份额,为企业日后进一步扩展业务奠定基础。

因此,企业 C 物流数字化转型建立在采用差异化战略和目标聚焦战略组合的基础上,使用目标聚焦战略进行企业线上线下物流资源整合,使用差异化战略进行企业线上线下物流价值链创新。此外,实行目标聚焦战略有助于企业 C 实现集约化运作,在细分市场中寻求差异化竞争优势。

二、战略规划过程

以企业 C 的网络货运业务为背景,其数字化转型战略规划如下。

(一) 企业 C 数字生态蓝图规划

企业 C 数字生态蓝图规划以网络货运平台为核心,汇集外部需求,依托企业线上线下物流资源打造客户/用户全生命周期管理的服务矩阵,联合业务伙伴,逐步搭建金融、车后市场数字生态圈。通过挖掘企业线上线下物流价值链上的各方需求,各业务之间互补引流,形成海量有效数据资产沉淀和实现数据资产价值。企业 C 数字生态蓝图框架构建如图 10-1 所示。

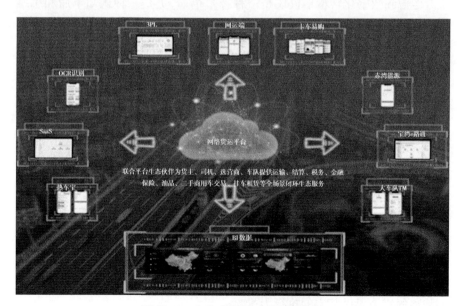

图 10-1　企业 C 数字生态蓝图框架

（二）企业 C 数字化转型战略规划

基于所处发展阶段和核心需求,企业 C 对线上线下物流价值链中的关键环节进行局部数字化转型,成功后再复制到其他环节推广,并进行整体链接与集成,最终实现整个企业线上线下物流数字化转型。如图 10-2 所示。

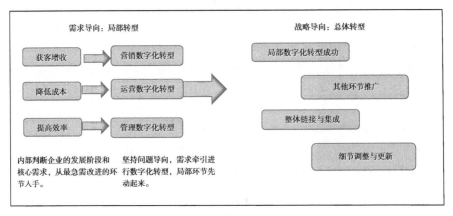

图 10-2　企业 C 数字化转型战略规划

企业 C 数字化转型战略规划的步骤及内容如图 10-3 所示,具体如下。

1. 提升企业 C 数字化转型认知

考虑到数字化转型不仅仅是一种技术革命,更是一种认知革命和思维方式与经营模式的革命,企业 C 管理层需形成清晰的转型变革思维,将企业线上线下物流数字化转型作为核心战略,并从组织、管理、资金、人员等多方面建立数字化转型战略规划。

2. 完善企业 C 数字化管理体系

考虑到数字化转型是一场内在经营与管理革命,企业 C 在战略、组织、人才、文化、管理、流程等多层面进行线上线下物流价值链变革创新。通过营销数字化实现获客增收、运营数字化实现成本降低,优化管理框架、强化绩效考核、完善项目管理体系、建立以数字为核心的决策流程等,促进数字化技术的渗透和融合,建立数字化管理体系。

3. 强化企业 C 数字化团队建设

考虑到人才是数字化转型的重要力量,企业 C 对内培养数字化管理人才,对外招聘具有前瞻视野、经验丰富的信息技术人才,同时,建立数字化人才标准,并建设与之配套的企业数字化文化理念,为推动企业 C 数字化转型战略的实施提供坚实的执行力量。

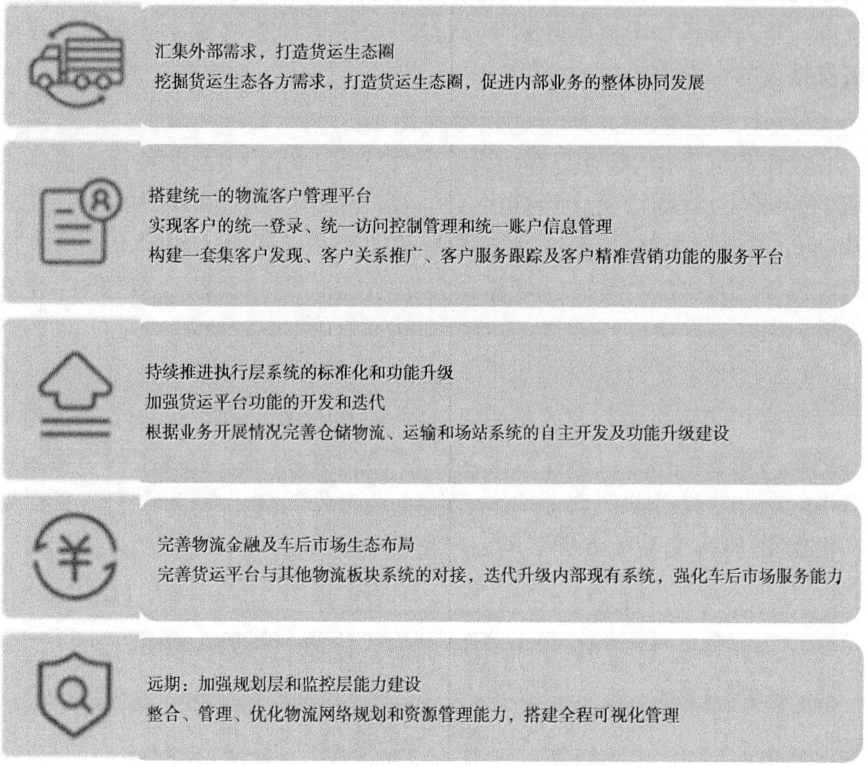

汇集外部需求,打造货运生态圈
挖掘货运生态各方需求,打造货运生态圈,促进内部业务的整体协同发展

搭建统一的物流客户管理平台
实现客户的统一登录、统一访问控制管理和统一账户信息管理
构建一套集客户发现、客户关系推广、客户服务跟踪及客户精准营销功能的服务平台

持续推进执行层系统的标准化和功能升级
加强货运平台功能的开发和迭代
根据业务开展情况完善仓储物流、运输和场站系统的自主开发及功能升级建设

完善物流金融及车后市场生态布局
完善货运平台与其他物流板块系统的对接,迭代升级内部现有系统,强化车后市场服务能力

远期:加强规划层和监控层能力建设
整合、管理、优化物流网络规划和资源管理能力,搭建全程可视化管理

图 10-3 企业 C 数字化转型战略构成

4. 推进企业 C 数字化协同建设

考虑到价值链各环节协同是企业数字化转型的重点,企业 C 通过汇聚外部需求,将网络货运、云仓和物流联盟与金融、车后市场等各业务局部协同开展线上线下物流生态圈建设,同时,搭建统一的数字化物流客户管理平台,持续推进企业线上线下物流业务执行层系统的标准化和功能升级,完善物流金融、物流车后市场生态布局,远期则进一步加强企业线上线下物流业务规划层和监控层能力建设。

三、战略举措分析

以企业 C 的网络货运业务为背景,其数字化转型战略举措如下。

(一) 完善标准化的管理服务体系

企业 C 进一步统一信息标准适应对客户/用户(即货主/货运企业)提供线上线下物流服务过程的跟踪、查询和过程优化,实现在网络货运平台上进行企业线上线下物流业务信息发布、线上交易、支付结算、车货监控、金融服务等基础服务和增值服务的统一标准;对线上线下物流业务运作各环节信息接入的标准进行统一。

（二）设置诚信开放的数据管理体系

企业 C 向交通、税务等部门提供有效的线上线下物流业务货物流量流向、货物种类、货物价值、运输起讫点、运输里程等信息,在车辆信息核实的基础上,通过资金流、单据流、运输轨迹流的统一,保证网络货运平台数据的真实可靠,为网络货运提供可靠诚信的数据信息和税法合规服务,开具发票。

（三）完善交易支付结算管理体系

企业 C 与银行合作建立信用对接体系,通过银企直联系统实现在线实时到账的运输费用支付结算系统,进一步方便客户/用户在线上线下物流业务中的资金交易,同时,企业 C 与保险企业合作为线上线下物流业务交易提供保险,保障交易的真实资金流向和安全。

第二节　企业 C 物流数字化转型战略管理

一、数字平台战略

企业 C 主要构建基于网络货运数字平台和物流园区联盟数字化平台等战略。

（一）网络货运数字平台

企业 C 以实现线上线下物流业务数字化转型发展为导向,平台化、网络化和规模化运营相结合,在网络货运数字平台企业许可准入、运营监管、诚信考核管理、交易结算等方面,以及在信息共享、运输组织、运营服务等方面进一步实现标准规范管理和运营,以增强网络货运数字平台对运力资源的吸引力,同时大规模聚集车源,形成车、货资源良性增长。联合相关企业开展城乡一体化配送、甩挂运输、多式联运业务,促进企业 C 的集约化和规模化运营程度。企业 C 基于网络货运数字平台的业务架构对应关系如图 10-4 所示。

企业 C 网络货运数字平台将原有的线下物流交易线上化,实现对交易、运输、结算等各环节的全过程透明化动态管理。同时,网络货运数字平台的信息数据交互及处理能力能够优化配置线上线下物流资源,使运营效率得到提升,交易成本得到降低。企业 C 网络货运数字平台的功能模块及

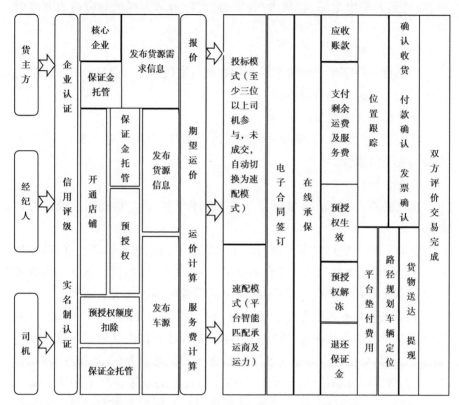

图 10-4　企业 C 基于网络货运数字平台的业务架构

提供的服务具体如下。

1. 发布模块

托运方发布货源，实际承运方发布车源。

2. 询价模块

网络货运数字平台将货源匹配给符合条件的实际承运方（匹配的条件有出发地、目的地、起运时间、车辆类型等因素），实际承运方针对货源进行出价，通过算法抽取其中的三家推送给托运方。托运方根据价格与信誉指数、好评指数等进行选择。

3. 调度模块（包含仓储模块）

网络货运数字平台根据托运方的要求，执行是否上门取货以及仓储分配。并在订单的基础上生成调度单。调度取货车辆上门取货，以及承接运输的车辆装货上路。

4. 订单模块

订单旨在向交易双方（托运方/实际承运方）阐释该笔交易的信息与义

务,即托运方提供货源、收货人/收货地,实际承运方提供对应运力并准时到达。

5.车辆追踪模块

网络货运数字平台针对车辆及货物进行定位追踪,同时展示给托运方,方便托运方实时掌控货物动态。

6.货物签收与回单

托运方签收货物后,款项从网络货运数字打至实际承运人账户上,保证交易的安全可靠性。

7.评价模块

由交易双方(托运方/实际承运方)互评产生,是对承托双方诚信考核的手段。

企业 C 网络货运数字平台构建了一套数字诚信服务体系。在客户/用户(即企业 C 网络货运数字平台的会员)注册初期,网络货运数字平台收集会员各方面的真实信息,并对注册身份进行资质审核和实名制注册。在会员管理系统中对不同服务类型的会员(包括货主、实际承运人、司机等)的特点设置评价指标及权重,进行分类评价及管理。在建立信用评价体系的基础上,企业 C 建立了基于交易的完成情况和交易双方(托运方/实际承运方)的大数据评分系统,而历史的交易评价信息的积累将对不同服务类型的会员的信用等级产生动态影响,从而形成对不同服务类型会员的最终信用评级,为企业 C 进行大数据管理提供基础。表 10-1 为企业 C 建立的实际承运人评价表。

表 10-1　企业 C 实际承运人大数据评价表

序号	指标	指标说明	权重(%)	计算方法
1	接单率	该指标可用于系统满足托运人运输需求的比率,具体指承运人可安排发运总订单数情况	10	承运人执行的运单数÷托运人向承运人下达的运单数
2	准时交货率	承运人结合托运人的要求向客户/用户交货的情况	10	准时交货次数÷承担运输次数
3	送货准确率	受托运人委托承运人正确地将符合要求的产品、数量交给客户/用户的情况	10	准确送货的次数÷承担运输次数
4	车辆在线率	货主、托运人登录承运人信息系统,查询并跟踪货物的运输情况、动态	3	定位离线次数÷承担运输次数

续表

序号	指标	指标说明	权重(%)	计算方法
5	货损率	由于承运人的过失,导致货物丢失或者损坏的金额数在其总运输货物总额中的占比情况	10	货物运输途中损失÷承运人运输货物总值
6	运输时间	运输活动中消耗的时间	5	
7	客户/用户投诉率	在承运人总承运单中受到客户/用户投诉的频率(包括各种原因引起的投诉问题)	5	客户/用户投诉次数÷承运人承担运输业务的次数
8	运输规模	承运人的最大运力	5	
9	运输设备	承运人运输相关的信息,比如车辆车型、号位及配备特殊运输设备的情况	5	
10	柔性	承运人满足托运人特殊或者突发运输需求的速度	5	
11	运输价格	其主要取决于货物重量、运输距离、体积等因素	10	
12	运输价格柔性	承运人是否可依据客户/用户需要调整其运输价格。一般情况下承运人会结合与托运人的合作关系进行价格调整。此外,如果托运业务较大,也会通过价格调整让利托运人	5	
13	公共声誉	人们从运输服务质量、信用等层面评价承运人	3	
14	财政稳定性	承运人的财政状况,比如资金来源等	3	
15	经营业绩	综合评价承运人正在执行或者近期承担运输项目的业绩情况	3	
16	战略兼容性	承运人与本企业的发展战略是相似或者相容的。两者间的价值观一致,不存在相互抵触的情况	3	
17	风险分担	承运人与托运人共同承担运输过程中发生损失、风险的情况	3	
18	与合作商关系	在选择承运人方面。建议选择曾经有过合作经验或者长期合作的承运人	2	

资料来源:笔者根据企业 C 调研资料整理。

(二) 物流园区联盟数字平台

企业 C 主营物流园区业务所在外部市场竞争激烈,仅仅依靠地产模式运营难以获利。地产模式下物流园区主要提供出租及其配套服务等基础服务,收入主要来源于停车费和入住企业的租金收入,以及餐饮、住宿、加油、维修等的配套收入。这种传统的实体型物流园区价值构成见图10-5。

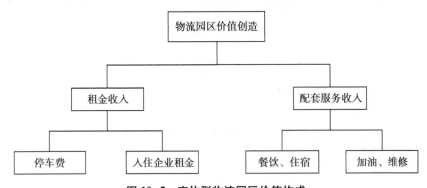

图10-5　实体型物流园区价值构成

资料来源:笔者根据企业C调研资料整理。

　　企业C通过数字化转型整合物流园区资源,加强业务联动,利用网络货运数字平台把点状分布的实体物流园区连成虚拟的物流园区网络,在此基础上构建物流联盟数字管理平台,提供金融服务和交易服务等,获得增值服务收入。这种数字型物流园区价值构成如图10-6所示。

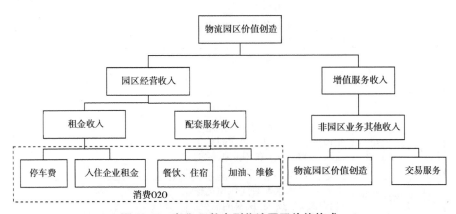

图10-6　企业C数字型物流园区价值构成

资料来源:笔者根据企业C调研资料整理。

　　企业C物流园区联盟数字管理平台为联盟成员提供货源、资金和增值服务,让合作者得利、使加盟者受益。企业C通过获得大量物流交易数据为金融业务提供信用基础数据,进而提供金融服务和交易服务等增值服务,形成价值增值。

二、数字共享战略

以企业 C 的仓储业务为背景。传统仓储盈利模式是按周期收取租赁费用,一般是仓库整体出租,或在一栋仓库分区域出租,存在新旧客户/用户转换带来的仓库空置问题。企业 C 通过共享经济思维建立云仓体系,实施仓储资源数字共享战略。

(一) 云仓共享

企业 C 通过菜鸟网络实施数字化仓储战略。菜鸟网络依托数字化能力对现有仓储基础设施社会化资源进行整合,并积累数据产出,如数据设备、数据应用、数据交换、数据产品、纯数据服务等。企业 C 与菜鸟网络达成战略合作,以淘宝腰部卖家(日发货量 300 单以上非天猫直营旗舰店)的货源为基础,整合区域仓储资源,以数据为核心,依托菜鸟网络和数据标准,以云仓共享模式最大化挖掘合作伙伴的协同潜力。同时,以客户/用户为中心,通过大数据分析与预测,进行线上线下物流资源的智能化调配、协同与云仓布局。

(二) 海外云仓

企业 C 立足多年来的国际贸易合作,建立国际海外云仓共享服务体系,如图 10-7 所示。企业 C 海外云仓共享服务体系实现在多国之间仓储

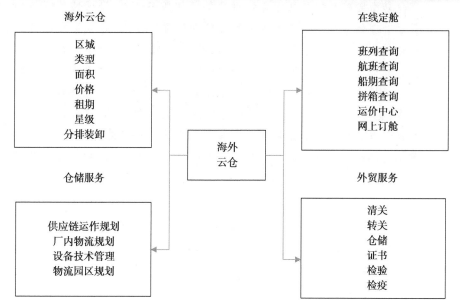

图 10-7　企业 C 海外云仓共享服务体系

资料来源:笔者根据企业 C 调研资料整理。

资源共享,并与国际班列的预定信息互动,为客户/用户提供"互联网+供应链+跨境金融"服务。同时,海外云仓共享服务体系还面向货主、船代、货代、综合物流服务商、道路运输企业等客户/用户,提供班列预定、航线信息、船期信息、船舶动态信息、集装箱信息、订舱信息、港口信息查询等业务,实现国际/国内线上线下物流相衔接和一体化、联动发展的格局。

以企业 C 为背景,对企业 C 的"互联网+物流"价值链进行再构,从数字化物流价值链战略规划与管理上分析企业 C 的线上线下物流数字化转型战略。企业 C 的主营业务为网络货运、仓储和物流园区,首先,对企业 C 物流数字化转型战略规划分析,企业 C 物流数字化转型建立在采用差异化战略和目标聚焦战略组合的基础上,使用目标聚焦战略进行企业线上线下物流资源整合,使用差异化战略进行企业线上线下物流价值链创新;在企业 C 数字生态蓝图规划中,企业 C 以网络货运平台为核心,汇集外部需求,依托企业线上线下物流资源打造客户/用户全生命周期管理的服务矩阵;企业 C 数字化转型战略规划的内容包括提升数字化转型认知、完善数字化管理体系、强化数字化团队建设和推进数字化协同建设;以企业 C 的网络货运业务为背景,其数字化转型战略举措包括完善标准化的管理服务体系、设置诚信开放的数据管理体系和完善交易支付结算管理体系。其次,对企业 C 物流数字化转型战略管理分析,企业 C 主要构建了网络货运数字平台和物流园区联盟数字平台等战略,企业 C 网络货运数字平台将原有的线下物流交易线上化,实现对交易、运输、结算等各环节的全过程透明化动态管理;企业 C 通过数字化转型整合物流园区资源,利用网络货运数字平台把点状分布的实体物流园区连成一张虚拟的物流园区网络,在此基础上构建物流联盟数字管理平台,实现价值增值;企业 C 通过共享经济思维建立云仓体系,实施仓储资源数字共享战略。

结　语

将价值链理论引入数字化转型研究中,从企业战略层面研究线上线下物流数字化转型机制、路径和战略等一系列问题。

第一节　研　究　总　结

在数据和算力作为数字生产力和物流产业数字化发展的背景下,"互联网+物流"(线上线下物流)数字化转型不仅要考虑企业运营流程优化,还需要考虑业务逻辑转变和商业模式升级,这是一种基于企业战略层面对"互联网+物流"价值链的重构。本书以企业线上线下物流数字化转型中的信息整合、信息治理和信息规划为理论背景,研究框架由企业运营流程(微观)、业务逻辑(中观)和商业模式(宏观)三个层面构成,其中,微观层面的研究以物流链、供应链与价值链为理论框架;中观层面的研究以实体价值链与虚拟价值链理论为理论框架;宏观层面的研究以价值链的解构、组构和再构理论为理论框架。理论上,将企业线上线下物流价值链分为企业内(物流链)和企业间(供应链)两种情形,按照"转换—融合—共生"的思路,将企业线上线下物流数字化转型的理论研究分为三个部分,即实体价值链向虚拟价值链转换,实体价值链与虚拟价值链融合,实体价值链与虚拟价值链共生。总体上,本书分为三个部分,即线上线下物流数字化转型机制——基于"互联网+物流"价值链解构,线下物流向线上物流转换;线上线下物流数字化转型路径——基于"互联网+物流"价值链组构,线下物流与线上物流融合;线上线下物流数字化转型战略——基于"互联网+物流"价值链再构,线下物流与线上物流共生。本书涉及应用经济的有关内容,特别是技术经济学和数量经济学与之有着密切关系,具有学科交叉、多目标、多层次等研究特性。总体而言,线上线下物流数字化转型是当前"互联网+物流"企业进一步转型升级的必经历程,线上线下物流数字化转型是从企业战略层面对线上线下物流环节的数字化改进及"互联网+物流"价值链的重构,这一过程包括"互联网+物流"价值链的解构、组构和再构。具体研究总结如下。

一、线上线下物流数字化转型机制研究

从"互联网+物流"价值链解构的视角,企业线上线下物流数字化转型机制为,基于信息整合,将其实体物流价值链向虚拟物流价值链转换,在去中介化、去中心化、去物质化和平台化、模块化、虚拟化的内外部驱动力,以及企业投入产出要求下形成数字化物流价值链的过程。

（一）线上线下物流数字化转型动因解析

对"互联网+物流"价值链解构表明,企业线上线下物流数字化转型动因有企业线上线下物流数字化发展动因、需求动因、价值动因和价值链实体—虚拟转换动因。从企业线上线下物流数字化发展动因看,存在数字化技术不断发展、全球化不断深入、数字化思维的转变等行业外部压力,解决显性痛点与隐性痛点的行业内部发展期望,以及可持续生态、可持续经济、可持续社会发展对数字化物流的需求。从企业线上线下物流数字化需求动因看,存在企业内的物流链数字化需求和企业间的供应链数字化需求,以及信息整合下价值链数字化变革的需要。从企业线上线下物流数字化价值动因看,物流链、供应链以及信息整合的数字化需求本质是对数字化价值的需求,数字化价值主要具有无形性、敏捷性、灵活性、异质性、范围经济和规模经济等特征。数字物流价值来源于客户价值和价值增值;数字物流价值是一种效用(使用价值),是一个关系范畴(特定关系),也是企业线上线下物流功能实现的体现;把数字化物流功能 DLF 看成数字化物流成本 DLC 的函数,则数字物流价值函数可表示为 $DLF = f(DLC)$;数字物流价值的构成要素主要有战略、规划、协作、流程管理、订单管理和绩效管理六个方面,其中,流程管理价值、订单管理价值和绩效管理价值构成实体物流价值,战略价值、规划价值和协作价值构成虚拟物流价值。从实体价值链向虚拟价值链转换动因看,由于实体价值链的管理存在协调能力、覆盖范围、中间环节、规模经济、反应速度上的不足,而虚拟价值链具有非物质性、灵活性、独特性、持久性等特点,在信息化时代向数字化时代转变的过程中,实体价值链有向虚拟价值链转换的需求。

（二）线上线下物流数字化转型动力剖析

对"互联网+物流"价值链解构表明,企业线上线下物流数字化转型动力有内驱力和外驱力。企业线上线下物流数字化转型受到数字经济下去中介化、去中心化和去物质化发展趋势的外在驱动,同时也受到企业业务运营平台化、模块化和虚拟化发展要求的内在驱动。在内部和外部驱动力下,企业线上线下物流数字化转型通过实体物流价值链向虚拟物流价值链转换并

达到均衡,从而形成数字化物流价值链。数字化物流价值链是在企业线上线下物流流程价值关系中,应用数字化技术的一系列物流环节依顺序相互连接、具有内在价值利益关系的物流链和供应链网链,用数学语言描述,$DLVC = \{DLV_1, DLV_2, \cdots DLV_i, \cdots, DLV_n\}$。根据企业内物流(物流链)与企业间物流(供应链),数字化物流价值链分为水平数字化物流价值链和垂直数字化物流价值链。数字化物流价值链以数字化物流价值为核心,表现出增值链、协作链和作业链特征。数字化物流价值链的形成具有必然性,表现为:在企业数字化转型的过程中,对于第三方物流企业,在寻求企业线上线下物流一体化的过程中必然会形成一条提升各个环节数字化物流价值的价值链;对于第四方物流企业,在寻求线上线下物流协同运作的过程中必然会形成一条提升供应链企业数字化物流价值的价值链。数字化物流价值链的形成受到企业线上线下物流价值最大化驱动,对数字化物流价值链形成动力机制。量化分析表明,数字化物流价值链 $DLVC$ 内任意两个物流环节集合(N', $N'' \subset DLVC$)在条件 $\varphi(N') + \varphi(N'') \leqslant \varphi(N' \cup N'') + \varphi(N' \cap N'')$ 下形成合作博弈($DLVC, \varphi$)且为凸博弈,数字化物流环节之间可以进行有效协调且物流环节数字化收益的提高大于或等于其直接收益损失。从数字化物流价值链的构成动力上看,数字化物流是数字化投入产出服务,需要对数字化物流资源、数字化管理技术方法和数字化作业进行投入,数字化物流价值链本质上是一个投入产出过程,其产出是数字化物流总价值 DLV,并与价值环节的数字化物流功能 DLF 和数字化物流成本 DLC 有关,用数学函数式表示为 $DLV = f(DLF, DLC)$。在此基础上,构建数字化物流价值链投入产出结构模型为 $DLV/L = A_r \prod_{j=1}^{N} (K_j/L_j)^{a_j}$,这一模型反映了数字化物流基于价值弹性系数和边际技术替代率的价值结构,同时也表明,企业线上线下物流数字化转型并不适合于企业物流链或供应链上的一切物流环节,只有那些具有"数字化价值"的物流环节才值得进行数字化改进。

（三）企业 A 物流数字化转型机制分析案例研究

结合第一章线上线下物流数字化转型动因解析和第二章线上线下物流数字化转型动力剖析,对企业 A 物流数字化转型机制分析进行案例研究。以企业 A 为背景,对企业 A 的"互联网+物流"价值链进行解构,从数字化转型发展动因和动力上分析企业 A 的线上线下物流数字化转型机制。从数字化转型发展动因分析,企业 A 的线上线下物流业务数字化发展动因包括政府大力扶持、行业变化带来的发展机遇、行业集中整合空间大和供应链管理创新,同时企业 A 也面临来自行业内的竞争压力,具体有国外竞争者、国内竞争者和客户/用户个性化需求越来越高。企业 A 的线上线下物流业务数字化需求动因则体现在一方面有保持现有竞争优势的需求,另一方面则需要补齐其数字化转型发展的短板。考虑外部发展和内部需求动因,企业 A 结合各个业务板块的运营实际,将以线下物流为主的国际物流园(包括内陆港、进出口贸易服务、保税物流)和合同物流(包括中亚班列)等业务进行数字化转型,从实体物流价值链向虚拟物流价值链转换。企业 A 当前形成的虚拟物流价值链中,基本活动为单据处理(电子采购、电子结算等)、网络货运、电子商务、增值保税和电子通关,辅助活动为货运信息平台、数据资源管理、仓储管理系统、运输管理系统、订单管理系统、客户关系管理、人力资源管理、信息共享服务等。从数字化转型发展动力分析,以企业 A 的网络货运业务为背景,通过投入产出分析,企业 A 的环境效益、经济效益提升,风险和货损货差下降,业务量和客户量增加。通过对企业 A 的线上线下物流价值链解构分析,企业 A 的数字化转型机制为:企业 A 以网络货运为数字化价值先导,以国际物流园区业务为数字化价值支撑,以合同物流业务、电子商务物流、贸易物流、增值保税物流为数字化价值依托,以数字化信息平台作为数字化运营管理神经中枢,构建数字化物流价值链。

二、线上线下物流数字化转型路径研究

从"互联网+物流"价值链组构的视角,企业线上线下物流数字化转型路径为,基于信息治理,将其实体物流价值链与虚拟物流价值链融合,通过对企业数字化物流价值链进行分析、优化、重组,以形成数字化物流增值链、协作链和作业链的全过程。

(一) 线上线下物流价值链数字化分析

对"互联网+物流"价值链进行组构,首先构建线上线下物流价值链分析模型。数字化物流价值链分析建立在实体物流价值链和虚拟价值链融合的基础上,水平数字化物流价值链将物流作业分解为网络货运、云仓、智能配送、智能装卸搬运、智能流通加工、智能包装等基本环节,垂直数字化物流价值链将物流作业分解为电子采购物流、智能生产物流、线上分销物流和线上退货物流等基本环节。这些环节作为企业线上线下物流活动的数字化投入,其输出是满足市场需求的物流服务,最终创造企业的数字化物流价值。支持环节中,智慧物流中心、智慧配送中心等智慧物流设施与设备是线上线下物流运作的载体,由各种物流节点构成,包括了相应的物流设备;数字化物流信息平台为企业线上线下物流环节间的协作运作提供支撑;智慧物流网络、流程、策略(外包,自营,外包+自营等,联盟、虚拟企业)保证了线上线

下物流环节协调运行；人力与算力资源则给企业线上线下物流活动主体提供智力决策资源。数字化物流价值链分析步骤包括现有企业线上线下物流价值链分解，各环节的数字化价值分析排序，数字化价值变动环节识别，数字化物流价值链优化分析，以及数字化物流价值链重组分析。为了对数字化物流价值环节进行识别，结合数字化物流价值函数引入由数字化物流功能 DLF_i 和数字化物流成本 DLC_i 比值构成的数字化物流价值系数 $DLVI_i = DLFI_i/DLCI_i$。将价值工程中的价值分析方法与价值链分析方法相结合，对企业线上线下物流数字化价值进行分析，数字化物流价值增值途径为对线上线下物流环节数字化投入优化和线上线下物流活动数字化流程优化。

（二）线上线下物流价值链数字化优化

首先对"互联网+物流"价值链进行组构，其次是构建线上线下物流价值链优化模型。企业线上线下物流价值链优化包括实体物流价值链优化、虚拟物流价值链优化以及实体物流价值链与虚拟物流价值链协调优化。实体物流价值链优化是基础，虚拟物流价值链优化是建立在数字化技术投入上的动态优化，实体物流价值链与虚拟物流价值链的协调优化是关键。企业线上线下物流价值链优化基于数字化物流价值系数 $DLVI$ 与 1 的大小关系，$DLVI \geq 1$ 所对应的价值环节为线上线下物流价值链上对整个物流活动具有较大贡献的关键环节，企业线上线下物流优化的内容为围绕这些关键环节进行流程上的改变，以能够继续发挥其现有的数字化物流竞争优势。$DLVI < 1$ 所对应的价值环节为企业线上线下物流价值链上对整个物流活动创造价值不大的环节，在现有功能水平下对这些环节的投入管理进行优化，从整体上提升企业的数字化物流价值。根据企业线上线下物流价值链优化目标，对于数字化物流价值系数 $DLVI < 1$ 时的价值链优化，需要改进各个环节的数字化物流投入管理。为此，建立模糊线性规划模型来确定各个价值环节的最优数字化物流投入。对于数字化物流价值系数 $DLVI \geq 1$ 时的价值链优化，需要重对现有物流流程中的部分环节进行保留、补充、简化、替代或取消，为此，基于 ECRS 原则建立企业线上线下物流数字化流程优化模型，采取价值链分析与价值分析相结合的方法确立最优数字化物流流程。

（三）线上线下物流价值链数字化重组

对"互联网+物流"价值链进行组构，最后进行线上线下物流价值链重组。企业线上线下物流价值链由相互有联系的一系列价值活动构成，其中的联系反映了实体物流价值链与虚拟物流价值链的融合。在企业线上线下物流智能性内核的支撑下，实体物流价值链与虚拟物流价值链可基于企业的物流信息系统进行融合，数字化平台则是为企业提供数字能力、应对不确定性的核心,是实现由信息治理向数据治理转变的重要载体。基于数据治理的数据中台将企业线上线下物流业务前台和后台的信息进行整合重组,为企业的线上线下物流价值链重组提供支撑。企业线上线下物流价值链重组即属于管理重组的范畴,其重组方式主要有水平数字化物流价值链重组和垂直数字化物流价值链重组。水平数字化物流价值链重组主要为企业线上线下物流流程重组,从总体布局、实施者、负责人、支持体系和绩效测评五个方面,分别从战略层、策略层和作业层三个层面进行,其步骤为:制订流程重组计划,形成流程重组小组,制订远景规划,流程重新设计,流程评估与试运行,实施新的流程,流程重组范围扩大和流程重组实现。垂直数字化物流价值链重组的核心是企业线上线下物流联盟重组,其中实体物流价值链联盟有策略联盟(物流外包)、战略联盟和动态联盟等实体组织形式;虚拟物流价值链联盟主要有虚拟企业形式。企业基于线上线下物流业务形成实体或虚拟物流价值链联盟的过程中,如何合理分配联盟取得的收益成为首要解决的问题。为此,运用合作博弈的理论与方法,通过分析由第四方物流企业主导的垂直数字化物流价值链中第四方物流企业与第三方物流企业,以及第三方物流企业之间的收益分配比例,建立一种收益分配博弈模型,以此作为数字化物流价值链联盟形成的基础。

（四）企业 B 物流数字化转型路径分析案例研究

结合第四章线上线下物流价值链数字化分析、第五章线上线下物流价值链数字化优化和第六章线上线下物流价值链数字化重组,对企业 B 物流数字化转型路径分析进行案例研究。以企业 B 为背景,对企业 B 的"互联网+物流"价值链进行组构,从数字化物流价值链的分析、优化和重组方面分析企业 B 的线上线下物流数字化转型路径。企业 B 的主营业务为配送和合同物流,首先,分别构建企业 B 配送价值链分析模型和企业 B 合同物流价值链分析模型,分析表明企业 B 配送价值链环节主要由分拣、条码扫描、信息录入和异常处理构成,企业 B 合同物流价值链环节主要由市场业务对接、仓储管理、运输与装卸搬运管理和结算管理构成,并进一步分解为流程设计、设施布置、线路规划、采购、运输、仓储、配送和价格制定子环节。其次,对企业 B 配送业务,针对提升数字化物流价值系数 $DLVI<1$ 的分拣和异常处理环节的数字化物流价值,对配送业务进行数字化物流投入优化,并以数字化物流价值系数 $DLVI \geqslant 1$ 的条码扫描、信息录入环节为基础,对配送业务进行数字化分拣流程优化;对企业 B 合同物流业务,针对提升数字化物流价值系数 $DLVI<1$ 的零部件仓储、零部件配送、流程设计和整车配送客户环节的数字化物流价值,对合同物流业务进行数字化物流投入优化,并以

数字化物流价值系数 *DLVI*≥1 的环节为基础,通过打通内部及上下游业务环节、业财一体化流程优化、数据分析智能化和信息系统数字化改进,对合同物流业务进行数字化物流流程优化。最后,根据企业 B 的配送业务与合同物流业务需求,结合数字化技术和信息系统建设经验,以精细化管理、集团化管控、数字化可视化为企业 B 业务数字化流程重组目标,实现企业 B 配送业务与合同物流中仓储作业的线上管控;以业务为前沿、财务为规范实现业务财务一体化,融合财务数据与业务数据,构建企业 B 的线上线下物流支撑体系。重点针对配送与仓储管理重组,业务结算中心重组以及信息系统建设,并从重组思维模式、优化组织架构和基于数据中台的数字化平台搭建三个方面进行企业 B 的数字化物流流程重组。

三、线上线下物流数字化转型战略研究

从"互联网+物流"价值链再构的视角,企业线上线下物流数字化转型战略为,基于信息规划,实现其实体物流价值链与虚拟物流价值链共生,在三种基本价值链战略下企业可通过区块链、控制塔、数字孪生构建线上线下物流价值链战略,并最终实现企业的线上线下物流数实共生。

（一）线上线下物流价值链数字化战略分析

为了对"互联网+物流"价值链进行再构,基于实体物流价值链与虚拟物流价值链共生构建线上线下物流价值链数字化战略。实体物流价值链与虚拟物流价值链共生,以通过价值链分解和整合实现价值链再造为中心环节,以提高企业竞争力为目标的一系列行为的组合模式,形成持久的不可模仿的竞争优势。实体与虚拟物流价值链战略基于信息战略规划进行构建,线上线下物流价值链数字化转型战略下的信息规划是在理解企业发展战略和评估企业信息现状的基础上,结合物流信息系统建设和对数字化技术发展的认识,提出线上线下物流信息化建设的远景、目标和战略,以及具体线上线下物流信息系统的架构设计、选型和实施策略,满足企业可持续发展的需要。基于成本领先、差异化和目标聚集三种基本价值链战略,线上线下物流价值链战略是实体物流价值链与虚拟物流价值链通过横向和纵向整合形成的,线上线下物流价值链战略主要包含发展理念、领导力、组织结构、运营管理、技术能力、外部合作。线上线下物流价值链战略的特点表现为优势性、合成性、延展性、适应性和选择性等方面。信息规划是配合线上线下物流价值链数字化转型战略的重要支撑,基于信息系统定量分析与仿真的方法可以将信息系统战略规划一般过程进行改造和重组,形成信息系统战略规划二次选择规范过程——线上线下物流信息战略规划过程。在三种基本

价值链战略下,数字化原生企业、商业模式数字化投入、数字化转型成熟度和数字化转型组织架构是线上线下物流数字化转型战略举措的主要支撑。线上线下物流数字化转型的战略实施方向主要有基于数字孪生的物流数字化转型、基于数字供应链的物流数字化转型、基于区块链的物流数字化转型和基于数字控制塔的物流数字化转型。

(二) 线上线下物流价值链数字化战略管理

为了对"互联网+物流"价值链进行再构,可从区块链、控制塔、数字孪生及数实共生四个方面进行线上线下物流价值链数字化战略管理。具体而言,(1)区块链融入企业线上线下物流价值链后将更加凸显价值链(尤其是虚拟价值链)的独特性(或称之为异质性)特点,基于区块链的企业线上线下物流价值链战略可用于配合企业差异化型价值链战略实施。区块链战略为企业线上线下物流价值链数字化战略的再构提供了可选方案,其不可篡改、不可复制、智能合约和去中心化的四大特征具有解决企业线上线下物流价值链中交易信息失真、供需配对失效、交易溯源困难等问题的可行性。企业与客户/用户之间需要信息交互以及企业内外部信息链接,需要物流链和供应链价值环节之间的协作,而在协作中彼此可能因不具备信任关系而降低运营效率。因此,在企业线上线下物流价值链战略中引入区块链,利用区块链技术"智能合约"及信任机制构建企业间的信任关系,帮助企业提高运营效率。将区块链与价值链结合,形成"双链融合"战略。(2)控制塔融入企业线上线下物流价值链后能够对实体物流资源和虚拟物流资源进行灵活性、便捷性的集约化管理和优化配置,将更加凸显价值链(尤其是虚拟价值链)的灵活性特点,基于控制塔的企业线上线下物流价值链战略可用于配合企业差异化型、目标聚焦型价值链战略实施。控制塔由一系列管理流程和工具组成,可通过数字化技术,规划仓储网络、监控订单履行状态、实时追踪货物,为企业提供端到端的、可视化的企业线上线下物流运营与管理决策支持。物流链控制塔战略有内部管理、与第四方物流企业协同管理和全权委托第四方物流企业管理三种方案,根据其业务规模大小和供应链战略来选择合适的方案;供应链控制塔战略的实施分为可见性、分析和实施三个阶段。(3)数字孪生在与企业线上线下物流价值链结合后能够以较低的成本和风险,对待实施的实体物流和虚拟物流流程进行优化,将更加凸显价值链(尤其是虚拟价值链)的非物质性特点。基于数字孪生的企业线上线下物流价值链战略可用于配合企业成本领先型、目标聚焦型价值链战略实施。数字孪生是一个对物理实体或流程的数字化镜像。创建数字孪生的过程,集成了人工智能、机器学习和传感器数据,以建立一个可以实时更新的、现场感极强的"真实"模型,用来支撑物理产品生命周期各项活动的决策。企业线上线下物流数字孪生战略主要有基于数字孪生的供应链平台战略、基于数字孪生的供应链网络战略和基于数字孪生的供应链控制塔战略。(4)数实共生是企业线上线下物流价值链数字化转型过程中实体物流价值链向虚拟物流价值链转换、融合后达到的均衡状态(即实体物流价值与虚拟物流价值在企业线上线下物流价值链中均处于最优,即对实体物流环节进行数字化投入的边际技术替代率为 0 的理想状态),将更加凸显价值链(尤其是虚拟价值链)的持久性(或称之为可持续性)特点,基于数实共生企业线上线下物流价值链战略可用于配合企业全部类型价值链战略的实施。企业线上线下物流数实共生战略可依托区块链、控制塔、数字孪生等数字化技术实现,主要有云平台战略、云管理战略和云开发战略,对应数实共生最终形成所需要经历的三个阶段。

(三) 企业 C 物流数字化转型战略分析案例研究

结合第八章线上线下物流价值链数字化战略分析和第九章线上线下物流价值链数字化战略管理,对企业 C 物流数字化转型战略分析进行案例研究。以企业 C 为背景,对企业 C 的"互联网+物流"价值链进行再构,从数字化物流价值链战略规划与管理上分析企业 C 的线上线下物流数字化转型战略。企业 C 的主营业务为网络货运、仓储和物流园区,首先,对企业 C 物流数字化转型战略规划分析,企业 C 物流数字化转型建立在采用差异化战略和目标聚焦战略组合的基础上,使用目标聚焦战略进行企业线上线下物流资源整合,使用差异化战略进行企业线上线下物流价值链创新;在企业 C 数字生态蓝图规划中,企业 C 以网络货运平台为核心,汇集外部需求,依托企业线上线下物流资源打造客户/用户全生命周期管理的服务矩阵;企业 C 数字化转型战略规划的内容包括提升数字化转型认知、完善数字化管理体系、强化数字化团队建设和推进数字化协同建设;以企业 C 的网络货运业务为背景,其数字化转型战略举措包括完善标准化的管理服务体、设置诚信开放的数据管理体系和完善交易支付结算管理体系。其次,对企业 C 物流数字化转型战略管理分析,企业 C 主要构建了网络货运数字平台和物流园区联盟数字平台等战略,企业 C 网络货运数字平台将原有的线下物流交易线上化,实现对交易、运输、结算等各环节的全过程透明化动态管理;企业 C 通过数字化转型整合物流园区资源,利用网络货运数字平台把点状分布的实体物流园区连成虚拟的物流园区网络,在此基础上构建物流联盟数字管理平台,实现价值增值;企业 C 通过共享经济思维建立云仓体系,实施仓储资源数字共享战略。

第二节　研　究　展　望

从企业层面对物流数字化转型研究,可以认为是数字化转型研究领域的起点,在此基础上,未来有必要拓展到对物流产业层面的数字化、数智化和创新驱动等方面的研究。

一、物流产业数字化研究展望

物流企业是物流产业的重要组成部分,在物流企业数字化转型研究的基础上,对物流产业数字化转型的研究是有必要的。现代物流产业是国民经济的重要支柱,建设"物流+数字强国"是产业经济发展的重要战略和实施任务。发挥物流产业与生产制造业、商贸流通业的联动优势,融合数字化技术,跨越组织和行业边界,推动产城融合、网络融合、产业融合,是构建数实共生型的现代化经济体系和新发展格局的重要引擎。在这一背景下,物流产业数字化研究可针对一系列新的问题,如,物流设施数字化升级问题,如何加快对物流设施的数字化改造升级,加快建设跨行业、跨区域的数字化物流信息服务平台,为实现物流产业与生产制造业、商贸流通业联动提供保障;物流产业数字化融合问题,如何以数字化技术为手段推进物流产业与生产制造业、商贸流通业等产业数字化融合,协同推进物流产业数字化和数字物流产业化,服务于制造业、流通业等产业数字化转型升级,培育物流产业的数字化新业态、新模式。

二、物流产业数智化研究展望

数字化向数智化(即数字化+智能化)发展是产业经济发展的一般路径,在物流产业数字化转型研究的基础上,对物流产业数智化转型的研究是有必要的。数字化技术及各种智能物流应用场景,支持物流信息的高效自动感知、数据的精准采集,资源的优化调度,以及运营的智能决策,从而全面推动物流业务的数字化与智能化,实现物流产业降本增效和转型升级。数智化已成为智慧物流企业的基础,更是奠定未来发展的基石。在这一背景下,物流产业数智化研究可针对一系列新的问题,如,数智化物流目标问题,如何将价格竞争转变为成本竞争,形成智慧物流价值模式,通过降低客户/用户的成本,体现物流本身所具有的价值;数智化物流运行问题,如何通过数智化整合资源、优化流程,提高物流活动的效率;数智化物流组织问题,如何加快物流组织模式向供应链转型升级,在产业链的平台上进行资源整合和优化;数智化物流决策问题,如何利用数智化物流的自主决策功能,从目前的执行者向管理者转变,甚至向决策者的身份转变;数智化物流模式问题,如何构建互利共赢的物流数智化商业模式,通过降低客户/用户的成本形成自己的利润;数智化物流发展问题,如何应用数字化技术和整合数据与算力资源,用数据管理、分析、决策,创新物流数智化发展模式。

三、数字化转型创新研究展望

在从物流企业数字化到物流产业数字化及数智化的一般研究路径之外,根据数字化的特征(即前文提出的"去中介化""去中心化"和"去物质化"内驱力)进行物流产业数字化转型创新研究是有必要的。在这一背景下,物流产业数字化转型创新研究可针对一系列新的问题,如,"去物理化"下的数字化转型创新问题,实体经济活动只有一个世界——物理世界,数字经济时代出现了两个世界——物理世界与虚拟世界并存的状况,而越来越多的经济活动迁移到了虚拟世界进行,尤其是元宇宙理念的出现,导致两个世界受关注的程度逐渐换位,虚拟世界逐步挤占物理世界,包括线上替代线下、虚拟空间替代实体空间,这种"去物理化"的特征对物流产业的数字化转型也将产生重要影响;"去边界化"下的数字化转型创新问题,实体经济活动由于自然障碍、地区利益、国别差异(文化、政策、制度等的不同)而形成明确的边界,数字经济时代由于数字化技术引致的互联互通,这些边界被打破了,企业可以跨界发展甚至无界发展,这种"去边界化"的特征无疑会对物流产业的数字化转型产生重要影响;"去确定化"下的数字化转型创新问题,实体经济下的企业是基于相对确定性的情景对一系列经济活动作出决策,并将未来看作今天趋势的线性变化,数字经济时代则"易变性,不确定性,复杂性,模糊性"(Volatility,Uncertainty,Complexity,Ambiguity,VUCA)成为常态,企业需要基于不确定性形成一种完全不同的思维方式和行为方式,这种"去确定化"的特征必然对物流产业的数字化转型产生重要影响。

参 考 文 献

1. 蔡进:《推进数字经济与产业融合创新,引领物流与供应链高质量发展》,《物流研究》2022 年第 1 期。

2. 陈光锋:《互联网思维:商业颠覆与重构》,机械工业出版社 2014 年版。

3. 陈金晓、陈剑:《从优化到重塑——大变局中的供应链高质量发展》,《系统工程理论与实践》2022 年第 3 期。

4. 陈收、蒲石等:《数字经济的新规律》,《管理科学学报》2021 年第 8 期。

5. 陈威如、王节祥:《依附式升级:平台生态系统中参与者的数字化转型战略》,《管理世界》2021 年第 10 期。

6. 陈晓红、李杨扬、宋丽洁、汪阳洁:《数字经济理论体系与研究展望》,《管理世界》2022 年第 2 期。

7. 陈永平、杨晨:《企业物流价值创造能力瓶颈突破——运用组织网络资源整合》,《江苏商论》2009 年第 4 期。

8. 程立茹:《互联网经济下企业价值网络创新研究》,《中国工业经济》2013 年第 9 期。

9. 程士国、朱冬青:《物流系统功能要素间效益协同机理研究:以鲜切花为例》,《管理评论》2020 年第 3 期。

10. 迟考勋、邵月婷、苏福:《大数据价值来源、价值内容与价值创造机理——基于 2011—2021 年管理类和商业类 SSCI 期刊分析》,《科技进步与对策》2022 年第 22 期。

11. 池毛毛、李延晖、王伟军、卢新元:《基于 IT 双元性视角的企业电子商务价值创造:双元能力和 IT 治理的作用》,《系统管理学报》2019 年第 5 期。

12. 崔英华:《基于 SOA 的跨企业物流资源整合平台的研究》,电子科技大学 2013 年博士学位论文。

13. 戴晟、赵罡、于勇、王伟:《数字化产品定义发展趋势:从样机到孪生》,《计算机辅助设计与图形学学报》2018 年第 8 期。

14. 邓波:《数字化转型对企业投资的影响研究》,《价格理论与实践》2022 年第 11 期。

15. 董梓童、苏南:《新型电力系统建设离不开算力支撑》,《中国能源报》2022 年 11 月 7 日。

16. 段尧清、吴瑾、王蕊:《数据要素基础制度的价值取向与框架》,《数字图书馆论坛》2022 年第 10 期。

17. 冯海龙:《价值链战略管理模式研究》,《经济管理》2002 年第 16 期。

18. 冯雪莲:《基于新制造的虚拟价值链解构》,《财会通讯》2020 年第 14 期。

19. 管邲路、顾理平:《价值冲突与治理出路:虚假信息治理中的人工智能技术研究》,《新闻大学》2022 年第 3 期。

20. 郭东强:《利用熵权系数法评价企业信息化建设项目》,《运筹与管理》2003 年第 3 期。

21. 郭立夫、陈刚、王阅:《基于物流信息整合的我国汽车集团物流信息平台设计》,《情报科学》2007 年第 5 期。

22. 韩立清:《外包、供应链集成与第四方物流》,《数量经济技术经济研究》2003 年第 7 期。

23. 何黎明:《为"十四五"智慧物流发展谋篇布局》,《现代物流报》2019 年 5 月 8 日。

24. 何玉长、王伟:《数字生产力的性质与应用》,《学术月刊》2021 年第 7 期。

25. 胡锦绣、钟书华、柳婷:《国外 ICT 产业智慧专业化评价研究回顾与展望》,《科技进步与对策》2021 年第 18 期。

26. 黄滨:《供应链物流数字化转型的陷阱》,《中国物流与采购》2022 年第 16 期。

27. 黄山、范洁文、邝伟鹏:《基于信息整合的低碳物流商业模式创新研究》,《科技管理研究》2015 年第 5 期。

28. 吉峰、牟宇鹏:《基于扎根理论的传统企业互联网化转型影响因素研究》,《湖南社会科学》2016 年第 6 期。

29. 孔令凯:《第四方物流与第三方物流演化博弈》,江西财经大学 2020 年博士学位论文。

30. 寇涵映:《4 个需要更新混合云战略的迹象》,《计算机与网络》2020 年第 20 期。

31. 劳本信:《价值链分析与价值分析相结合下的业务流程优化》,《江苏商论》2009 年第 2 期。

32. 李海舰:《互联网思维与传统企业再造》,《中国工业经济》2014 年第 10 期。

33. 李海舰、聂辉华:《论企业与市场的相互融合》,《中国工业经济》2004 年第 8 期。

34. 李宏:《加快"互联网+物流"的行业转型发展步伐》,《现代物流报》2019 年 5 月 15 日。

35. 李晖:《数字中国建设着力点:挖掘"数实融合"新动能》,《中国经营报》2022 年 10 月 24 日。

36. 李辉、梁丹丹:《企业数字化转型的机制、路径与对策》,《贵州社会科学》2020 年第 10 期。

37. 李立望、黄德海:《基于价值共创的智慧物流平台生态体系构建研究》,《生态经济》2022 年第 7 期。

38. 李琦、刘力钢、邵剑兵:《数字化转型、供应链集成与企业绩效——企业家精神的调节效应》,《经济管理》2021 年第 10 期。

39. 李树文、罗瑾琏、胡文安:《从价值交易走向价值共创:创新型企业的价值转型过程研究》,《管理世界》2022 年第 3 期。

40. 李玮、熊文剑、刘鹏、朱志斌、赵永刚:《基于业务中台的信息化系统架构演进研究》,《电信工程技术与标准化》2020 年第 11 期。

41. 厉无畏、王玉梅:《价值链的分解与整合——提升企业竞争力的战略措施》,《经济管理》2001 年第 3 期。

42. 黎熙元、徐盈艳、王才章:《合作博弈》,中央编译出版社 2020 年版。

43. 里昕、揭筱纹:《我国产业纵向整合新形式:基于产业链的战略联盟》,《求索》2006 年第 12 期。

44. 梁雯、司俊芳:《基于共享经济的"区块链+物流"创新耦合发展研究》,《上海对外经贸大学学报》2019 年第 1 期。

45. 林木:《企业数据仓库平台的技术架构研究与设计》,《软件》2020 年第 12 期。

46. 刘大同、郭凯、王本宽、彭宇:《数字孪生技术综述与展望》,《仪器仪表学报》2018 年第 11 期。

47. 刘继斌:《供应链成本管理中的效益悖反问题研究》,对外经济贸易大学 2007 年博士学位论文。

48. 刘建刚、马德清、陈昌杰、余婷婷:《基于扎根理论的"互联网+"商业模式创新路径研究》,《软科学》2016 年第 7 期。

49. 刘娜、常存芳:《基于价值链理论的企业物流成本研究》,《物流技术》2015 年第 4 期。

50. 刘淑春、闫津臣、张思雪、林汉川:《企业管理数字化变革能提升投入产出效率吗》,《管理世界》2021 年第 5 期。

51. 刘淑梅、杜彬、云桂桂、杨宏伟:《基于数据中台和流程平台的业务中台建设与实践》,《现代电子技术》2022 年第 20 期。

52. 刘阳、修长百:《数实融合对产业结构转型升级的研究》,《科学管理研究》2022 年第 3 期。

53. 刘洋、应震洲、应瑛:《数字创新能力:内涵结构与理论框架》,《科学学研究》2021 年第 6 期。

54. 刘玉照、杜言:《基于信息集成的信息资源共享》,《情报杂志》2003 年第 7 期。

55. 柳洲:《"互联网+"与产业集群互联网化升级研究》,《科学学与科学技术管理》2015 年第 8 期。

56. 鲁晓、陈星浩、陈哲涵:《数字孪生时代的数字物流革命》,《物流技术与应用》2021 年第 9 期。

57. 罗均梅、徐翠丰:《数字孪生如何影响商业生态系统构建——基于前瞻资源化视角的案例研究》,《中国海洋大学学报(社会科学版)》2022 年第 6 期。

58. 罗珉、王雎:《中间组织理论:基于不确定性与缓冲视角》,《中国工业经济》2005 年第 10 期。

59. 罗卫、欧阳明德、张子刚:《物流价值和附加值:涵义和衡量》,《物流技术》2003 年第 6 期。

60. 梅亮、陈春花、刘超：《连接式共生：数字化情境下组织共生的范式涌现》，《科学学与科学技术管理》2021 年第 4 期。

61. 倪克金、刘修岩：《数字化转型与企业成长：理论逻辑与中国实践》，《经济管理》2021 年第 12 期。

62. 欧阳日辉：《数实融合的理论机理、典型事实与政策建议》，《改革与战略》2022 年第 5 期。

63. 潘海洪：《从物流区块链到物流数字经济》，《中国物流与采购》2022 年第 16 期。

64. 卜月华、王维凡、吕新忠：《图论及其应用》，东南大学出版社 2015 年版。

65. 乔忠、李应博：《基于模糊规划法的企业价值链优化应用研究》，《中国管理科学》2003 年第 6 期。

66. 芮明杰、袁安照、潘科军：《企业管理重组论》，《中国经济问题》1999 年第 2 期。

67. 邵海静：《虚拟企业网络演化及其成员组之间知识转移机理的研究》，新华出版社 2017 年版。

68. 史戈：《战略整合理论的建立和基本方法学》，《现代工业经济和信息化》2022 年第 2 期。

69. 史官清、欧阳天治、杜鑫可：《城市智慧物流大数据平台架构及数据系统研究》，《物流技术与应用》2022 年第 8 期。

70. 石建勋、朱婧池：《全球产业数字化转型发展特点、趋势和中国应对》，《经济纵横》2022 年第 11 期。

71. 史志远：《企业重组中的管理重组》，《上海管理科学》1998 年第 4 期。

72. 宋华：《建立数字化的供应链韧性管理体系——一个整合性的管理框架》，《供应链管理》2022 年第 10 期。

73. 宋立丰、祁大伟、宋远方：《"区块链+"商业模式创新整合路径》，《科研管理》2019 年第 7 期。

74. 孙鑫：《云端组装商业智能和数据科学以实现可复用的高级数据分析能力》，《中国信息化》2021 年第 10 期。

75. 孙雨生、李承濠：《国内 IT 规划研究进展：基础分析与实践应用》，《计算机与数字工程》2021 年第 4 期。

76. 唐隆基：《数字化供应链控制塔的理论和实践》，《供应链管理》2020 年第 2 期。

77. 唐隆基、潘永刚、余少雯：《数字供应链孪生及其商业价值》，《供应链管理》2022 年第 2 期。

78. 唐铭成、柳先辉、秦修功：《基于虚拟化技术的资源池扁平化架构研究》，《制造业自动化》2021 年第 6 期。

79. 汤勇力、胡欣悦：《基于动态任务价值链的虚拟企业组织体系》，《科学学与科学技术管理》2007 年第 10 期。

80. 陶飞、刘蔚然、刘检华：《数字孪生及其应用探索》，《计算机集成制造系统》2018 年第 1 期。

81. 田秀娟、李睿:《数字技术赋能实体经济转型发展——基于熊彼特内生增长理论的分析框架》,《管理世界》2022 年第 5 期。

82. 田宇、朱道立:《物流联盟与合作博弈》,《物流科技》1999 年第 4 期。

83. 田宇、朱道立:《物流联盟形成机理研究》,《物流技术》2000 年第 2 期。

84. 汪传雷、胡春辉等:《供应链控制塔赋能企业数字化转型》,《情报理论与实践》2019 年第 9 期。

85. 王佳元:《现代供应链:演变特征与发展战略》,《宏观经济研究》2019 年第 7 期。

86. 王利朋、关志、李青山、陈钟、胡明生:《区块链数据安全服务综述》,《软件学报》2022 年第 11 期。

87. 王强、王超、刘玉奇:《数字化能力和价值创造能力视角下零售数字化转型机制——新零售的多案例研究》,《研究与发展管理》2020 年第 6 期。

88. 王如玉、梁琦:《数字经济下虚拟集聚的现实基础与应用》,《长安大学学报(社会科学版)》2022 年第 4 期。

89. 王术峰、何鹏飞、吴春尚:《数字物流理论、技术方法与应用——数字物流学术研讨会观点综述》,《中国流通经济》2021 年第 6 期。

90. 王燕:《战略联盟:提升物流企业竞争优势的有效途径》,《中国流通经济》2003 年第 8 期。

91. 王永贵、汪淋淋:《传统企业数字化转型战略的类型识别与转型模式选择研究》,《管理评论》2021 年第 11 期。

92. 王永进、匡霞、邵文波:《信息化、企业柔性与产能利用率》,《世界经济》2017 年第 1 期。

93. 王志、孙晓辉:《夯实算力"底座"构筑数字经济发展新优势》,《经济参考报》2022 年 8 月 11 日。

94. 魏红欣:《CA 公司 ERP 和 CRM 系统应用整合研究》,北京工业大学 2019 年博士学位论文。

95. 魏冉、刘春红、张悦:《物流服务生态系统价值共创与数字化能力研究——基于菜鸟网络的案例研究》,《中国软科学》2022 年第 3 期。

96. 温志桃、董雄报:《基于项目管理的动态物流联盟构建研究》,《管理科学文摘》2007 年第 9 期。

97. 吴菁芃、吴清一:《数字物流中的数字技术》,《中国物流与采购》2018 年第 7 期。

98. 吴群:《传统企业互联网化发展的基本思路与路径》,《经济纵横》2017 年第 1 期。

99. 吴诗滢:《供应链控制塔赋能企业数字化转型》,《中国储运》2021 年第 5 期。

100. 吴婷:《区块链赋能智慧物流平台化发展的挑战与应对策略》,《商业经济研究》2022 年第 1 期。

101. 吴谢玲:《数字经济时代物流业高质量发展问题研究》,《商业经济研究》2022 年第 2 期。

102. 吴志福、周强、王文龙：《基于结构熵的集装箱码头物流系统有序性评价研究》，《武汉理工大学学报（交通科学与工程版）》2018 年第 6 期。

103. 夏宽云、檀向球：《企业"战略价值链分析"》，《价值工程》1998 年第 5 期。

104. 肖静华、吴小龙、谢康、吴瑶：《信息技术驱动中国制造转型升级——美的智能制造跨越式战略变革纵向案例研究》，《管理世界》2021 年第 3 期。

105. 肖旭、戚聿东：《产业数字化转型的价值维度与理论逻辑》，《改革》2019 年第 8 期。

106. 邢小强、周平录、张竹、汤新慧：《数字技术、BOP 商业模式创新与包容性市场构建》，《管理世界》2019 年第 12 期。

107. 许晖、于超、王亚君：《模块化与开放性双重视角下的平台型组织价值创造机制研究——以浪潮和东软为例》，《科学学与科学技术管理》2021 年第 2 期。

108. 徐敬宏、胡世明：《5G 时代互联网平台治理的现状、热点与体系构建》，《西南民族大学学报（人文社会科学版）》2022 年第 3 期。

109. 徐寿波：《大物流论》，《中国流通经济》2005 年第 5 期。

110. 徐向梅：《推动数字经济和实体经济深度融合》，《经济日报》2022 年 9 月 23 日。

111. 许扬帆：《物流信息化与物流流程重组》，《物流技术与应用》2000 年第 3 期。

112. 徐语聪：《企业数字化转型将走向"数字原生"新阶段》，《数据》2021 年第 5 期。

113. 杨继：《区块链、互联网信任与制度设计》，《上海经济研究》2021 年第 6 期。

114. 杨建：《基于供应链的港口与物流园区信息整合研究》，南京财经大学 2010 年博士学位论文。

115. 杨善林、周开乐、张强、范雯娟、丁帅、余本功、冯南平、刘业政：《互联网的资源观》，《管理科学学报》2016 年第 1 期。

116. 杨学成、陶晓波：《从实体价值链、价值矩阵到柔性价值网——以小米公司的社会化价值共创为例》，《管理评论》2015 年第 7 期。

117. 杨洋：《数字孪生技术在供应链管理中的应用与挑战》，《中国流通经济》2019 年第 6 期。

118. 姚小涛、亓晖、刘琳琳、肖婷：《企业数字化转型：再认识与再出发》，《西安交通大学学报（社会科学版）》2022 年第 3 期。

119. 叶广宇、蓝海林、李铁瑛：《中国企业横向整合管理模式研究及其理论模型》，《管理学报》2012 年第 4 期。

120. 尹美群、胡国柳：《虚拟企业、虚拟价值链及其与价值链的逻辑关系》，《海南大学学报（人文社会科学版）》2005 年第 2 期。

121. 印奇、王绪洪：《基于数据和业务平台的数据治理技术应用》，《电子技术与软件工程》2021 年第 10 期。

122. 尹巍巍、王立平：《基于 ICT 行业智慧供应链协同体系研究与实践》，《物流技术》2020 年第 12 期。

123. 尹贻林、尹航、王丹、蒋慧杰:《科层失灵、项目治理与机会主义行为——138 例样本的定性比较分析》,《管理工程学报》2022 年第 3 期。

124. 余东华、瑞明杰:《模块化、企业价值网络与企业边界变动》,《中国工业经济》2005 年第 10 期。

125. 余浩曦:《面向数字孪生网络的多维网络模型研究与应用》,电子科技大学 2022 年博士学位论文。

126. 于全辉、孟卫东:《从客户价值到客户关系价值》,《经济管理》2004 年第 6 期。

127. 于秀艳、胡克瑾:《企业战略/IT 战略整合能力评价指标体系的实证研究》,《情报杂志》2009 年第 9 期。

128. 袁淳、肖土盛、耿春晓、盛誉:《数字化转型与企业分工:专业化还是纵向一体化》,《中国工业经济》2021 年第 9 期。

129. 张浩维:《供应链数字化转型对企业竞争优势的影响研究》,吉林大学 2022 年博士学位论文。

130. 张今、顾复等:《基于区块链的多价值链协同数据共享方法》,《计算机集成制造系》2022 年第 7 期。

131. 张经阳、谢超:《互联网时代下物流 3.0 平台模式创新与发展研究》,《商业经济研究》2021 年第 22 期。

132. 张璐、侯雪茹等:《跨越关系无效的壁垒:企业网络位置动态构建机制研究》,《科研管理》2020 年第 6 期。

133. 张伦、王孟孟:《电商物流企业信息整合模式研究》,《中国市场》2016 年第 19 期。

134. 张旺君、范冬萍:《个体信息论视野下生命本质问题研究的新进展》,《系统科学学报》2022 年第 4 期。

135. 张伟:《"互联网+"时代我国物流行业发展趋势探析》,《技术经济与管理研究》2018 年第 4 期。

136. 张玮:《动态虚拟价值链及其驱动因素》,《企业改革与管理》2011 年第 7 期。

137. 张莹:《供应链协同效应:一个交易费用理论的视角》,《经济研究参考》2003 年第 1 期。

138. 张哲、阳镇、陈劲、李倩:《国有企业数字化转型的多重模式比较——来自 50 个国有企业案例的分析》,《科技进步与对策》2022 年第 11 期。

139. 张正荣、肖文丽:《虚实价值链耦合视角下的跨境电商价值创造机制——基于扎根理论的案例分析》,《管理案例研究与评论》2020 年第 6 期。

140. 赵丽锦、胡晓明:《企业数字化转型的基本逻辑、驱动因素与实现路径》,《企业经济》2022 年第 10 期。

141. 郑霖、马士华:《供应链是价值链的一种表现形式》,《价值工程》2002 年第 1 期。

142. 周文:《社会仿真与大数据挖掘融合的可能与可行》,《中国社会科学报》2022 年 11 月 16 日。

143. 周兴建:《基于价值工程的物流价值链优化研究》,武汉理工大学 2012 年博士学位论文。

144. 周兴建、张庆年:《物流价值链的产生及构成机理研究——以家电物流模式为背景》,《中国流通经济》2010 年第 3 期。

145. 朱华友、陶姝沅:《产业集群"虚拟—实体"价值链的协同发展研究——浙江诸暨珍珠产业集群的实证》,《科技管理研究》2015 年第 19 期。

146. 朱瑞博:《价值模块整合与产业融合》,《中国工业经济》2003 年第 8 期。

147. 朱晓乐、黄汉权:《全球供应链的演变及其对中国产业发展的影响》,《改革》2021 年第 4 期。

148. 庄存波、刘检华等:《产品数字孪生体的内涵、体系结构及其发展趋势》,《计算机集成制造系统》2017 年第 4 期。

149. 邹松:《弥合数字鸿沟,助力可持续发展》,《人民日报》2022 年 6 月 29 日。

150. Alnuaimi B. K., et al., "Mastering Digital Transformation: The Nexus Between Leadership, Agility, and Digital Strategy", *Journal of Business Research*, Vol.14, No.5, 2022.

151. Arch Shaw, *Some Problems in Marketing Distribution*, Cbridge: Harvard University Press, 1975.

152. Berman S. J., "Digital Transformation: Opportunities to Create New Business Models", *Strategy & Leadership*, Vol.40, No.2, 2012.

153. Bowersox D., David J. C., Cooper M. B., *Supply Chain Logistics Management*, Me Gravu Hill Press, 2002.

154. Bowersox D., Morash E., "The Integration of Marketing Flows in Channels of Distribution", *Marketing*, No.23, 1989.

155. David B., Joseph M., "From Supply Chain to Value Net", *Journal of Business Strategy*, Vol.21, No.4, 2000.

156. Deborah M., et al., "Overview of Additive Manufacturing Informatics: 'A Digital Thread'", *Integrating Materials and Manufacturing Innovation*, Vol.5, No.1, 2016.

157. Fotis K., Maria K., Michael A.M., Konstantinos F., Vicky M., "Information Systems Strategy in SMEs: Critical Factors of Strategic Planning in Logistics", *Kybernetes*, Vol. 49, No.4, 2020.

158. Gemini C., *Digital Transformation: A Road Map for Billion*, MIT Sloan Management Press, 2011.

159. Graboski M., Roberts K.H., Guard R., "Risk Mitigation in Virtual Organizations", *Journal of Computer – Mediated Communication Special issue on Virtual Organizations*, No.3, 1998.

160. Jeffrey F. R., John J.S., "Exploiting the Virtual Value Chain", *Business Review*, No.4, 1995.

161. Jim T., "Control Towers Integrate Digital Supply Networks", *Industrial and Systems*

Engineering at Work, Vol.53, No.7, 2021.

162. Landers T. L., Cole M. H., "The Virtual Warehousing Concept", *Transportation Research: Part E*, Vol.36, No.2, 2000.

163. Lanner, "The Dynamic Value Chain in the Automotive Industry", *Elektro Technik and Information's Technik*, Vol.119, No.9, 2002.

164. Lin Z.B., "The Choices of Channel Structures and Information Strategies in a Supply Chain", *Journal of Management Science and Engineering*, Vol.7, No.3, 2022.

165. Maria D., "Methodology and Epistemology of Computer Simulations and Implications for Science Education", *Journal of Science Education and Technology*, Vol.28, No.4, 2019.

166. Martin C., *Logistics and Supply Chain Management*, Pitman Publishing, 1992.

167. Mary J.C., *Unchained Value: The New Logic of Digital Business*, Harvard Business Press, 2000.

168. Michael R., "Der Supply Chain Control Tower zur Steuerung des Transport-Managements", *Wirtschaftsinformatik & Management*, No.1, 2021.

169. Neeta B., "CSF Approach for IT Strategic Planning", *International Journal of Strategic Information Technology and Applications*, Vol.4, No.2, 2013.

170. Patsavellas J., Kaur R., Salonitis K., "Supply Chain Control Towers: Technology Push or Market Pull-An Assessment Tool", *IET Collaborative Intelligent Manufacturing*, Vol.3, No.3, 2021.

171. Paul A.S., *Economics*, McGraw-Hill Press, 1948.

172. Porter M.E., *Competitive Advantage*, New York: The Free Press, 1985.

173. Porter M.E., *The Competitive Advantage of Nations: With a New Introduction*, New York: The Free Press, 1998.

174. Rogers D., *The Digital Transformation Playbook: Rethink Your Business for the Digital Age*, Columbia University Press, 2016.

175. Roland R., et al., "About the Importance of Autonomy and Digital Twins for the Future of Manufacturing", *IFAC Papers OnLine*, Vol.48, No.3, 2015.

176. Soohyun J., Insoo S., Jinyoung H., "Exploring the Role of Intrinsic Motivation in ISSP Compliance: Enterprise Digital Rights Management System Case", *Information Technology and People*, No.5, 2020.

177. Stevens J., "Global Purchasing in the Supply Chain", *Purchasing and supply Management*, No.1, 1995.

178. Woschank M., et al., "The Integration of Smart Systems in the Context of Industrial Logistics in Manufacturing Enterprises", *Procedia Computer Science*, No.1, 2022.

179. Younker, *Value Engineering*, Taylor and Francis CRC Press, 2003.

180. Zhang C., Jin S.Y., "What Drives Sustainable Development of Enterprises? Focusing on ESG Management and Green Technology Innovation", *Sustainability*, Vol.14, No.18, 2022.

后　记

　　线上线下物流数字化转型问题,归根结底是企业的数字化转型问题——这是各家企业面临的一个绝大命题,无论是大中型企业还是中小型企业。从市场的角度而言,中小型企业的数字化转型问题更重要,牵涉面更广,对数字经济的健康发展更有意义。对于这个问题业界比学界更为关注,限于笔者的见识及积累,本书中还难以一时将这个问题所涉及的本质、内涵研究清楚(本书中的"企业"未细分,但倾向于大中型企业),权且将这一问题留作后续进一步探讨的研究主题吧。不过,对于作为线上线下物流进行数字化转型的背景和环境——为数众多的中小企业(以生产制造企业为例)的数字化转型现状,笔者也进行了一番思考,但估计只能称之为触及上述问题的"皮毛"——以为本书的后记。

　　据工信部的统计,截至 2022 年年底,我国工业互联网产业规模约 1.2 万亿元,全国中小微企业数量约 4800 万家,这一庞大的企业群体正在成为数字化转型洪流中的主角之一。同时,麦肯锡和世界经济论坛在 2023 年年初公布的最新一期全球"灯塔工厂"名单中,18 座全球各地的工厂新晋入选,其中有 8 家中国工厂(大中型企业)。"灯塔工厂"是达沃斯世界经济论坛与麦肯锡的合作评选项目,通过评估工厂的数字化、智能化水平,在全球范围内遴选"最先进工厂",并向全球制造业推广这些工厂的经验,以为后来者指路。但对于数量巨大的中小型企业,想学习这些大中型企业的数字化转型经验,学不学得来? 该从哪学起? 学什么? ——这一系列问题需要一一回答。对于中小型企业来说,花几十万元到上百万元去买"看不见摸不着"的软件,或者要一两年才能收回成本的智能设备,这是一个很艰难的决定。如,以投入用于企业生产运营数字化技术改造的机械臂(生产装配线以及物流分拣线上常见的智能设备)为例,常用的 ABB 小型机械臂 IRB1010、IRB920 一台裸机约 5 万元,最短 0.29 秒就可以完成一次装配或分拣,人工的速度远比不了机械臂,但是人工成本则比较有优势,假如一个人工月工资 5000 元,10 个人干一个月还没有一台机械臂花钱多,况且真正要能生产运营,还要有配套设备,以及调试、操作、维护等工作人员,这些工作人员中很多人的月工资就不止 5000 元了。更重要的是,企业进行数字化投入产出的账不能只算数字——并不是今天投 5 万元,前三年回本,后三年翻倍,这笔买卖就值得做。毕竟,当中小型企业投入5万元买一台智能设备时,这是一笔马上就要支付的开销,要一下子承担这种资金压力,还需要认真考虑和慎重决策。如果这笔钱要用来雇佣一个月结人工的话,这投入的5万元是一天一天"慢慢"地花,而在这个过程中,企业还会回款,资金压力就会小很多。因此,无论是大中型企业还是中小型企业,对生产运营设施设备进行数字化改进所需要的大投入都会非常谨慎,一方面是资金压力,另一方面则来自风险。数字化转型首先要面临的是故障和停产风险,虽然人工的错误率会远高于机械,但重启成本低。智能设备的重启成本高,普通的故障停机时间有可能从1小时到1天不等。大中型企业敢为了远期目标付出"减产、停产"的代价,而对于中小型企业来说,每分钱、每分钟都是宝贵的。一旦停产,对于企业来说,无疑是巨大的打击——转型失败的风险对于中小型企业来说无法承受。

同时,数字化行业中强调"三分看产品,七分看服务",无论是什么软件、什么信息系统,都不是拿来就能用,在实施和应用过程中更倾向于定制化服务。行业越细分,定制服务需求也就越高,实施难度越大,失败的风险自然也就越高。投资超过十亿甚至数十亿的"灯塔工厂"们,从一开始就是以智能运营、黑灯工厂为目标的,在系统选型、设备采购过程中,大多是"什么设备或技术好就上马什么",只看未来,讨论长期性价比,而不会纠结于眼前的实施条件。然而这种模式并不太适合在成本上"锱铢必较"、时刻有生存压力的中小型企业。在中小型企业进行数字化转型的进程中,上线ERP的时候就费尽心力气,到实施产品生命周期管理(Product Lifecycle Management,PLM)时步履艰难,再到基于模型的设计(Model Based Design,MBD)时就很难推动了——除了难以为继巨额投入,还有运营及管理模式的改变——这是发生在当下数字化转型浪潮中诸多中小型企业的共性问题。企业内部的阻力同样是数字化转型难以推进的原因,转型的动力(战略)是"自上向下"的,但转型的动作(过程)却是"自下向上"的——企业中往往是高层管理者先看到数字化转型能给企业带来的价值,但要在现有生产运营流程中进行数字化转型,推动数字化技术应用落地,却要从生产运营的一线做起,一步一步向上改变各个部门、层级的运营模式、组织模式和管理模式。此外,企业数字化转型需要很多前期准备工作,需要数据基础,如基于模型的企业(Model Based Enterprise,MBE)需要把企业过往的数据全部模型化,导入新系统中。这就难免会增加很多部门的工作量,实施起来困难重重。再者,生产装配线或物流分拣线上的设备进行数字化改造与升级相当复杂,要涉及设备协同、人机协同,还要把设备连接到数字化系统中,如常见的自动导航小车（Automated Guided Vehicle，AGV），要做到全自动，需要在现场提供干净的地面、畅通的环境、精心布置的"磁轨"等设施设备，需要如"激光雷达+视觉识别"数字化系统的支持——这一系列技术、组织、环境和资金的准备，对于中小型企业来说，都是难以逾越的大山。

大中型企业是中国产业链、供应链的中流砥柱，但中国之所以能成为产业链最丰富、供应链最强大的市场，更多的还是依靠遍地开花的中小型企业，他们才是真正需要"灯塔工厂"指路的后来者。在这方面，各省市正在推进以产业链主导企业为核心，贯通上下游产业链，帮助企业招商引资，招才引智的"链长制""链主制"，通过"链长""链主"向上下游企业推广数字化平台，普及关键技术，带动产业链中的企业加速数字化转型。

对于中小型企业来说，虽说学习大中型企业数字化转型的经验很难，但也不是说就不行。中小型企业可以首先"拆解"自己，找"痛点"，找可数字化改造的点；再"拆解"对标的大中型企业，看哪些数字化技术容易复刻，哪些数字化运营流程可借鉴，从而拿来为我所用——这也正是本书所提出的从数字化价值链重构的角度，对企业现有价值链进行解构、组构和再构。

无论如何，企业进行数字化转型是大势所趋，有众多业界和学界人士的不懈努力，"路虽远行则将至，事虽难做则必成"。

周兴建

2023 年 3 月